D1697122

Maths
3ᵉ - Tome 2

sous la direction de
Robert Delord et **Gérard Vinrich**
avec
Michel Bourdais
et la participation de
Nicole Cazanave-Nebout
pour les rubriques Maths-Magazine
et de
Lydia Misset, Jacques Turner et **Éric Lotz**
pour les extraits de *Déclic 2ᵈᵉ*
Mady Frémal et **Rita Midavaine**
pour l'adaptation belge

Cinq sur cinq
3e secondaire — Tome 2

Maquette et mise en pages : MCP

© **Hachette-Livre 2003** - ISBN 2.01.125363.2 - *Cinq sur cinq* 3e
© **Hachette-Livre 2002** - ISBN 2.01.125320.9 - *Cinq sur cinq* 4e
© **Hachette-Livre 2004** - ISBN 2.01.13.5373.4 - *Déclic* 2de

Hachette-Livre 43, Quai de Grenelle, F-75905 Paris Cedex 15

Pour l'adaptation aux programmes belges :
© Éditions Averbode|Érasme 2017
  Éditions Averbode|Érasme SA - Place Baudouin 1er, 2 BE - 5004 Namur (Bouge)
  www.editionserasme.be

ISBN : 978-287127-966-2
DL 2007/0132/11
ES2635/032020

Note de l'éditeur : malgré nos recherches, nous n'avons pu joindre certains ayants droit des documents, illustrations, photos ou textes reproduits ci-après. Qu'ils trouvent ici invitation à nous contacter.

Même si la loi autorise, moyennant le paiement de redevances (via la société Reprobel - www.reprobel.be, créée à cet effet), la photocopie de courts extraits dans certains contextes bien déterminés, il reste totalement interdit de reproduire, sous quelque forme que ce soit, en tout ou en partie, le présent ouvrage.
(Loi du 30 juin 1994 relative au droit d'auteur et aux droits voisins, modifiée par la loi du 3 avril 1995, parue au Moniteur du 27/07/1994 et mise à jour au 30/08/2000).
Cette reproduction sauvage cause un préjudice certain aux auteurs et aux éditeurs.
LE PHOTOCOPILLAGE TUE LE LIVRE !

SOMMAIRE

7 Polynômes 5
DE QUOI S'AGIT-IL ? 6
RETENIR - METTRE EN PRATIQUE
1. Vocabulaire 12
2. Fonctions polynômes 13
3. Opérations sur les polynômes en x 14
4. Division dans les polynômes en x 16
5. Fractions rationnelles (ou algébriques) .. 20

APPLIQUER LE COURS 22
FAIRE LE POINT 25
CONSOLIDER ET APPROFONDIR 26
MATHS-MAGAZINE 28

8 Le théorème de Thalès et sa réciproque 29
DE QUOI S'AGIT-IL ? 30
RETENIR - METTRE EN PRATIQUE
1. Proportion 36
2. Théorème des milieux 38
3. Théorème de Thalès : configuration triangulaire 40
4. La « réciproque » du théorème de Thalès . 42
5. Théorème de Thalès sous l'aspect projection (cas général) ... 44
6. Les différentes formes du théorème de Thalès 44

APPLIQUER LE COURS 46
FAIRE LE POINT 52
CONSOLIDER ET APPROFONDIR 53
MATHS-MAGAZINE 60

9 Angles et triangles 61
DE QUOI S'AGIT-IL ? 62
RETENIR - METTRE EN PRATIQUE
1. Médiatrices d'un triangle 68
2. Bissectrices d'un triangle 68
3. Hauteurs d'un triangle 68
4. Médianes d'un triangle 70
5. Triangle isocèle, triangle équilatéral 70
6. Angle inscrit - Angle au centre - Angle tangentiel 72
7. Angles à côtés parallèles - Angles à côtés perpendiculaires 72

APPLIQUER LE COURS 74
FAIRE LE POINT 79
CONSOLIDER ET APPROFONDIR 80
MATHS-MAGAZINE 84

10 Transformations et triangles 85
DE QUOI S'AGIT-IL ? 86
RETENIR - METTRE EN PRATIQUE
1. Transformations : les définitions 90
2. Transformations : définition et propriétés 92
3. Figures, triangles isométriques 94
4. Figures, triangles semblables 96

APPLIQUER LE COURS 100
CONSOLIDER ET APPROFONDIR 106
POUR ALLER PLUS LOIN 110
MATHS-MAGAZINE 112

11 Triangle rectangle et trigonométrie ... 113
DE QUOI S'AGIT-IL ? 114
RETENIR - METTRE EN PRATIQUE
1. Cosinus, sinus, tangente 116
2. Relation entre cosinus et sinus d'un angle aigu 118
3. Relation entre cosinus, sinus et tangente 118

APPLIQUER LE COURS 120
FAIRE LE POINT 124
CONSOLIDER ET APPROFONDIR 125
MATHS-MAGAZINE 128

12 Avec des coordonnées 129
DE QUOI S'AGIT-IL ? 130
RETENIR - METTRE EN PRATIQUE
1. Coordonnées du milieu d'un segment ... 138
2. Distance de deux points dans un repère orthonormé 138
3. Théorème direct 140
4. Théorème réciproque 140
5. Droites parallèles - Droites perpendiculaires 140
6. Forme générale 140
7. Système de deux équations à deux inconnues 142
8. Interprétation graphique d'un système ... 142

APPLIQUER LE COURS 146
FAIRE LE POINT 151
CONSOLIDER ET APPROFONDIR 152
MATHS-MAGAZINE 158

Aide-mémoire 160
Boîte à outils 164
Mini dico 166
Index 168

UTILISER UN LOGICIEL DE GÉOMÉTRIE

Un logiciel de construction géométrique permet de réaliser toutes les figures que l'on peut tracer à l'aide des instruments usuels : règle, équerre, compas, rapporteur.
C'est un outil précieux bien sûr pour construire des figures, mais aussi pour déformer et animer ces figures, et surtout pour étudier des cas particuliers, pour expérimenter et pour conjecturer.

Exemple : comment construire un segment et sa médiatrice sans utiliser la commande médiatrice ?

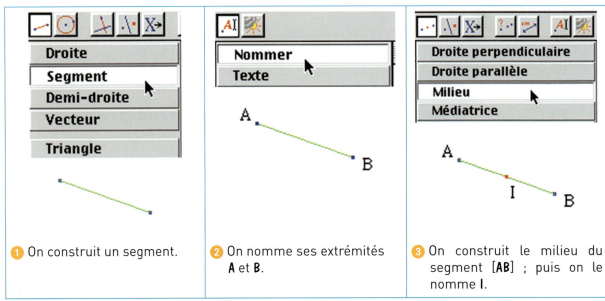

❶ On construit un segment.

❷ On nomme ses extrémités A et B.

❸ On construit le milieu du segment [AB] ; puis on le nomme I.

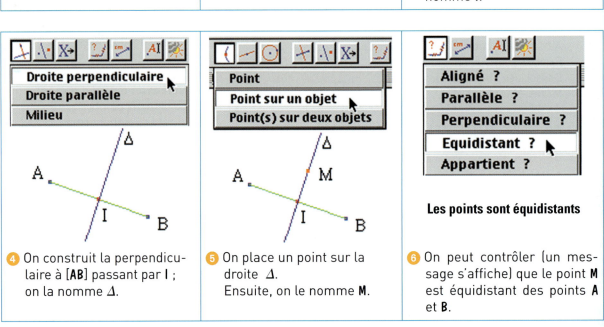

❹ On construit la perpendiculaire à [AB] passant par I ; on la nomme Δ.

❺ On place un point sur la droite Δ. Ensuite, on le nomme M.

❻ On peut contrôler (un message s'affiche) que le point M est équidistant des points A et B.

Conjecture

• Lorsqu'on utilise des instruments, on peut seulement se faire une idée, plus ou moins juste, de certaines propriétés d'une figure.
Dans ces cas-là, on dit « il semble que ... », « on a l'impression que ... » : cela s'appelle faire une conjecture.
• Un logiciel de construction géométrique permet de contrôler certaines conjectures, mais il ne les prouve pas : il reste donc du travail à faire pour l'apprenti-géomètre.

POLYNÔMES

CHAPITRE 7

Utilisation de lentilles.

QCM

Pour chaque question, indiquer la réponse exacte (ou les réponses exactes).

		A	B	C	D
1	$\left(\left(\dfrac{a}{b}\right)^n\right)^p =$	$\dfrac{a^{np}}{b^{np}}$	$\dfrac{a^{np}}{b}$	$\left(\dfrac{a}{b}\right)^{n+p}$	$\left(\dfrac{a}{b}\right)^{np}$
2	$(2x-3)^2 =$	$4x^2 - 12x - 9$	$2x^2 - 12x + 9$	$4x^2 - 9$	$4x^2 - 12x + 9$
3	D et d étant des nombres naturels, il existe des nombres naturels q et r tels que $D = dq + r$ et	$r = 0$	$r < d$	$dq = 0$	$r > d$
4	$\dfrac{a}{b} + \dfrac{c}{d} =$	$\dfrac{a+c}{b+d}$	$\dfrac{ad}{bd} + \dfrac{bc}{bd}$	$\dfrac{a+c}{bd}$	$\dfrac{ad+bc}{bd}$

DE QUOI S'AGIT-IL ?
Qu'est-ce qu'un polynôme ?

1. Rappel

1. Compléter les égalités suivantes, préciser les valeurs que peuvent prendre les nombres a, b, n, p.

$a^1 = $ ... ; $a^0 = $ ... ; $a^{-n} = $ ... ; $(ab)^n = $ ... ; $(a^n)^p = $ ... ;

$\left(\dfrac{a}{b}\right)^n = \dfrac{...}{...}$; $\dfrac{a^n}{a^p} = $ ... ; $a^n a^p = $ ... .

2. a. Compléter les deux identités remarquables de base :

$(a+b)^2 = $ ... ...   et $a^2 - b^2 = $ ... .

Pourquoi ne doit-on pas forcément retenir celle-ci : $(a-b)^2$?
Comment la retrouver ? Quelle règle utilise-t-on ?

> $A + B$ est appelé un **BINÔME**
> $A^2 + 2AB + B^2$ est un **TRINÔME**

b. L'expression algébrique $(a+b)^3$ permet aussi d'écrire une identité remarquable. La construire en utilisant la distributivité de la multiplication par rapport à l'addition.

$$(a+b)^3 = (a+b)^2(a+b) = \text{...} .$$

c. $a^3 - 3a^2b + 3ab^2 - b^3$ est un POLYNÔME.
Compléter :
Les termes de ce polynôme sont a^3, $-3a^2b$, ... Ce sont des monômes.
Chaque terme de ce polynôme est de degré 3. On obtient le degré d'un monôme en ... les exposants de ... .
Le polynôme est ordonné selon les puissances décroissantes de a.

2. Polynômes en x

a. Compléter :
Le polynôme : $5x^4 - 3x^3 + 7x^2 - 4x + 8$ a ... seule variable. On dit qu'il s'agit d'un polynôme en x.
Les termes sont : $5x^4$, $-3x^3$, ... , ... et 8. Ce sont des ... .
$5x^4$ est un ... en ... de coefficient 5 et de degré ... .
Le polynôme $5x^4 - 3x^3 + 7x^2 - 4x + 8$ est ordonné suivant les puissances ... de x.
Le polynôme $8 - 4x + 7x^2 - 3x^3 + 5x^4$ est ordonné suivant... .
Il est déterminé dès que l'on connait la suite (8, – 4, 7, –3, 5), coefficients du polynôme.
Il est complet, il comprend un terme de chaque puissance de x.

b. Soit le polynôme $P(x) = -5x + 7x^3 - 1$.
Quel est le coefficient du terme de degré 2 ?
Est-il complet ? Justifier.
L'ordonner selon les puissances décroissantes de x.
Quel est son degré ?

> Un monôme est un produit de facteurs numériques et/ou littéraux.
> Un polynôme est une somme de monômes.

DE QUOI S'AGIT-IL ?
Comment exploiter les notions sur les polynômes ?

3. Fonctions polynômes

1. Associer les différents graphiques ci-dessous et les équations suivantes :

$$y = \frac{1}{2x} \quad ; \quad y = x^3 - 2x^2 - x + 2 \quad ; \quad y = \sqrt{2x} \quad ; \quad y = -x + 2 \quad ; \quad x = 2 \quad ; \quad x^2 + y^2 = 9$$

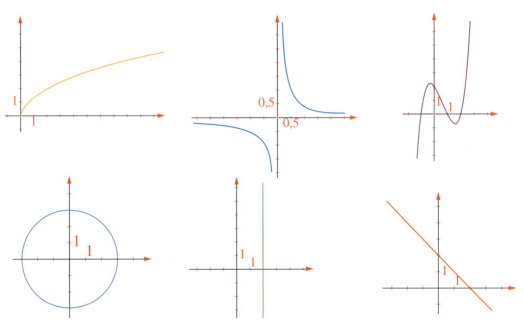

2. Quels sont parmi les graphiques ci-dessus ceux qui sont des graphiques de fonctions ? Justifier.
Quelles sont parmi les fonctions celles dont la valeur en x est un polynôme ? Justifier.
Les fonctions dont la valeur en x est un polynôme sont appelées des fonctions polynômes.
Une racine d'une fonction polynôme est l'abscisse d'un point d'intersection du graphique de cette fonction.

4. Polynômes et valeurs numériques

Calculer la valeur numérique de l'expression A pour $x = \frac{7,5}{0,6}$ et $y = \frac{1}{6}$.

$$A = 2(6x - y) - 4(3x - y) .$$

Première méthode :
    transformer x et y en fractions de même dénominateur ;
    remplacer x et y dans l'expression A par les fractions trouvées ;
    calculer en respectant les règles de priorité des opérations.
Deuxième méthode :
    réduire le polynôme en utilisant la distributivité de la multiplication par rapport à l'addition ;
    calculer la valeur numérique de l'expression A.
En tirer une conclusion !

DE QUOI S'AGIT-IL ?
Comment additionner et multiplier des polynômes ?

5. Addition et multiplication de polynômes en x

Puisque les polynômes représentent des nombres réels, les propriétés de l'addition et de la multiplication dans l'ensemble des réels sont utilisées pour le calcul des polynômes.

1. Associativité

a, b et c étant des réels quelconques, on a : $(a+b)+c = $ ... et $(ab)c = $ ... .

Compléter : $(5x + 4x^2) + 2x^2 = $ ... .

2. Commutativité

a, b et c étant des réels quelconques, on a : $a + b = $ ... et $ab = $ ... .

Compléter : $2x^2 + 5x + 4x^2 = $ ... .

3. Additionner les polynômes $A(x) = -x^4 + 3x^2 - 2x + 4$ et $B(x) = 5x^4 - 3x^3 + x - 6$.
Recopier et compléter :
$A(x) + B(x) = (-x^4 + $ ... $+ 4) + (5x^4 - $ ... $- 6)$ (en utilisant la règle de suppression des
$\qquad = -x^4 + 3x^2 - $ ... $- 6$ parenthèses)
$\qquad = $ ... $x^4 - $ ... $x^3 + $ ... $x^2 - $ ... $x - $ ... (en utilisant l'associativité, la commutativité
$\qquad\qquad\qquad\qquad\qquad\qquad\qquad\qquad\quad$ et la somme de termes semblables).
$A(x) - B(x) = (-x^4 + $ ... $+ 4) - (5x^4 - $ ... $- 6)$
$\qquad = -x^4 + $ ... $- 5x^4 + 3x^3 - $ ... (attention !).
$\qquad = $ ... .

4. Distributivité de la multiplication par rapport à l'addition.

a, b et c étant des réels quelconques, on a : $a(b+c) = $ ... .

Recopier et compléter :
$5(x^2 - 3x^3) = $ ... $2x^2(4x^3 - 3x) = $ ... .
Si $A(x) = 4x^3 - 2x^2 + x - 5$ et $B(x) = 2x^2 - x + 1$.
Alors $A(x) \times B(x) = ($ ... $)($ ... $)$
$\qquad\qquad\qquad = (4x^3 - $ ... $)2x^2 - (4x^3 - $ ... $)x + (4x^3 - $ ... $)$
$\qquad\qquad\qquad = $ ... .

Le degré du produit de polynômes en x est la ... des degrés des facteurs.
Le terme indépendant du produit est le produit ... .

Remarque : $(6x^4 - 10x^2 + 9x^2 - 15)$ et $(6x^4 - x^2 - 15)$ sont deux écritures du même polynôme. On dit que $6x^4 - x^2 - 15$ est un polynôme réduit. Il ne contient plus de monômes semblables.

DE QUOI S'AGIT-IL ?
Comment diviser des polynômes en x ?

6. Division euclidienne dans les polynômes en x

1. Division d'un polynôme en x par un monôme en x (non nul)
On sait que $(15 + 5) : 5 = (15 : 5) + (5 : 5) = \ldots + 1 = \ldots$.
Par analogie : $(8x^2 + 6x) : 2x = (8x^2 : 2x) + (6x : 2x) = \ldots + \ldots$.
Chaque … du polynôme est divisé par … .

2. Division d'un polynôme en x par un polynôme en x.

> Diviser un polynôme $D(x)$ par un polynôme $d(x)$, c'est déterminer deux polynômes $Q(x)$ et $R(x)$, le degré de $R(x)$ étant strictement inférieur à celui de $d(x)$, tels que :
> $$D(x) = d(x)Q(x) + R(x) .$$

On peut constater l'analogie avec la relation fondamentale $D = dq + r$ et $r < d$ de la division euclidienne dans $\mathbb{N}$.
On donne $D(x) = 22x^2 + 15x^5 - 23x - 8x^4 + 6$. On sait qu'il est le produit d'un polynôme $Q(x)$ par le polynôme $d(x) = -5x^2 - 4x + 3$. Quel est ce polynôme $Q(x)$?
Recopier et compléter en effectuant tous les calculs !
Ordonner les polynômes $D(x)$ et $d(x)$.

a. Première étape
Les polynômes étant ordonnés, le produit du premier terme de $Q(x)$ par $(-5x^2)$ donne $15x^5$. Le premier terme de $Q(x)$ est donc … .
On écrit : $15x^5 - 8x^4 + 22x^2 - 23x + 6 = (-5x^2 - 4x + 3)(-3x^3 + P_1(x))$, $P_1(x)$ représentant les autres termes du polynôme $Q(x)$.
Distribuer $(-5x^2 - 4x + 3)$ dans le membre de droite et réduire les termes semblables.
On obtient : $15x^5 - 8x^4 + 22x^2 - 23x + 6 = (-5x^2 - 4x + 3)(-3x^3) + (-5x^2 - 4x + 3)P_1(x)$.
Puis $-20x^4 + 9x^3 + 22x^2 - 23x + 6 = (-5x^2 - 4x + 3)P_1(x)$.

b. Deuxième étape : reprendre le raisonnement : le premier terme de $P_1(x)$ sera …, car … .
On écrit : $-20x^4 + 9x^3 + 22x^2 - 23x + 6 = (-5x^2 - 4x + 3)(4x^2 + P_2(x))$, $P_2(x)$ représentant les autres termes du polynôme.
Distribuer et réduire les termes semblables.
On obtient : $25x^3 + 10x^2 - 23x + 6 = (-5x^2 - 4x + 3)P_2(x)$.

c. Troisième étape : recommencer le raisonnement.
On obtient : $-10x^2 - 8x + 6 = (-5x^2 - 4x + 3)P_3(x)$ et le troisième terme de $Q(x)$ est $-5x$.

d. Quatrième étape : la division de $(-10x^2)$ par $(-5x^2)$ donne 2, terme indépendant de x.
On calcule donc le reste en procédant comme dans les étapes antérieures.

e. Conclure.

Une disposition pratique, basée sur la disposition pratique de la division euclidienne de deux nombres, est proposée dans le « Mettre en pratique » de la page 17.

DE QUOI S'AGIT-IL ?

Comment diviser un polynôme en x par un binôme du type $(x-a)$?

Division d'un polynôme par un binôme du type $x - a$

Comparer la division posée suivante et le tableau ci-dessous :

$$
\begin{array}{rrrrrr|l}
x^5 & -5x^4 & +14x^3 & -22x^2 & +17x & -5 & \;x-1 \\
-x^5 & +x^4 & & & & & \overline{x^4 - 4x^3 + 10x^2 - 12x + 5} \\ \hline
 & -4x^4 & +14x^3 & & & & \\
 & 4x^4 & -4x^3 & & & & \\ \hline
 & & 10x^3 & -22x^2 & & & \\
 & & -10x^3 & +10x^2 & & & \\ \hline
 & & & -12x^2 & +17x & & \\
 & & & 12x^2 & -12x & & \\ \hline
 & & & & 5x & -5 & \\
 & & & & -5x & +5 & \\ \hline
 & & & & & 0 &
\end{array}
$$

	1	−5	...	−22	...	−5
1		1 (1 × 1)	−4 (−4 × 1)	...	...	...
	1	−4 −5 + 1	10 14 + (−4)	...	...	...

Une méthode simplifiée, appelée « algorithme d'Horner » permet de trouver facilement le polynôme quotient.

Compléter la première ligne du tableau avec tous les coefficients du polynôme dividende $D(x)$ complet et ordonné en commençant dans la deuxième colonne.

La valeur qui annule le diviseur est notée dans la première case de la deuxième ligne.

Comparer les coefficients dans la division posée et les nombres apparaissant dans le tableau, puis le compléter.

Les nombres de la troisième ligne sont les coefficients du polynôme quotient. Le dernier nombre est le reste de la division. Dans cet exemple, la division est ... On dit que $x - 1$ est un diviseur du polynôme dividende.

Puisque le degré du dividende est 5 et celui du diviseur est 1, alors celui du quotient est ...

Calculer la valeur numérique du polynôme $x^5 - 5x^4 + 14x^3 - 22x^2 + 17x - 5$ pour $x = 1$.
Que constate-t-on ?

Compléter le raisonnement suivant :
Dans la relation fondamentale $D(x) = d(x)Q(x) + R(x)$, on remplace $d(x)$ par $x - a$ et $R(x)$ par r.
Le degré du reste est inférieur au degré du diviseur, donc ... .
On obtient : $D(x) = $ ... .
Remplacer la variable x par a et calculer.

Le reste d'une division d'un polynôme par un binôme du type $x - a$ s'obtient en calculant la valeur numérique de ce polynôme pour $x = a$.

DE QUOI S'AGIT-IL ?

**Qu'est-ce que la condition d'existence d'une fraction algébrique ?
Comment opérer sur des fractions algébriques ?**

1. Conditions d'existence

On donne l'expression algébrique suivante : $\dfrac{9x^2 + 12x + 4}{9x^2 - 4}$.

Cette expression porte le nom de **fraction rationnelle** ou **fraction algébrique**.
Elle est composée, comme les fractions numériques, d'un numérateur et d'un dénominateur.

Calculer la valeur numérique de cette fraction pour $x = 0$; $x = 1$; $x = -1$; $x = \dfrac{1}{2}$; $x = \dfrac{2}{3}$ et $x = -\dfrac{2}{3}$.

Que constate-t-on ? Pourquoi ?

> Une fraction n'existe que si son dénominateur est non nul.
> Énoncer la condition d'existence (C.E.) d'une fraction algébrique est indispensable.

2. Opérations sur les fractions algébriques

1. On donne les expressions algébriques suivantes : $\dfrac{a}{x-1}$ et $\dfrac{a}{2-x}$.

Si l'on veut les additionner, quelle première étape faut-il absolument accomplir ?
La ou les énoncer.
Pour additionner deux fractions algébriques, on procède comme pour additionner deux fractions numériques. On doit donc les réduire ... .

$$\dfrac{a}{b} + \dfrac{c}{d} = \dfrac{ad + bc}{bd}$$

Le dénominateur commun est ... .

Recopier et compléter : $\dfrac{a}{x-1} + \dfrac{a}{2-x} = \dfrac{a(\ldots) + a(\ldots)}{(x-1)(2-x)} = \dfrac{2a - \ldots}{\ldots} = \dfrac{\ldots}{\ldots}$.

Calculer maintenant : $\dfrac{2}{x-y} - \dfrac{x}{x+y} + \dfrac{4x}{x^2-y^2}$.

Quelle est la condition d'existence de chacune de ces fractions ?
Quel est le dénominateur commun ? (Penser à factoriser $x^2 - y^2$ et au dénominateur commun à 2, 3 et 6.)

2. Calculer le quotient des deux fractions algébriques suivantes :

$$\dfrac{x^2 - 4}{x + 3} \quad \text{et} \quad \dfrac{x - 2}{x^2 - 9} .$$

$$\dfrac{a}{b} \times \dfrac{c}{d} = \dfrac{ac}{bd}$$

$$\dfrac{a}{b} : \dfrac{c}{d} = \dfrac{a}{b} \times \dfrac{d}{c} = \dfrac{ad}{bc}$$

Première étape : les C.E.
Recopier et calculer :

$$\dfrac{x^2 - 4}{x + 3} : \dfrac{x - 2}{x^2 - 9} = \dfrac{x^2 - 4}{x + 3} \times \dfrac{\ldots}{\ldots} = \dfrac{(\ldots)(\ldots)(\ldots)(\ldots)}{(\ldots)(\ldots)} = \ldots .$$

RETENIR

■ 1. VOCABULAIRE

Définition

Un *monôme* est un produit de facteurs numériques et/ou littéraux.

L'expression algébrique ax^n est un monôme.
- a est son COEFFICIENT, nombre réel non nul ;
- x est sa VARIABLE ;
- n est son DEGRÉ, nombre naturel.

Le *degré* d'un monôme par rapport à une variable est l'exposant de cette variable dans le monôme

Exemple $6a^2b^3$ est de degré 2 par rapport à a, mais de degré 3 par rapport à b.

Deux monômes sont dits *semblables* lorsqu'ils ont la même partie littérale.

Exemple $5a^2b^3$ et $4a^2b^3$ sont des monômes semblables.
$\dfrac{3}{x}$ et $\sqrt{x}$ ne sont pas des monômes.

Définition

Un *polynôme* est une somme de monômes.

Exemple   l'expression $2x^3 - 3x^2 + 4x - 5$ *est un polynôme en x.*
La **variable** est x.
Ce polynôme est **ordonné** suivant les puissances décroissantes de x.
Il est du troisième **degré** (c'est la valeur de l'exposant le plus élevé).
Il est **complet** : il comprend un terme de chaque puissance de x : $2x^3 - 3x^2 + 4x^1 - 5x^0$.
Le terme -5 est appelé **terme indépendant,** il ne dépend pas de la variable.
Le polynôme est **réduit**, il ne comporte plus de monômes semblables.
Le polynôme est déterminé par la suite $(-5, 4, -3, 2)$, coefficients du polynôme ordonné selon les puissances croissantes de x.

Cas particuliers

On appelle   *binôme* une somme de deux termes (ex. : $3x - 5$) ;
trinôme une somme de trois termes (ex. : $5x^2 + 2x - 3$) ;
quadrinôme une somme de quatre termes.

Les polynômes de variable x sont souvent notés $P(x)$, $Q(x)$, ... ce qui se lit : « P de x ».

RETENIR

2. FONCTIONS POLYNÔMES

Définition

Une *fonction polynôme* P est le procédé qui fait correspondre à tout nombre x le polynôme $P(x)$.

Exemple $\quad P : x \mapsto P(x) = 2x - 5 \qquad Q : x \mapsto Q(x) = 3x^2 - 5x + 2$.

La fonction polynôme est caractérisée par son degré, degré du polynôme.
Les fonctions linéaires et fonctions affines sont des fonctions polynômes du premier degré.
La fonction $f(x) = \sqrt{x}$ n'est pas une fonction polynôme.

Valeur numérique d'un polynôme, d'une fonction polynôme
Lorsqu'on remplace la variable x du polynôme $P(x)$ par un réel a, le résultat obtenu est sa valeur numérique $P(a)$.

Exemple $\quad P(x) = 2x^2 + x - 15$ est un polynôme de variable x. On peut calculer la valeur de ce polynôme pour différentes valeurs de x.

$$\text{si } x = -2 \quad P(-2) = 2(-2)^2 + (-2) - 15 = -9 \ ;$$
$$\text{si } x = -3 \quad P(-3) = 2(-3)^2 + (-3) - 15 = 0.$$

La valeur numérique de $P(x)$ est nulle pour $x = -3$, on dit que -3 est un **zéro** ou une **racine** du polynôme.

Au polynôme $P(x)$, on associe la fonction polynôme $P : x \mapsto P(x)$.
La valeur numérique de la fonction P pour $x = a$ est la valeur numérique du polynôme $P(x)$ pour $x = a$.
Elle est l'image du nombre a par la fonction P.

Définition

Une *racine* (ou *zéro*) de la fonction polynôme P est un réel dont l'image par P est nulle.

Une racine d'une fonction polynôme P est l'abscisse du point d'intersection du graphique de la fonction P et de l'axe des abscisses.

Exemple :

$P : x \mapsto P(x) = x^3 - 3x^2 - x + 3$
$P(-1) = (-1)^3 - 3(-1)^2 - (-1) + 3 = 0$
$P(1) = 1 - 3 - 1 + 3 = 0$
$P(3) = 27 - 27 - 3 + 3 = 0$.

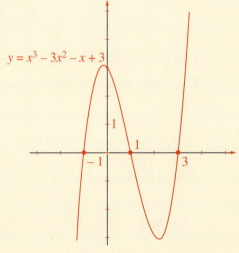

Racines : -1, 1 et 3.

RETENIR

3. OPÉRATIONS SUR LES POLYNÔMES EN x

Les propriétés de l'addition et de la multiplication dans l'ensemble des réels sont d'application dans le calcul avec les polynômes.

Addition et soustraction des polynômes en x

La *somme* de deux polynômes en x est un polynôme en x obtenu en additionnant tous les termes des deux polynômes.
Le *degré* de la somme de deux polynômes en x est au plus égal au degré du polynôme qui a le degré le plus grand.

Exemples $A(x) = -x^5 + 3x^4 - 2x + 3$ $\qquad$ $B(x) = x^3 - x + 4$

$$A(x) + B(x) = (-x^5 + 3x^4 - 2x + 3) + (x^3 - x + 4)$$
$$= -x^5 + 3x^4 + x^3 - 3x + 7$$

$$A(x) - B(x) = (-x^5 + 3x^4 - 2x + 3) - (x^3 - x + 4)$$
$$= -x^5 + 3x^4 - 2x + 3 - x^3 + x - 4$$
$$= -x^5 + 3x^4 - x^3 - x - 1 .$$

Multiplication de polynômes en x

Le *produit* de deux polynômes en x s'obtient en additionnant les résultats obtenus en multipliant chaque terme du premier polynôme par chaque terme du second.
Le *degré* du produit de deux polynômes en x est égal à la somme des degrés des deux polynômes.

Exemples $A(x) = -x^5 + 3x^4 - 2x + 3$; $\qquad$ $B(x) = x^3 - 1$;

$$A(x)B(x) = (-x^5 + 3x^4 - 2x + 3)(x^3 - 1)$$
$$= -x^8 + 3x^7 - 2x^4 + 3x^3 + x^5 - 3x^4 + 2x - 3$$
$$= -x^8 + 3x^7 + x^5 - 5x^4 + 3x^3 + 2x - 3 .$$

Cas particuliers : identités remarquables avec des polynômes

Le produit de la différence de deux polynômes par leur somme est égal à la différence des carrés de ces polynômes.

Exemple $((2x-3) - 2x^2)((2x-3) + 2x^2) = (2x-3)^2 - (2x^2)^2 = 4x^2 - 12x + 9 - 4x^4$.

Le carré de la somme de deux polynômes est égal à la somme des carrés des deux polynômes et du double produit de ces polynômes.

Exemple $(2x^3 - 8)^2 = 4x^6 - 32x^3 + 64$.

METTRE EN PRATIQUE

Comment additionner, soustraire deux polynômes ?

Énoncé

On donne les polynômes $P(x) = 3x^3 - 2x + 4x^2 + 5$ et $Q(x) = -3x^2 + 7 + 4x^3 + 6x^2$.
a. Réduire et ordonner les deux polynômes selon les puissances décroissantes de x ;
b. Additionner les deux polynômes réduits ;
c. Effectuer la différence $P(x) - Q(x)$.

Solution

a. $P(x) = 3x^3 + 4x^2 - 2x + 5$
$Q(x) = 4x^3 + 3x^2 + 7$

b. Disposition pratique

$$\begin{array}{r} 3x^3 + 4x^2 - 2x + 5 \\ + \ 4x^3 + 3x^2 + 0x + 7 \\ \hline 7x^3 + 7x^2 - 2x + 12 \end{array}$$

c. Disposition pratique

$$\begin{array}{r} 3x^3 + 4x^2 - 2x + 5 \\ + \ -4x^3 - 3x^2 - 0x - 7 \\ \hline -x^3 + \ x^2 - 2x - 2 \end{array}$$

Commentaires

Ordonner selon les puissances décroissantes de x.

Compléter le polynôme si nécessaire.

Soustraire un nombre, c'est ajouter son opposé.
Prendre l'opposé de $Q(x)$ et l'ajouter à $P(x)$.

Comment multiplier des polynômes ?

Énoncé

Déterminer le degré des polynômes $P(x)$, $Q(x)$, $P(x)Q(x)$, puis effectuer $P(x)Q(x)$ si $P(x) = 3x^3 - 4x^2 + 3x - 2$ et $Q(x) = 4x - 2x^2 + 5 - 5x$.

Solution

$P(x) = 3x^3 - 4x^2 + 3x - 2$ et $Q(x) = -2x^2 - x + 5$
Degré de $P(x) = 3$; degré de $Q(x) = 2$
Degré de $P(x)Q(x) = 5$
$P(x)Q(x)$
$= -2x^2(3x^3 - 4x^2 + 3x - 2) - x(3x^3 - 4x^2 + 3x - 2) + 5(3x^3 - 4x^2 + 3x - 2)$
$= -6x^5 + 8x^4 - 6x^3 + 4x^2 - 3x^4 + 4x^3 - 3x^2 + 2x + 15x^3 - 20x^2 + 15x - 10$
$= -6x^5 + 5x^4 + 13x^3 - 19x^2 + 17x - 10$

Commentaires

Recopier les polynômes en les ordonnant et en réduisant les termes semblables.
Le degré du polynôme produit est la somme des degrés de chacun des polynômes.

Disposition pratique

$$\begin{array}{r} 3x^3 - 4x^2 + 3x - 2 \\ \times \ \ -2x^2 - \ x + 5 \\ \hline 15x^3 - 20x^2 + 15x - 10 \\ -3x^4 + \ 4x^3 - \ 3x^2 + 2x \\ -6x^5 + 8x^4 - \ 6x^3 + \ 4x^2 \\ \hline -6x^5 + 5x^4 + 13x^3 - 19x^2 + 17x - 10 \end{array}$$

RETENIR

4. DIVISION DANS LES POLYNÔMES EN x

Division d'un polynôme $A(x)$ par un monôme $B(x)$
Diviser un monôme par un monôme, c'est trouver un monôme $C(x)$ tel que $A(x) = B(x) \times C(x)$.

Exemple $15x^3 : 5x^2 = 3x$ car $15x^3 = 5x^2 \times 3x$.

Diviser un polynôme par un monôme, c'est diviser chaque terme du polynôme par ce monôme.

Exemple $(21x^5 - 9x^3 + 3x^2) : 3x^2 = 7x^3 - 3x + 1$.

Division euclidienne d'un polynôme en x par un polynôme en x

Diviser un polynôme $P(x)$ par un polynôme $D(x)$, c'est déterminer le polynôme quotient $Q(x)$ et le polynôme reste $R(x)$ tel que $P(x) = D(x)Q(x) + R(x)$ et que le degré de $R(x)$ soit strictement inférieur au degré de $D(x)$.

Le degré du polynôme « dividende » est égal à la somme des degrés des polynômes « diviseur » et « quotient ».

Exemple $P(x) = 6x^3 - x^2 + 8x + 8$ $D(x) = 2x + 1$
$6x^3 - x^2 + 8x + 8 = (3x^2 - 2x + 5)(2x + 1) + 3$ donc $Q(x) = 3x^2 - 2x + 5$ et $r = 3$.

Division euclidienne d'un polynôme en x par $(x - a)$

Diviser un polynôme $P(x)$ par $x - a$, c'est déterminer le polynôme quotient $Q(x)$ et le reste r tels que : $P(x) = (x - a)Q(x) + r$ et r est une constante.

Le polynôme $P(x)$ est divisible par $x - a$ lorsque le reste r de la division de $P(x)$ par $x - a$ est nul.

Le reste de la division d'un polynôme en x par $x - a$ est égal à la valeur numérique de ce polynôme pour $x = a$ (a est un réel).

Remarque :
Le degré du polynôme « dividende » est égal au degré du polynôme « quotient » augmenté de 1.
$$P(a) = 0.$$

METTRE EN PRATIQUE

Comment diviser un polynôme par un polynôme ?

Énoncé

Effectuer la division euclidienne de $D(x) = 15x^5 - 8x^4 + 22x^2 - 23x + 6$ par $d(x) = -5x^2 - 4x + 2$.

a. Ordonner selon les puissances décroissantes de x les polynômes Dividende $D(x)$ et diviseur $d(x)$ puis compléter $D(x)$ si nécessaire ;

b. Diviser le monôme avec le plus grand exposant de $D(x)$ par le monôme avec le plus grand exposant de $d(x)$;

c. Multiplier $d(x)$ par ce monôme et le soustraire de $D(x)$; on obtient $D_1(x)$

$$\begin{array}{rrrrrr|l}
15x^5 & -8x^4 & +0x^3 & +22x^2 & -23x & +6 & -5x^2 - 4x + 3 \\
-15x^5 & -12x^4 & +9x^3 & & & & \\
\hline
 & -20x^4 & +9x^3 & +22x^2 & -23x & +6 & -3x^3
\end{array}$$

$15x^5 : (-5x^2) = -3x^3$

$D_1(x) = -20x^4 + 9x^3 + 22x^2 - 23x + 6$

d. Diviser le monôme avec le plus grand exposant de $D_1(x)$ par le monôme avec le plus grand exposant de $d(x)$;

e. Multiplier $d(x)$ par ce monôme et le soustraire de $D_1(x)$; on obtient $D_2(x)$.

$$\begin{array}{rrrrrr|l}
15x^5 & -8x^4 & +0x^3 & +22x^2 & -23x & +6 & -5x^2 - 4x + 3 \\
-15x^5 & -12x^4 & +9x^3 & & & & \\
\hline
 & -20x^4 & +9x^3 & +22x^2 & -23x & +6 & -3x^3 + 4x^2 \\
 & 20x^4 & +16x^3 & -12x^2 & & & \\
\hline
 & & 25x^3 & +10x^2 & -23x & +6 &
\end{array}$$

$-20x^4 : (-5x^2) = 4x^2$

f. Répéter l'algorithme

$$\begin{array}{rrrrrr|l}
15x^5 & -8x^4 & +0x^3 & +22x^2 & -23x & +6 & -5x^2 - 4x + 3 \\
-15x^5 & -12x^4 & +9x^3 & & & & \\
\hline
 & -20x^4 & +9x^3 & +22x^2 & -23x & +6 & -3x^3 + 4x^2 - 5x \\
 & 20x^4 & +16x^3 & -12x^2 & & & \\
\hline
 & & 25x^3 & +10x^2 & -23x & +6 & \\
 & & -25x^3 & -20x^2 & +15x & & \\
\hline
 & & & -10x^2 & -8x & +6 &
\end{array}$$

$$\begin{array}{rrrrrr|l}
15x^5 & -8x^4 & +0x^3 & +22x^2 & -23x & +6 & -5x^2 - 4x + 3 \\
-15x^5 & -12x^4 & +9x^3 & & & & \\
\hline
 & -20x^4 & +9x^3 & +22x^2 & -23x & +6 & -3x^3 + 4x^2 - 5x + 2 \\
 & 20x^4 & +16x^3 & -12x^2 & & & \\
\hline
 & & 25x^3 & +10x^2 & -23x & +6 & \\
 & & -25x^3 & -20x^2 & +15x & & \\
\hline
 & & & -10x^2 & -8x & +6 & \\
 & & & 10x^2 & +8x & -6 & \\
\hline
 & & & & & 0 &
\end{array}$$

On arrête lorsque le reste $R(x)$ est nul ou lorsque le reste $R(x)$ a un degré inférieur au degré de $d(x)$.

METTRE EN PRATIQUE

Comment voir si un polynôme est divisible par $(x-a)$?

Énoncé

Le polynôme $P(x) = 2x^4 + 5x^3 - 5x - 2$ est-il divisible par $x-1$?
Ce polynôme admet-il d'autres binômes de la forme $x-a$ comme diviseur ?

Solution

a. $P(1) = 2 \times 1^4 + 5 \times 1^3 - 5 \times 1 - 2 = 2 + 5 - 5 - 2 = 0$.

Le polynôme est divisible par $x-1$.

b. Les diviseurs de 2 sont 1 et 2.
$P(2) = 2 \times 2^4 + 5 \times 2^3 - 5 \times 2 - 2 = 32 + 40 - 10 - 2 = 60$;
$P(-1) = 2 \times (-1)^4 + 5 \times (-1)^3 - 5 \times (-1) - 2 = 2 - 5 + 5 - 2 = 0$;
$P(-2) = 2 \times (-2)^4 + 5 \times (-2)^3 - 5 \times (-2) - 2 = 32 - 40 + 10 - 2 = 0$.

Le polynôme est divisible par $(x-1)$, $(x+1)$ et $(x+2)$.

Commentaires

Calculer la valeur numérique du polynôme pour $x = 1$.

Rechercher les diviseurs de la valeur absolue du terme indépendant, calculer la valeur numérique du polynôme pour chacun des diviseurs et de leurs opposés.

Comment diviser un polynôme par $(x-a)$?

Énoncé

On donne les polynômes $P(x) = 3x^3 - 2x^2 - 65$ et $d(x) = x - 3$.
a. Compléter et ordonner le polynôme $P(x)$.
b. Quel est le reste de la division de $P(x)$ par $d(x)$?
c. Utiliser la méthode d'Horner pour effectuer la division de $P(x)$ par $d(x)$.

Solution

a. $P(x) = 3x^3 - 2x^2 + 0x - 65$.

b. $P(3) = 3 \times 3^3 - 2 \times 3^2 - 0 \times 3 - 65$
$= 81 - 18 - 0 - 65$
$= -2$.

c.

	3	−2	0	−65
3		9	21	63
	3	7	21	−2

$Q(x) = 3x^2 + 7x + 21$
Le reste est -2.

Commentaires

N'oublier aucune puissance de x.

Rechercher la valeur numérique du polynôme $P(x)$ pour $x = 3$, le reste de la division étant cette valeur numérique.

Les coefficients de $Q(x)$ sont 3 ; 7 ; 21.
Son degré est 2, degré de $P(x) - 1$.

METTRE EN PRATIQUE

Comment factoriser un polynôme ?

Énoncé

Factoriser au maximum les polynômes suivants :
a. $P(x) = 20x^2 - 5x + 10$ **b.** $Q(x) = 5xy - 10y + 15y^2$ **c.** $R(x) = ax + bx - ay - by$
d. $S(x) = x^2 + 6x + 9$ **e.** $T(x) = 50x^2 - 2$ **f.** $U(x) = 2x^3 - x^2 - 16x + 15$

Solution

a. $P(x) = 20x^2 - 5x + 10$
$= 5(4x^2 - x + 2)$.

b. $Q(x) = 5xy - 10y + 15y^2$
$= 5y(x - 2 + 3y)$.

c. $R(x) = ax + bx - ay - by$
$= x(a+b) - y(a+b)$
$= (a+b)(x-y)$.

d. $S(x) = x^2 + 6x + 9$
$= (x+3)^2$.

e. $T(x) = 50x^2 - 2$
$= 2(25x^2 - 1)$
$= 2(5x - 1)(5x + 1)$.

f. $U(x) = 2x^3 - x^2 - 16x + 15$
diviseurs de 15 : 1, 3, 5 et 15.
$U(1) = 2 - 1 - 16 + 15 = 0$.

	2	−1	−16	15
1		2	1	−15
	2	1	−15	0

$U(x) = (2x^2 + x - 15)(x - 1) = Q(x)(x - 1)$
$Q(-3) = 2 \times 9 - 3 - 15 = 0$

	2	1	−15
−3		−6	15
	2	−5	0

$U(x) = (2x - 5)(x + 3)(x - 1)$.

Commentaires

Mettre en évidence le facteur commun : le PGCD de chacun des termes (PGCD des coefficients et lettres communes avec leur plus petit exposant).

Astuce : on doit retrouver le même nombre de termes dans les parenthèses que dans le polynôme.

Grouper les termes puis factoriser par mise en évidence.

Utiliser les identités remarquables.
!! Bien vérifier le double produit !!

Mettre en évidence, puis utiliser les identités remarquables.

Rechercher les diviseurs de 15.
Calculer la valeur numérique de $U(x)$ pour chacun des diviseurs ou de leurs opposés afin de déterminer si le polynôme est divisible par un binôme de la forme $x - a$.
$U(1) = 0$ donc le polynôme est divisible par $x - 1$.
Utiliser le tableau d'Horner.

Vérifier si le quotient trouvé est encore factorisable.

RETENIR

■5. FRACTIONS RATIONNELLES (OU ALGÉBRIQUES)

Définition

> Une fraction rationnelle est une expression algébrique fractionnaire dont le numérateur et le dénominateur sont des polynômes.

Exemple $\dfrac{x-2}{x^2-6}$; $\dfrac{2(a+b)}{5(a^2-b^2)}$ sont des fractions rationnelles, mais $\dfrac{5x-2}{\sqrt{x+1}}$ ne l'est pas.

Une fraction rationnelle n'est pas un polynôme.

Conditions d'existence

Une fraction rationnelle existe et représente un nombre réel si son dénominateur est différent de zéro.

Exemple $\dfrac{2a+b}{5a^2-5b^2} = \dfrac{2a+b}{5(a-b)(a+b)}$ C.E. : $a \neq b$ et $a \neq -b$.

Simplifier une fraction rationnelle, c'est diviser les deux termes de cette fraction par un facteur commun non nul.

Exemple $\dfrac{x^2+8x+16}{2x+8} = \dfrac{(x+4)^2}{2(x+4)} = \dfrac{x+4}{2}$ C.E. : $x \neq -4$.

On peut additionner, soustraire, multiplier et diviser des fractions rationnelles en respectant les règles de calculs sur les nombres en écriture fractionnaire.

Rappels

> **Si a, b, c, d sont différents de zéro, on a :**
>
> 1. $\dfrac{a}{b} + \dfrac{c}{b} = \dfrac{a+c}{b}$;
> 2. $\dfrac{a}{b} + \dfrac{c}{d} = \dfrac{ad+bc}{bd}$;
> 3. $\dfrac{a}{b} + c = \dfrac{a+bc}{b}$;
> 4. $\dfrac{a}{b} \times \dfrac{c}{d} = \dfrac{ac}{bd}$;
> 5. $\dfrac{a}{b} : \dfrac{c}{d} = \dfrac{a}{b} \times \dfrac{d}{c} = \dfrac{ad}{bc}$;
> 6. $\dfrac{a}{b} : c = \dfrac{a}{b} \times \dfrac{1}{c} = \dfrac{a}{bc}$.

Ne pas oublier d'énoncer les conditions d'existence avant d'opérer sur des fractions rationnelles !

METTRE EN PRATIQUE

Comment simplifier des fractions rationnelles ?

Énoncé
Déterminer la ou les condition(s) d'existence et simplifier les fractions rationnelles suivantes :
a. $\dfrac{3x^4y}{6x^2}$;   **b.** $\dfrac{ax-bx}{a^2-b^2}$.

Solution

a. $\dfrac{3x^4y}{6x^2} = \dfrac{x^2y}{2}$ C.E. : $x \neq 0$.

b. $\dfrac{ax-bx}{a^2-b^2} = \dfrac{x(a-b)}{(a-b)(a+b)} = \dfrac{x}{a+b}$
C.E. : $a \neq b$ et $a \neq -b$.

Commentaires
Énoncer la ou les condition(s) d'existence de la fraction.
Factoriser les numérateurs et dénominateurs.

Diviser le numérateur et le dénominateur par leur facteur commun.

Comment opérer sur des fractions rationnelles ?

Énoncé
Additionner, puis diviser les fractions algébriques suivantes : $\dfrac{x-1}{x+2}$ et $\dfrac{x^2-5}{x^2-4}$.

Solution

$\dfrac{x-1}{x+2} + \dfrac{x^2-5}{x^2-4} = \dfrac{x-1}{x+2} + \dfrac{x^2-5}{(x-2)(x+2)}$ C.E. : $x \neq 2$ et $x \neq -2$.

$= \dfrac{(x-1)(x-2) + x^2-5}{(x+2)(x-2)}$

$= \dfrac{x^2-3x+2+x^2-5}{(x+2)(x-2)}$

$= \dfrac{2x^2-3x-3}{(x+2)(x-2)}$.

$\dfrac{x-1}{x+2} : \dfrac{x^2-5}{x^2-4} = \dfrac{x-1}{x+2} \times \dfrac{x^2-4}{x^2-5}$ C.E. : $x \neq -2$, $x \neq \sqrt{5}$ et $x \neq -\sqrt{5}$

$= \dfrac{(x-1)(x-2)(x+2)}{(x+2)(x^2-5)}$

$= \dfrac{(x-1)(x-2)}{x^2-5}$.

Commentaires
Énoncer les conditions d'existence.

Réduire au même dénominateur.

Multiplier par la fraction inverse.
Énoncer les conditions d'existence.
Diviser par un facteur commun.

On peut diviser par $(x+2)$, car $x \neq -2$.

APPLIQUER LE COURS

Vocabulaire

1 Parmi les expressions suivantes, identifier les monômes en x.

$$-2x^5 \;;\; \frac{1}{2}x^2 \;;\; \sqrt{2}x^3 \;;\; \frac{1}{x} \;;\; \sqrt{x} \;;\; 3x^2-2.$$

2 Compléter le tableau suivant :

Monôme	Variable	Coefficient	Degré
$-2x^4$	x	-2	4
$5y^3$	y	5	3
$\frac{1}{2}x^4$	x	$\frac{1}{2}$	4
$5,2a^4$	a	5,2	4

3 Parmi les monômes suivants, lesquels sont semblables ?

$5x^3 \;;\; -3x^2 \;;\; mx^2 \;;\; \frac{1}{4}x \;;\; -3ax^2 \;;\; \sqrt{2}x^3.$

4 Quel est le coefficient et le degré des monômes en t suivants ?

$A = -2t^2 \;;\; B = \frac{1}{4}t^3 \;;\; C = \sqrt{2}t^2.$

5 Dans l'expression $g^2 t^3$, quels sont le degré et le coefficient du monôme en t ? Et celui du monôme en g ?

6 Les nombres -4 ; 5 ; -3 ; 1 et 4 ; -3 ; 2 sont les coefficients successifs de deux polynômes en x, réduits, complets et ordonnés selon les puissances décroissantes de x.
Sans écrire ces deux polynômes,
a. quel est leur degré ?
b. quelle est leur somme ?
c. quel est le degré de leur produit ?

7 Soit la fonction $p(x) = 4x^2 - 4$.
a. Déterminer les zéros (racines) de la fonction p.
b. Construire le graphique points par points de la fonction en recherchant les valeurs numériques de $p(0)$; $p(1)$; $p(-1)$; $p(2)$;

$p(-2) \;;\; p\left(\frac{1}{2}\right) \;\text{et}\; p\left(-\frac{1}{2}\right).$

c. Quelles sont les abscisses des points du graphique qui ont une ordonnée positive ? Une ordonnée négative ?

Valeurs numériques

8 Sachant que la longueur de l'arête d'un cube vaut x, que vaut :
a. la longueur totale des arêtes ;
b. l'aire totale des faces du cube ;
c. le volume du cube ?
Calculer la valeur numérique des expressions trouvées pour $x = 1$, $x = \sqrt{5}$ et $2 - \sqrt{3}$.

9 On considère le polynôme $A(x) = x^4 - ax^2 + 5$. Rechercher la valeur du réel a pour que la valeur de ce polynôme en 2 soit égale à 1.

10 a. Écrire l'expression algébrique correspondant aux définitions suivantes :
Le triple du carré de x, diminué du double de x, augmenté de 2 ;
Le cube de x, augmenté du quart du carré de x, diminué de la moitié de x.
b. Quel réel obtient-on si on remplace x par -1 dans le premier polynôme ? x par $\frac{1}{2}$ dans le second ?

11 Recopier et relier chaque polynôme à sa valeur numérique pour $x = -\frac{1}{2}$

$3x^4 - 2x^3 + x^2 - x + 2$	$\frac{63}{8}$
$x^3 + 2x^2 - x + 7$	$\frac{-1}{4}$
$\frac{1}{2}x + 2x^2 - \frac{1}{2}$	4
$-8x^3 + 4x^2 - 3x + \frac{1}{2}$	$\frac{51}{16}$

12 Calculer la valeur numérique des polynômes suivants pour $x = 0$; $x = 1$; $x = -1$:

$P(x) = x^2 - 1 \;;\; Q(x) = -x^2 + 2x - 1 \;;\;$
$R(x) = x^3 + 3x^2 + 3x + 1.$

13 Calculer la valeur numérique des polynômes suivants pour $x = \frac{1}{3}$; $x = 0,3$; $x = -3$:

$P(x) = x^3 - 3x^2 - 3 \;;\; Q(x) = \frac{1}{3}x^2 - \frac{2}{9}x + \frac{7}{9}.$

14 Calculer la valeur numérique des polynômes suivants pour $x = \sqrt{17}$:

$P(x) = 17x^3 + 5x^2 - x + 17 \;;\;$
$Q(x) = \sqrt{17}x^2 - 17x + \frac{1}{17}.$

APPLIQUER LE COURS

Opérations

15 Recopier et compléter le tableau ci-dessous par des monômes sachant qu'ils sont composés d'un coefficient naturel compris entre 1 et 9, chacun étant pris une seule fois, et d'une partie littérale. Les résultats en fin de lignes et de colonnes sont le produit des trois monômes de la ligne ou de la colonne.

16 On propose les monômes suivants :
$A(x) = 3x^3$; $B(x) = 2x^3$; $C(x) = 5x^2$;
$D(x) = 5x$; $E(x) = \frac{3}{4}x^3$; $F(t) = \frac{1}{3}t^3$.

Calculer, si cela est possible, les sommes algébriques suivantes : $A(x) + B(x)$; $C(x) - D(x)$; $E(x) + F(x)$.

17 Recopier et compléter le tableau suivant :

+	$3x^2$	$\frac{1}{3}x$	$-2x^3$
$2x^2$			
$-\frac{1}{4}x^3$			
$2x^4$			

18 Quel est le polynôme qui, additionné au polynôme $P(x)$, donne le polynôme $Q(x)$?
$P(x) = 5x^4 - 3x^3 + 9x^2 + 3$;
$Q(x) = 7x^5 - 3x^4 + 2x - 1$.

19 Quel est le polynôme qui, soustrait au polynôme $P(x)$, donne le polynôme $Q(x)$?
$P(x) = \frac{1}{3}x^4 - 5x^3 + 3x + 7$;
$Q(x) = \frac{1}{5}x^4 + \frac{3}{4}x^2 + \frac{1}{2}x - \frac{1}{3}$.

20 Dans la grille ci-dessous, chaque case contient un polynôme, somme des deux polynômes situés dans les cases juste au-dessus. Recopier et compléter.

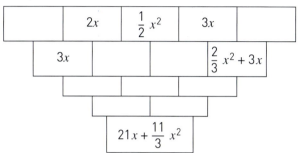

21 Écrire l'opposé des polynômes suivants :
$P(x) = -x + 1$; $Q(x) = -x - 1$; $R(x) = x + 1$;
$S(x) = -x^3 + 2x^5 - 3x + 4$

22 Mettre -1 en évidence dans les binômes suivants : $A(x) = -x - 1$; $B(x) = -x + 1$;
$C(x) = -x - y + z$; $D(x) = -x + y - z$;
$E(x) = x - 5$; $F(x) = x - y + z$.

23 On donne les monômes suivants : $A(x) = 3x^3$; $B(x) = 2x^3$; $C(x) = 5x^2$; $D(x) = 5x$; $E(x) = \frac{3}{4}x^3$; $F(t) = \frac{1}{3}t^3$. Calculer, si cela est possible, les produits algébriques suivants : $A(x)B(x)$; $C(x)D(x)$; $E(x)F(x)$.

24 Recopier le tableau de l'exercice 17 en remplaçant l'addition par la multiplication.

25 Recopier et compléter le tableau suivant :

pq	q	
	$3x + 1$	$3x - 1$
p $3x + 1$		
$3x - 1$		

26 On donne le polynôme $B(x) = 5p^2 - 3p + 2$. Remplacer p par $x + 1$, puis par $x - 1$. Réduire et ordonner les polynômes obtenus.

27 **a.** Développer et réduire $(x + y)(x^2 - xy + y^2)$.
b. Remplacer y par $-y$ et développer $(x - y)(x^2 + xy + y^2)$.
c. Développer $(2x + 1)^3$.
d. Factoriser $A(x) = x^3 - 8$.

APPLIQUER LE COURS

Division

28 Diviser les monômes $P(x)$ par les monômes $Q(x)$ donnés.
a. $P(x) = 15x^5$ et $Q(x) = 5x^3$;
b. $P(x) = -21x^3$ et $Q(x) = 7x^3$;
c. $P(x) = \frac{1}{2}x^5$ et $Q(x) = \frac{2}{3}x^2$.

29 Déterminer les polynômes $Q(x) = P(x) : d(x)$ dans les cas suivants :
a. $P(x) = 21x^3 + 14x^2 + 7x$ et $d(x) = 7x$;
b. $P(x) = 31x^5 + 23x^3 - 17x$ et $d(x) = 3x$;
c. $P(x) = \frac{2}{3}x^3 - \frac{3}{4}x^2 + \frac{1}{3}x$ et $d(x) = \frac{x}{2}$.

30 Effectuer les divisions exactes suivantes.
a. $(x^3 - x^2 - 11x - 10) : (x + 2)$;
b. $(x^5 - 4x^3 + 2x^2 + 3x - 2) : (x^2 - 1)$;
c. $\left(x^3 - \frac{15}{2}x^2 + \frac{19}{2}x - 3\right) : \left(\frac{1}{2}x - 3\right)$.

31 Déterminer le quotient et le reste de la division de :
a. $x^2 + 10x + 21$ par $x + 3$;
b. $x^4 + 2x^3 + 3x^2 + 3x - 5$ par $x^2 + x$;
c. $6x^5 + 3x^4 - 3x^3 - 10x + 3$ par $2x^2 + x - 3$.

32 Déterminer si le réel a est une racine du polynôme donné. Factoriser ce polynôme par $(x - a)$ si cela est possible.
a. $A(x) = -x^4 + 1$ et $a = 1$;
b. $B(x) = x^3 + 1$ et $a = -1$;
c. $C(x) = 3x^3 - 16$ et $a = 2$.

33 Vérifier si les polynômes suivants sont respectivement divisibles.
a. $x^2 + 10x + 21$ par $x + 3$
b. $x^5 + 1$ par $x + 1$
c. $2x^3 + 11x^2 + 3x - 1$ par $2x + 1$

34 Quel est le reste de la division de :
a. $2x^2 + 3x - 5$ par $x + 5$;
b. $2x^4 - 3x^3 - 5x^2 + 3x - 6$ par $x - 1$;
c. $7x^4 - 5x^3 + 2x^2 - 5$ par $x - \frac{1}{2}$.

Fractions algébriques

35 Calculer la valeur numérique de ces fractions algébriques pour les valeurs de x suivantes : $x = 1$; $x = -2$; $x = 3$
a. $\frac{3}{6 - 2x}$; **b.** $\frac{3x - 2}{x^2 - 4}$; **c.** $\frac{9x - 3}{9 - x^2}$; **d.** $\frac{x^2 - x}{x - 1}$.

36 Quelles sont les conditions d'existence des fractions algébriques ci-dessous ?
a. $\frac{x^2 y}{x}$; **b.** $\frac{x^2 + y^2}{x - y}$; **c.** $\frac{x^2 + y^2}{x + y}$;
d. $\frac{x^2 - 3}{x - 1}$; **e.** $\frac{2x^3 + 2}{x - 1}$; **f.** $\frac{3x^2 - 4}{x^2 - 1}$.

37 Rendre irréductible les fractions rationnelles suivantes et énoncer les conditions d'existence.
a. $\frac{3x^2}{6x}$; **b.** $\frac{7 + x}{x}$; **c.** $\frac{2(a + b)}{5(a + b)}$;
d. $\frac{5a - 5b}{3a - 3b}$; **e.** $\frac{5a - 5b}{5}$; **f.** $\frac{x^3 + 3x}{x^2 + 3}$;
g. $\frac{x^2 + 10x + 25}{x + 5}$; **h.** $\frac{x^2 - y^2}{(x - y)^2}$; **i.** $\frac{2x + 3}{4x^2 - 12x + 9}$.

38 Déterminer a, b et c pour que l'égalité suivante soit vraie.
$$\frac{a}{x} + b + cx = \frac{(x + 1)^2}{2x}.$$

39 On donne deux fractions rationnelles. Calculer leur somme, leur différence, leur produit et leur quotient. Préciser les conditions d'existence de ces fractions.
a. $\frac{3a}{5}$ et $\frac{3b}{2}$; **b.** $\frac{a - 2}{5}$ et $\frac{a + 3}{2}$;
c. $\frac{x - 2}{5}$ et $\frac{x + 3}{10}$; **d.** $\frac{x + y}{x}$ et $\frac{x + y}{2x}$;
e. $\frac{x - y}{x}$ et $\frac{x + y}{y}$; **f.** $\frac{1}{a}$ et $\frac{1}{b}$;
g. $\frac{x + y}{x - y}$ et $\frac{x - y}{x + y}$; **h.** $\frac{5}{a - 2}$ et $\frac{2}{-2 + a}$.

40 Factoriser les expressions suivantes en n'oubliant pas les conditions d'existence.
a. $x^2 - y^2 : \frac{x - y}{x + y}$; **b.** $\frac{a - 2}{a^2 - 9} : \frac{a^2 - 4}{a^2 - 9}$;
c. $\frac{3x - 3}{x - 2} : \frac{4 - x^2}{x - 1}$

FAIRE LE POINT

Pour s'évaluer

Pour chacun des exercices 41 à 48, indiquer la (ou les) bonne(s) réponse(s) a, b, c ou d et justifier.

41 Dans la série suivante, quel est le monôme qui n'est pas semblable aux autres ?

  a. $2x^3$; **b.** $3x^2$; **c.** $\dfrac{2x^3}{3}$; **d.** $3x^3$.

42 La valeur numérique du polynôme $P(x) = -5x^5 + 4x^4 - 3x^3 + 2x^2 - x + 1$ pour $x = 1$ est :

  a. 5 ; **b.** -1 ; **c.** -2 ; **d.** 16 .

43 Le polynôme $A(x) = x^3 - 3x^2 - 4x + 6$ est divisible par :

  a. 3 ; **b.** 2 ; **c.** 1 ; **d.** -1 .

44 La factorisation du polynôme $27x^2 - 27$ donne :

  a. $3(3x-3)(3x+3)$; **b.** $3(9x^2 - 9)$; **c.** $9(x-1)(x+1)$; **d.** $27(x-1)(x+1)$.

45 L'expression algébrique $\dfrac{2x-1}{2x-3}$ existe si :

  a. $x \neq -3$; **b.** $x \neq 2$; **c.** $x \neq 3$. **d.** $x \neq \dfrac{3}{2}$.

46 Les conditions d'existence de l'expression $\dfrac{3x-2}{3x^2 - 9x}$ sont :

  a. $x \neq 0$ et $x \neq -3$; **b.** $x \neq \dfrac{2}{3}$ et $x \neq \dfrac{9}{3}$; **c.** $x \neq 0$ et $x \neq 3$; **d.** $x \neq 3$ et $x \neq -9$.

47 La somme de $\dfrac{3}{a}$ et de $\dfrac{2}{a+b}$ vaut :

  a. $3 + \dfrac{2}{b}$; **b.** $\dfrac{5a+3b}{a(a+b)}$; **c.** $\dfrac{3+b}{a+b} + \dfrac{2}{a+b}$; **d.** $\dfrac{3a+b+2a}{a(a+b)}$.

48 Le résultat de la division de $\dfrac{3x}{x-a}$ par $\dfrac{x-a}{2x}$ est :

  a. $\dfrac{3x}{2x}$; **b.** $\dfrac{6x^2}{x^2 - a^2}$; **c.** $\dfrac{6x}{(x-a)^2}$; **d.** $\dfrac{6x^2}{(x-a)^2}$.

CONSOLIDER ET APPROFONDIR

Polynômes

49 Écrire un polynôme en x du quatrième degré
a. réduit et ordonné par rapport aux puissances croissantes de x ;
b. ce même polynôme non réduit ;
c. ce même polynôme réduit et ordonné selon les puissances décroissantes de x.

50 Ordonner les expressions suivantes, distinguer les monômes des polynômes et déterminer leur degré si ce sont des polynômes.
a. $x\sqrt{3} + 7x - 2x^3$; **b.** $2x(x^2 - \sqrt{2})$;
c. $2x - \dfrac{1}{x}$; **d.** $\dfrac{x^2}{\sqrt{2}} - \sqrt{5}x^5 + \dfrac{x^7}{x^3}$.

51 Trouver des polynômes A et B tels que :
a. le degré de A est 2, le degré de AB est 4 et le degré de $A + B$ est 1 ;
b. A et B sont de degré 4 et leur somme est une constante non nulle.

52 Calculer la valeur numérique des polynômes $A(x)$ et $B(x)$ pour $x = \sqrt{2}$; $x = -\sqrt{3}$ et $x = 2\sqrt{5}$.
$A(x) = x^3 + 2x^2 - x + 5$;
$B(x) = \sqrt{2}x^3 + \sqrt{3}x^2 + x - \sqrt{2}$.

53 Calculer les nombres réels a et b sachant que les valeurs numériques du polynôme $ax^2 - bx - 2$ pour $x = 1$ et pour $x = -1$ sont respectivement -3 et 3.

Lire, comprendre, rédiger

54 $P(x) = 7x^4 - 4x^3 + 3x^2 - 2x + 3$ est un polynôme ordonné.
Mettre x^3 en évidence dans les deux premiers termes ; $P_1(x) = (\ldots - \ldots)x^3 + 3x^2 - \ldots$.
Mettre x^2 en évidence dans ces deux nouveaux premiers termes :
$P_2(x) = ((7x - \ldots)x + \ldots)x^2 - \ldots$.
Mettre x en évidence dans ces deux nouveaux premiers termes :
$P_3(x) = (((7x - \ldots)x + \ldots)x - \ldots)x + 3$.
Calculer la valeur numérique de $P(x)$, puis celle de $P_3(x)$ pour $x = 1,5$. Utiliser la calculatrice en mettant en mémoire 1,5.

Utiliser cette méthode pour calculer les valeurs numériques de :
$Q(x) = -8x^5 + 3x^4 - 2x^3 - 4x^2 + 5x - 1$
pour $x = -1,5$; $x = 4,5$ et $x = 2,3$.

55 Additionner les polynômes suivants :
a. $x^5 - 2\sqrt{3}x^4 + \dfrac{7}{2}x^2 - 9$ et $\sqrt{3}x^4 - 7x^3 + \dfrac{3x^2}{2}$;
b. $\dfrac{11}{3}x^2 - \dfrac{9x^3}{4} - \dfrac{11}{5} - \dfrac{7x^3 - 8x}{4}$
et $-\left(\dfrac{7}{3}x^4 + \dfrac{9}{7}x^2 - \dfrac{7}{5}x^3 + \dfrac{8}{7}\right)$.

56 Développer et ordonner les expressions suivantes :
a. $(x - b)^2 - (x + b)^2$; **b.** $\left(-\dfrac{1}{2}x - 2x^2\right)^2$;
c. $\left(\dfrac{x - 1}{2}\right)^2 + x\left(\dfrac{x + 4}{3}\right)$.

57 On donne le polynôme $A(x) = p^2 - 4p + 3$. Remplacer p par les binômes, puis réduire et ordonner $A(x)$.
a. $p = x - 2$; **b.** $p = x + 1$;
c. $p = x^2 - 1$; **d.** $p = x - \sqrt{3}$.

58 Déterminer la forme réduite et le degré des polynômes définis de la façon suivante :
a. $A(x) = (x^2 - 1)^2 - (x^2 + x)^2$;
b. $B(x) = (x + 2)^3(x - 2)$;
c. $C(x) = (x^2 - \sqrt{2}x + 1)(x^2 + \sqrt{2}x + 1)$.

59 Réduire les polynômes suivants :
a. $(\sqrt{3} - \sqrt{2}x)\dfrac{7}{5}\sqrt{12}x^2$;
b. $(2\sqrt{6}x^2 + 3\sqrt{3}x)(3\sqrt{3}x - 2\sqrt{6}x^2)$;
c. $\left(3\sqrt{2}x^3 - \dfrac{2}{3}x^2\right)^2$; **d.** $(x^3 + x^2)(\sqrt{5}x^2 - \sqrt{5}x^3)$.

60 On donne $P(x) = 12x^2 - 11x + 2$. Vérifier que ce polynôme peut s'écrire $(4x - 1)(3x - 2)$. Résoudre l'équation $12x^2 - 11x + 2 = 0$ et énoncer la propriété utilisée.

61 Rechercher la forme réduite de $(a + b + c)^2$, puis de $(a + b + c)^3$.

62 Calculer :
$(-x)(x^2)(-x^3)(x^4) \ldots (x^{98})(-x^{99})(x^{100})$.

CONSOLIDER ET APPROFONDIR

Division

63 Déterminer a et b pour que le polynôme $P(x) = ax^4 + bx^3 - 8x^2 - 4x + 5$ soit divisible par $(x-1)$ et par $(x+1)$. Factoriser le polynôme obtenu.

64 Replacer les binômes $(x-1)$, $(x-2)$, $(x+1)$ et $(x+2)$ dans le tableau ci-contre. Les produits des binômes sont donnés en bout de ligne et en bout de colonne.

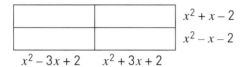

65 Replacer les polynômes x, $(x-1)$, $(x-2)$, $(x-3)$, $(x-4)$, $(x+1)$, $(x+2)$, $(x+3)$ et $(x+4)$ dans le tableau ci-dessous, leurs produits étant donnés en bout de lignes et de colonnes.

66 Déterminer k pour que les divisions suivantes donnent comme reste r. Calculer le quotient après avoir remplacé k par la valeur trouvée.
a. $(x^3 + x^2 - x - k) : (x - 1)$ $r = 0$;
b. $(3x^3 - 4x^2 + kx + 3) : (x - 2)$ $r = -5$.

67 Compléter le tableau en notant dans chaque case le quotient q et le reste r de la division de $A(x)$ par $B(x)$, le nombre a étant un nombre positif.

$A(x)$ / $B(x)$	$x+a$	$x-a$	x^2-a^2	x^2+a^2	x^3-a^3	x^3+a^3
$x+a$	q					
	r					
$x-a$	q					
	r					

À l'aide du tableau, factoriser $x^3 + a^3$ et $x^3 - a^3$.

Fractions algébriques

68 Quelles sont les conditions d'existence des fractions algébriques ci-dessous ?

a. $\dfrac{a - 3b}{a^2 - b^2}$;   **b.** $\dfrac{2x^2 + 4x + 1}{x^2 + 2x + 1}$;   **c.** $\dfrac{x^2 - 4}{x^2 - 9}$;

d. $\dfrac{2x - 5}{x^2 - 3x}$;   **e.** $\dfrac{x^2 - 2x}{3x^2 - 12}$;   **f.** $\dfrac{5x^3 - 3x + 1}{4x^2 - 2x}$.

69 En utilisant la loi du reste, vérifier si les fractions algébriques suivantes sont simplifiables. Si oui, à quelle condition ? Les simplifier si cela est possible.

a. $\dfrac{x^2 - 3x + 2}{x - 1}$;   **b.** $\dfrac{x^5 + 32}{x + 2}$;   **c.** $\dfrac{x^3 - x^2 + 2}{x + 1}$;

d. $\dfrac{x^3 - 2x^2 - 5x + 6}{x - 1}$.

70 Effectuer les opérations demandées et simplifier ... sans oublier les C.E.

a. $a^2 \times \dfrac{1}{a}$; $a^2 + \dfrac{1}{a}$; $\dfrac{1}{a} - a^2$; $\dfrac{1}{a} : a^2$.

b. $\dfrac{a}{b} + \dfrac{b}{a}$; $1 : \dfrac{2}{a^2}$; $\dfrac{a}{a-2} - 1$.

c. $\dfrac{1}{a} - \dfrac{1}{a-1}$; $\dfrac{\dfrac{1}{a} - \dfrac{1}{b}}{a}$; $\dfrac{\dfrac{1}{a-1}}{a-1}$.

71 Simplifier l'écriture des expressions algébriques suivantes si a est non nul.

a. $a - \dfrac{1}{1 + \dfrac{1}{a}}$ **b.** $\dfrac{a}{a - \dfrac{1}{a - \dfrac{1}{a}}}$.

72 Factoriser au maximum les expressions suivantes :
a. $(a-b)(x-2y) - (2y-x)(b-a)$;
b. $(x-y)^2 - 4x^2y^2$;
c. $(a-1)^3 + 2(a-1)^2 - (1-a)$.

73 Factoriser $P(x) = (16x^2 - 1) + 2(4x - 1)$.
Résoudre dans $\mathbb{R}$ l'équation $P(x) = 0$.
Factoriser $P(x) - S(x)$ si $S(x) = 4x - 1$.
Résoudre dans $\mathbb{R}$ les équations $P(x) - S(x) = 0$ et $\dfrac{P(x) - S(x)}{P(x)} = 4x + 1$.

MATHS-MAGAZINE

MÉTHODE DITE « DE HORNER »

Si l'on ne possède qu'une calculatrice quatre opérations (comme celle des montres), il est possible de calculer une valeur numérique d'un polynôme beaucoup plus facilement... en utilisant une méthode dite de Horner.
Un exemple vaut mieux qu'un long discours... Si l'on cherche une valeur numérique du polynôme $P(x) = 13x^4 - 9x^3 + 2x^2 - 5x + 1$, cela demande 29 opérations et 10 rappels de mémoire du nombre. Si le polynôme est écrit de cette façon :

$$P(x) = (((13x - 9)x + 2)x - 5)x + 1,$$

alors on calcule la valeur numérique en 16 opérations et 4 rappels de mémoire. Intéressant, non ?

© Stock-exchange

FONCTION QUOTIENT DE POLYNÔMES

Cette fonction s'écrit sous la forme :

$$f(x) = \frac{P(x)}{Q(x)}.$$

Elle n'est pas définie pour $Q(x) = 0$.

ÉCRITURE

L'écriture d'un nombre en base 10 ressemble à l'écriture polynomiale dans laquelle la variable x est remplacée par la valeur 10.

Ex. : $98\,046 = 9 \times 10^4 + 8 \times 10^3 + 4 \times 10 + 6$.

De même 11 011 en base 2 vaut :

$1 \times 2^4 + 1 \times 2^3 + 0 \times 2^2 + 1 \times 2^1 + 1 \times 2^0 = 2^4 + 2^3 + 2 + 1 = 27$.

Si l'on connaît la distance focale f d'une lentille convexe et si un objet est à une distance p du centre, alors l'image de l'objet est à une distance q telle que $\dfrac{1}{f} = \dfrac{1}{p} + \dfrac{1}{q}$.

On peut calculer q en fonction de p : $q = \dfrac{fp}{p - f}$.

Le graphique ci-dessus a été obtenu pour $f = 2$.

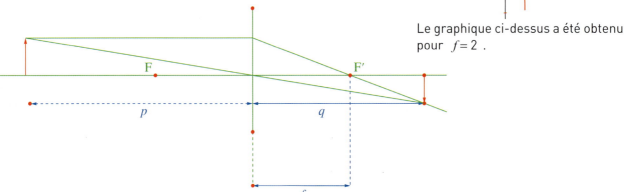

LE THÉORÈME DE THALÈS ET SA RÉCIPROQUE

CHAPITRE 8

Le théorème de Thalès permet de déterminer la hauteur d'un arbre à partir de son ombre.

QCM

Pour chaque question, indiquer la réponse exacte (ou les réponses exactes).

		A	B	C
1	Quelles sont les affirmations incorrectes ?	$[AB] = 7$ cm	Le segment $[EF]$ mesure 4 cm	La droite (IJ) mesure 9 cm
2	Si $B \in [AC]$, alors :	$AB = BC$	$AB + BC = AC$	$(AB) = (BC)$
3	Si M est le milieu du segment $[AB]$, alors :	$AB = 2BM$	$AM = \frac{1}{2} AB$	$\frac{AB}{AM} = \frac{1}{2}$
4	Soit trois points A, B et C. $\frac{AB}{AC}$ est égal à :	$\frac{BA}{AC}$	$\frac{AC}{AB}$	$\frac{BA}{CA}$
5	Quels sont les tableaux de proportionnalité ?	5 8 2,5 20 32 10	1 2 3 1^2 2^2 3^2	4,8 0,48 69 6,9 0,6 0,06

DE QUOI S'AGIT-IL ?

Qu'est-ce qu'une proportion ?
Comment utiliser une proportion ?

1. Fractions de longueurs

1. Dans chacun des cas ① et ② recopier et compléter comme dans l'exemple ci-contre.

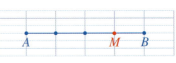

$AM = \dfrac{3}{4} AB$ et $\dfrac{AM}{AB} = \dfrac{3}{4}$.

Rappel $\dfrac{AM}{AB}$ est un rapport.

① $AM = \dfrac{\bullet}{\bullet} AB$ et $\dfrac{AM}{AB} = \dfrac{\bullet}{\bullet}$

② $AM = \dfrac{\bullet}{\bullet} AB$ et $\dfrac{AM}{AB} = \dfrac{\bullet}{\bullet}$

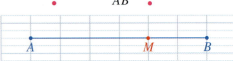

2. a. Tracer un segment $[CD]$ mesurant 12 cm.

b. Sur ce segment, placer les points R, S, T et U tels que :

- $CR = \dfrac{1}{3} CD$;
- $\dfrac{CS}{CD} = \dfrac{1}{2}$;
- $\dfrac{CT}{CD} = \dfrac{2}{3}$;
- $\dfrac{CU}{CD} = \dfrac{3}{4}$.

2. Proportion

1. Soit quatre nombres non nuls a, b, c et d tels que $\dfrac{a}{b} = \dfrac{c}{d}$.

Note : Les quatre nombres a, b, c et d pris dans cet ordre forment une proportion.

a. Justifier le raisonnement suivant :

Si $\dfrac{a}{b} = \dfrac{c}{d}$ alors $\dfrac{a \times d}{b \times d} = \dfrac{b \times c}{b \times d}$ d'où $a \times d = b \times c$.

b. De l'égalité des « produits en croix », $a \times d = b \times c$, déduire que :

- $a = \dfrac{bc}{d}$;
- $b = \dfrac{ad}{c}$;
- $c = \dfrac{ad}{b}$;
- $d = \dfrac{bc}{a}$.

c. Démontrer que l'on a aussi $\dfrac{b}{a} = \dfrac{d}{c}$. (Deux quotients égaux ont des inverses ... .)

d. Démontrer que, si dans une proportion, on permute les moyens entre eux et les extrêmes entre eux, on obtient une nouvelle proportion.

2. Calculer x tel que $\dfrac{7}{5} = \dfrac{21}{x}$.

On dit que x est la quatrième proportionnelle des nombres 7, 5 et 21.
Déterminer la quatrième proportionnelle x des nombres 2, 3 et 7.

Compléter $\dfrac{...}{...} = \dfrac{...}{x}$ et $x = ...$.

3. Résoudre les équations suivantes :

- $\dfrac{x}{15} = \dfrac{7}{3}$;
- $\dfrac{x}{5} = \dfrac{13}{10}$;
- $\dfrac{x}{5} = \dfrac{3}{7}$;
- $\dfrac{x}{8,4} = \dfrac{7,5}{15}$;
- $\dfrac{5}{x} = \dfrac{2}{15}$;
- $\dfrac{7}{5} = \dfrac{21}{x}$.

Réponses dans le désordre : 15 ; $\dfrac{15}{7}$; 37,5 ; $\dfrac{13}{2}$; 35 ; 42.

DE QUOI S'AGIT-IL ?
Comment démontrer que deux droites sont parallèles ?

3. Avec deux milieux : conjecture

1. a. Tracer un triangle ABC.

b. Placer le milieu I du côté $[AB]$ et le milieu J du côté $[AC]$.

c. Tracer la droite (IJ).

2. Quelles conjectures peut-on faire (voir la figure ci-dessous) ?

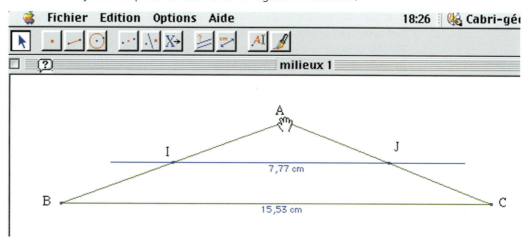

Lorsque la main apparaît, on peut déplacer le point A.

Pour faire des conjectures, on peut utiliser le menu ci-contre.

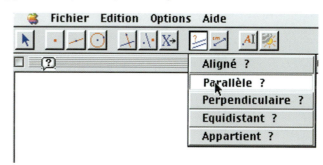

4. Avec deux milieux : preuve

On considère la figure obtenue au **1.** de l'activité précédente.

1. a. Construire le point M, symétrique du point I par rapport au point J.

b. Préciser, en justifiant la réponse, la nature du quadrilatère $AMCI$.

c. En déduire que : $(IB) // (MC)$ et $IB = MC$.

2. a. Quelle est l'image de M par la translation qui transforme I en B ?

b. En déduire que :

- $IMCB$ est un parallélogramme ;
- $(IJ) // (BC)$;
- $IJ = \dfrac{BC}{2}$.

DE QUOI S'AGIT-IL ?
Comment démontrer qu'un point est le milieu d'un segment ?

5. Milieu et parallèle : conjecture

1. a. Tracer un triangle ABC.

b. Placer le milieu I du côté $[AB]$.

c. Construire la droite Δ passant par le point I et parallèle à la droite (BC).

d. Appeler M le point d'intersection de la droite Δ et du segment $[AC]$.

2. a. Lire la remarque de Emma et la réponse de Medhi ci-dessous.
Terminer la phrase de Medhi.
EMMA : *Mais c'est exactement comme dans l'activité 4.*
MEDHI : *Mais non ! Les hypothèses ne sont pas les mêmes.
On a placé un milieu, puis on a tracé une parallèle à la droite (BC).
Dans l'activité 4, on avait placé …*

b. Émettre une conjecture.

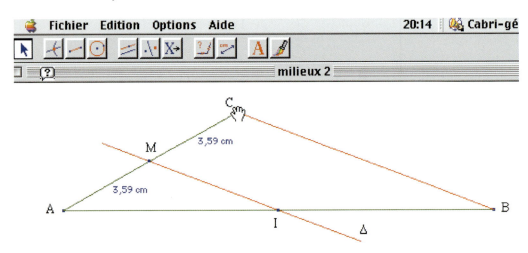

6. Milieu et parallèle : preuve

On considère la figure obtenue au **1.** de l'activité 5.
(*Rappel* : on sait seulement que la droite Δ passe par le milieu I de $[AB]$, qu'elle est parallèle à la droite (BC) et coupe $[AC]$ en M.)

a. Construire le milieu K du segment $[BC]$.

b. Recopier et compléter :
Par hypothèse, $\Delta \parallel (BC)$.
Or, $\Delta = (IM)$, donc $(IM) \parallel (\bullet\bullet)$.
Dans le triangle …, la droite $(\bullet\bullet)$ passe par le milieu I du … $[AB]$ et par le … K du côté $[BC]$.
Elle est donc … au côté $[AC]$.
Or, le point $\bullet \in (AC)$, donc $(IK) \parallel (MC)$.
Le quadrilatère $IMC\bullet$ a ses côtés … parallèles ; c'est donc un ….

c. Démontrer que M est le milieu du côté $[AC]$.

DE QUOI S'AGIT-IL ?
Qu'est-ce que le théorème de Thalès appliqué au triangle ?

7. Cas particulier

Soit un triangle ABC, le point I milieu de $[AB]$ et la parallèle à la droite (BC) passant par I ; elle coupe $[AC]$ en J.

Démontrer que $\dfrac{AI}{AB} = \dfrac{AJ}{AC} = \dfrac{IJ}{BC} = \dfrac{1}{2}$.

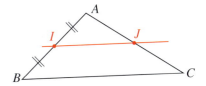

8. Proportionnalité de longueurs

Conjecture

1. a. Construire la figure ci-contre, sachant que :
- $AB = 9$ cm, $AC = 6$ cm et $BC = 7,5$ cm ;
- $M \in [AB]$ et $AM = \dfrac{1}{3} AB$;
- $N \in [AC]$ et $(MN) \,/\!/\, (BC)$.

b. En effectuant des mesures, trouver deux rapports de longueurs qui semblent égaux au rapport $\dfrac{AM}{AB}$.

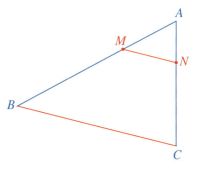

Preuve

2. a. Placer le point J milieu de $[MB]$.
Construire la parallèle à la droite (MN) passant par J : elle coupe $[AC]$ en K.

b. Démontrer que N est le milieu de $[AK]$.

c. Soit L le point d'intersection des segments $[BN]$ et $[JK]$.
Démontrer que L est le milieu de $[BN]$.
Démontrer que K est le milieu de $[NC]$.

En déduire que $AC = 3AN$, puis que $\dfrac{AN}{AC} = \dfrac{\bullet}{3}$.

3. a. La parallèle à la droite (AB) passant par N coupe $[BC]$ en E.
La parallèle à la droite (AB) passant par K coupe $[BC]$ en F.

b. En utilisant le résultat obtenu au **2.**, démontrer que $BC = 3BE$.

c. Préciser, en justifiant la réponse, la nature du quadrilatère $MNEB$.

d. Est-il vrai que $\dfrac{MN}{BC} = \dfrac{1}{3}$?

Commentaire

Nous venons de démontrer, dans un cas particulier, que : $\dfrac{AM}{AB} = \dfrac{AN}{AC} = \dfrac{MN}{BC}$.

Nous **admettrons** que ce résultat est vrai quelle que soit la position du point M sur le côté $[AB]$ d'un triangle ABC (avec N sur $[AC]$ et $(MN) \,/\!/\, (BC)$).
Autrement dit, deux droites parallèles (MN) et (BC) coupant deux segments $[AB]$ et $[AC]$ déterminent deux triangles AMN et ABC dont les longueurs des côtés sont proportionnelles.

DE QUOI S'AGIT-IL ?
Qu'est-ce que le théorème de Thalès appliqué aux triangles ?

9. Le théorème de Thalès

Conjecture (à l'aide d'un logiciel de géométrie dynamique)

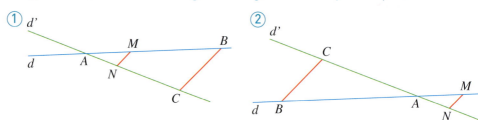

Tracer deux droites d et d' sécantes en A.
Placer les points B, M, C et N tels que : $B \in d$; $M \in d$; $C \in d'$; $N \in d'$; $(MN) \parallel (BC)$.
En déplaçant le point B sur la droite d, on obtient autant de cas de figures que l'on veut (cas ① et ②, par exemple).

a. Pour quelques cas, faire afficher les longueurs AB, AM, AC, AN, BC et MN.

b. Calculer, chaque fois, les rapports $\dfrac{AM}{AB}$, $\dfrac{AN}{AC}$ et $\dfrac{MN}{BC}$.

Preuve

a. Réaliser la figure ② sur papier. Construire le point P symétrique du point M par rapport au point A. Construire le point Q, symétrique du point N par rapport au point A.

b. Justifier les affirmations suivantes :
• $P \in (AB)$;   • $Q \in (AC)$;   • $PQ = MN$;   • $(PQ) \parallel (MN)$;   • $(PQ) \parallel (BC)$.

c. Citer la propriété permettant d'affirmer que $\dfrac{AP}{AB} = \dfrac{AQ}{AC} = \dfrac{PQ}{BC}$.

d. En déduire que $\dfrac{AM}{AB} = \dfrac{AN}{AC} = \dfrac{MN}{BC}$.

e. En utilisant les propriétés des proportions, prouver que $\dfrac{AB}{AC} = \dfrac{AM}{AN} = \dfrac{BM}{CN}$.

10. Réciproque du théorème de Thalès

1. Avec un logiciel de construction géométrique, construire deux droites d et d' sécantes en A. Soit B et M deux points de d.
Soit C et N deux points de d'.
Tracer les segments $[BC]$ et $[MN]$.
Faire afficher les longueurs AM, AB, AN et AC.

2. Déplacer le point M sur la droite d.
Pour plusieurs positions de M, calculer les rapports $\dfrac{AM}{AB}$ et $\dfrac{AN}{AC}$.

3. Émile pense que si $\dfrac{AM}{AB} = \dfrac{AN}{AC}$, alors les droites (BC) et (MN) sont forcément parallèles. Son frère César, qui s'est intéressé à une figure du type ①, prétend que cela n'est pas toujours vrai.
Qui a raison ? (*On ne demande pas de preuve.*)

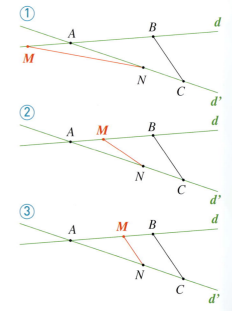

DE QUOI S'AGIT-IL ?

Qu'est-ce que le théorème de Thalès appliqué à un faisceau de droites parallèles coupées par deux sécantes ?

11. Forme générale du théorème de Thalès

Conjecture (à l'aide d'un logiciel de géométrie dynamique)

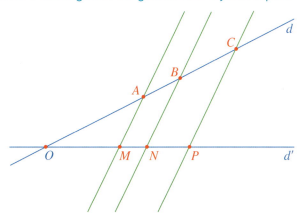

Tracer deux droites d et d' sécantes en O.
Placer les points A, B et C de la droite d et les points M, N et P de la droite d' tels que $(AM) \mathbin{/\mkern-6mu/} (BN) \mathbin{/\mkern-6mu/} (CP)$.

a. Afficher les longueurs OA, OB, OC, AB, BC, AC, OM, ON, OP, MN, NP, MP.

b. Calculer les rapports $\dfrac{OA}{OM}$, $\dfrac{OB}{ON}$, $\dfrac{OC}{OP}$, $\dfrac{AB}{MN}$, $\dfrac{BC}{NP}$, $\dfrac{AC}{MP}$.

Preuve

a. Citer la propriété permettant d'affirmer que :

$$\dfrac{OA}{OM} = \dfrac{OB}{ON} = \dfrac{AB}{MN},$$

$$\dfrac{OB}{ON} = \dfrac{OC}{OP} = \dfrac{BC}{NP},$$

$$\dfrac{OA}{OM} = \dfrac{OC}{OP} = \dfrac{AC}{MP}.$$

b. En déduire que :

$$\dfrac{OA}{OM} = \dfrac{AB}{MN} = \dfrac{BC}{NP} = \dfrac{AC}{MP}.$$

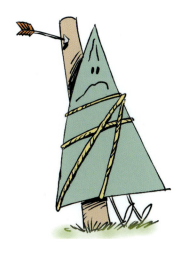

c. Compléter :
Des parallèles déterminent sur ... droites sécantes des ... homologues dont les ... sont proportionnelles.

d. Vérifier la propriété si les droites d et d' sont parallèles.

RETENIR

1. PROPORTION

Définitions

On appelle proportion une égalité de deux rapports.

Si a, b, c et d sont quatre nombres non nuls, alors $\dfrac{a}{b}=\dfrac{c}{d}$ est une proportion.
On lit : « a est à b comme c est à d. »
Dans cette proportion, a et d sont les extrêmes, b et c sont les moyens.

La quatrième proportionnelle entre trois nombres non nuls a, b et c est le nombre non nul d qui vérifie la condition $\dfrac{a}{b}=\dfrac{c}{d}$.

Propriété fondamentale des proportions

Dans toute proportion, le produit des extrêmes est égal au produit des moyens.

Si a, b, c et d sont quatre nombres non nuls, alors $\dfrac{a}{b}=\dfrac{c}{d}$ équivaut à $ad=bc$.

Note : – On écrit : $\dfrac{a}{b}=\dfrac{c}{d} \iff ad=bc$. Le symbole « $\iff$ » se lit « est équivalent à » ;
– Cette propriété est souvent appelée « Règle du produit en croix ».

Autres propriétés

Soit a, b, c et d, quatre nombres non nuls.

1. Dans toute proportion, on peut permuter les moyens.

$\dfrac{a}{b}=\dfrac{c}{d} \iff \dfrac{a}{c}=\dfrac{b}{d}$.

2. Dans toute proportion, on peut permuter les extrêmes.

$\dfrac{a}{b}=\dfrac{c}{d} \iff \dfrac{d}{b}=\dfrac{c}{a}$.

3. Dans toute proportion, on peut permuter les moyens entre eux et les extrêmes entre eux.

$\dfrac{a}{b}=\dfrac{c}{d} \iff \dfrac{b}{a}=\dfrac{d}{c}$.

METTRE EN PRATIQUE

Comment résoudre des équations comportant des fractions ?

Énoncé

Résoudre les équations suivantes : • $\dfrac{x}{8} = 5$; • $\dfrac{x}{9} = \dfrac{7}{6}$; • $\dfrac{5}{x} = \dfrac{4}{3}$.

Solution

- $\dfrac{x}{8} = 5$, donc $x = 8 \times 5$, soit $\boxed{x = 40}$.
- $\dfrac{x}{9} = \dfrac{7}{6}$, donc $x = 9 \times \dfrac{7}{6}$, soit $\boxed{x = \dfrac{21}{2}}$.
- $\dfrac{5}{x} = \dfrac{4}{3}$, donc $x \times 4 = 5 \times 3$, soit $\boxed{x = \dfrac{15}{4}}$.

Commentaires

Si $\dfrac{a}{b} = c$, alors $a = b \times c$ ($b \neq 0$).

Même procédure avec $b = 9$ et $c = \dfrac{7}{6}$.

On utilise l'égalité des « produits en croix » :
si $\dfrac{a}{b} = \dfrac{c}{d}$, alors $ad = bc$ ($b \neq 0$ et $d \neq 0$).

Note : La règle du « produit en croix » est une des méthodes qui permet de résoudre des équations dont les deux membres sont des fractions.

Comment reconnaître une situation de proportionnalité, une proportion, un tableau de proportionnalité ?

- Deux suites de nombres sont *proportionnelles* si l'on passe de l'une à l'autre en multipliant tous les nombres d'une des suites par un même nombre non nul pour obtenir ceux de l'autre suite. Ce nombre est appelé coefficient de proportionnalité.

- Une égalité de deux rapports est une proportion.

- *Tableau de proportionnalité :*

a	c	e
b	d	f

$\times k$ avec k coefficient de proportionnalité.

- Dans un repère, les points de coordonnées $(a\,;\,b)$, $(c\,;\,d)$, $(e\,;\,f)$ sont alignés sur une droite qui passe par l'origine du repère.

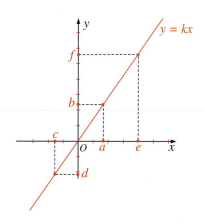

CHAPITRE 8 LE THÉORÈME DE THALÈS ET SA RÉCIPROQUE

RETENIR

2. THÉORÈMES DES MILIEUX

① Si une droite passe par les milieux de deux côtés d'un triangle, alors elle est parallèle au troisième côté.
② La longueur du segment joignant les milieux de deux côtés d'un triangle est égale à la moitié de celle du troisième côté.

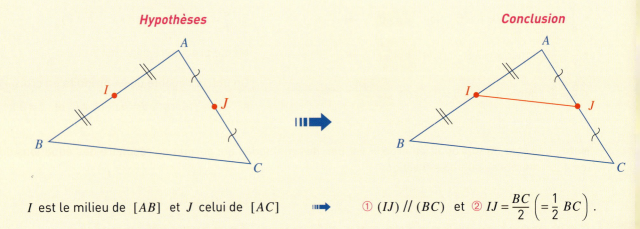

Hypothèses

I est le milieu de $[AB]$ et J celui de $[AC]$ ⟹ ① $(IJ) \parallel (BC)$ et ② $IJ = \dfrac{BC}{2} \left(= \dfrac{1}{2} BC\right)$.

Conclusion

③ Si une droite passe par le milieu d'un côté d'un triangle et si elle est parallèle à un autre côté, alors elle coupe le troisième côté en son milieu.

Hypothèses

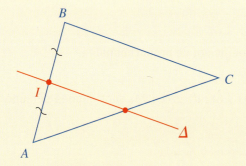

- I est le milieu de $[AB]$;
- $I \in \Delta$;
- $\Delta \parallel (BC)$.

Conclusion

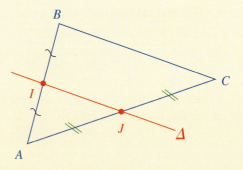

- Δ coupe $[AC]$ en son milieu J.

(En conséquence : $IJ = \dfrac{BC}{2}$.)

Note : – les théorèmes ① et ③ sont réciproques l'un de l'autre.

METTRE EN PRATIQUE

Comment prouver que deux droites sont parallèles ?

Énoncé Soit un triangle DEF et A, B, C les milieux respectifs des côtés $[DE]$, $[DF]$ et $[EF]$. Démontrer que le quadrilatère $ABCE$ est un parallélogramme.

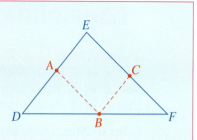

Solution

• Par hypothèse, A est le milieu du côté $[DE]$ du triangle DEF et B est le milieu du côté $[DF]$.

Or, si une droite passe par les milieux de deux côtés d'un triangle, elle est parallèle au troisième côté.

Par conséquent : $(AB) \parallel (EF)$.
Or $C \in (EF)$, donc : $(AB) \parallel (EC)$. **(1)**

• D'autre part, B est le milieu du côté $[DF]$ du triangle DEF et C est le milieu du côté $[EF]$.

Par conséquent : $(BC) \parallel (DE)$.
Or $A \in (DE)$, donc $(BC) \parallel (AE)$. **(2)**

• Le quadrilatère $ABCE$, qui a ses côtés opposés parallèles, est donc un parallélogramme.

Commentaires

On indique les hypothèses.

Dans cette façon de rédiger la démonstration, on cite le théorème utilisé.

On conclut.

Comme on utilise le même théorème que précédemment, il n'est pas utile de le citer à nouveau. On cite seulement les hypothèses et la conclusion du théorème.

Définition du parallélogramme.

Comment exploiter les théorèmes des milieux ?

Énoncé
• M est le milieu de $[RS]$; • N est le milieu de $[RT]$;
• $K \in [ST]$ et I est le point d'intersection des segments $[MN]$ et $[RK]$.
Démontrer que I est le milieu de $[RK]$.

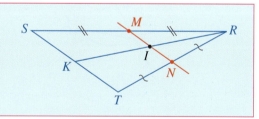

Solution

• Considérons le triangle RST.
M est le milieu de $[RS]$ et N celui de $[RT]$.

Par conséquent : $(MN) \parallel (ST)$.

• Considérons le triangle RSK.
M est le milieu de $[RS]$ et $(MN) \parallel (SK)$ (car $K \in [ST]$).

Or, si une droite passe par le milieu d'un côté d'un triangle et si elle est parallèle à un autre côté, alors elle coupe le troisième côté en son milieu.

Par conséquent, comme (MN) coupe $[RK]$ en I :

I est le milieu de $[RK]$.

Commentaires

Les hypothèses de l'énoncé permettent seulement d'appliquer le théorème ① au triangle RST :
Si une droite passe par les milieux de deux côtés d'un triangle, alors elle est parallèle au troisième côté.

En plus des hypothèses de l'énoncé, on sait désormais que $(MN) \parallel (ST)$. On peut donc appliquer le théorème ③ au triangle RSK.

3. THÉORÈME DE THALÈS : CONFIGURATION TRIANGULAIRE

Théorème de Thalès

Soit d et d' deux droites sécantes en A.
Soit B et M deux points de la droite d, distincts du point A.
Soit C et N deux points de la droite d', distincts du point A.
Si les droites (BC) et (MN) sont parallèles, alors : $\dfrac{AM}{AB} = \dfrac{AN}{AC} = \dfrac{MN}{BC}$.

Exemples

Dans chacun des deux cas ci-dessous :

- **hypothèses :**
  B et M sont alignés avec A ;
  N et C sont alignés avec A ;
  $(MN) \parallel (BC)$;

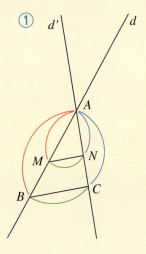
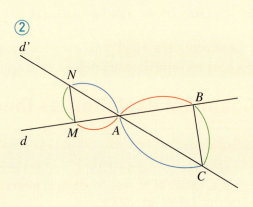

- **conclusion :**
  $\dfrac{AM}{AB} = \dfrac{AN}{AC} = \dfrac{MN}{BC}$.

Dans chaque cas, les longueurs des côtés du triangle ABC sont proportionnelles aux longueurs des côtés associés du triangle AMN.

Méthode pour bien repérer les côtés associés :

1er triangle   A M N   on associe M et B, car ils sont alignés avec A ;

2nd triangle   A B C   on associe N et C, car ils sont alignés avec A ;

METTRE EN PRATIQUE

Comment utiliser la proportionnalité de longueurs ?

Énoncé

Calculer les longueurs AM, AC et MN, sachant que les droites (MN) et (BC) sont parallèles. (L'unité de longueur est le centimètre.)

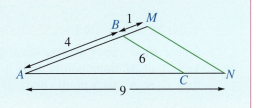

Solution

- $B \in [AM]$, donc $AM = AB + BM = 4 + 1$, donc $\boxed{AM = 5 \text{ cm}}$.
- Considérons le triangle AMN.

Par hypothèse, $B \in [AM]$, $C \in [AN]$ et $(BC) \mathbin{/\!/} (MN)$.
On peut donc appliquer le théorème de Thalès, d'où :

$\dfrac{AB}{AM} = \dfrac{AC}{AN} = \dfrac{BC}{MN}$ et $\dfrac{4}{5} = \dfrac{AC}{9} = \dfrac{6}{MN}$.

– Pour calculer AC, utilisons l'égalité $\dfrac{4}{5} = \dfrac{AC}{9}$.

Par conséquent : $AC = \dfrac{4}{5} \times 9 = \dfrac{4 \times 9}{5}$,

donc $\boxed{AC = 7{,}2 \text{ cm}}$.

– Pour calculer MN, utilisons l'égalité $\dfrac{4}{5} = \dfrac{6}{MN}$.

D'où : $4 \times MN = 5 \times 6$ et $MN = \dfrac{5 \times 6}{4} = \dfrac{30}{4}$,

donc $\boxed{MN = 7{,}5 \text{ cm}}$.

Commentaires

On indique les hypothèses du théorème de Thalès (configuration triangulaire).

On écrit aux numérateurs les côtés d'un des deux triangles (ici ABC) et aux dénominateurs les côtés correspondants de l'autre triangle (ici AMN).

Comment calculer des longueurs ?

Énoncé

Calculer les longueurs AC et AE sachant que les droites (DE) et (BC) sont parallèles.
(L'unité de longueur est le centimètre. La figure n'est donnée qu'à titre indicatif.)

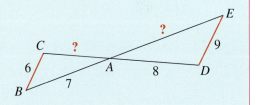

Solution

Les droites (EB) et (CD) sont sécantes en A.
Les droites (BC) et (DE) sont parallèles.
D'après le théorème de Thalès :

$\dfrac{AB}{AE} = \dfrac{AC}{AD} = \dfrac{BC}{DE}$; c'est-à-dire $\dfrac{7}{AE} = \dfrac{AC}{8} = \dfrac{6}{9}$.

$\dfrac{AC}{8} = \dfrac{6}{9}$, d'où $AC = 8 \times \dfrac{6}{9}$,

donc $\boxed{AC = \dfrac{16}{3} \text{ cm}}$.

$\dfrac{7}{AE} = \dfrac{2}{3}$, d'où $2 \times AE = 7 \times 3$,

donc $\boxed{AE = 10{,}5 \text{ cm}}$.

Commentaires

On indique les hypothèses du théorème de Thalès (configuration triangulaire).
On repère les côtés associés des deux triangles ABC et ADE.

$\begin{array}{ccc} A & B & C \\ \downarrow & \downarrow & \downarrow \\ A & E & D \end{array}$

On extrait l'égalité qui permet de calculer AC et on donne le résultat exact en fraction.

De la double égalité $\dfrac{7}{AE} = \dfrac{AC}{8} = \dfrac{6}{9}$, on extrait celle qui permet de calculer AE.

CHAPITRE **8** LE THÉORÈME DE THALÈS ET SA RÉCIPROQUE

RETENIR

4. LA « RÉCIPROQUE » DU THÉORÈME DE THALÈS

« Réciproque » du théorème de Thalès

Soit d et d' deux droites sécantes en A.
Soit B et M deux points de la droite d, distincts du point A.
Soit C et N deux points de la droite d', distincts du point A.

Si $\dfrac{AM}{AB} = \dfrac{AN}{AC}$ et si les points A, B, M et les points A, C, N sont alignés dans le même ordre, alors les droites (BC) et (MN) sont parallèles.

Exemples

①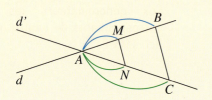

②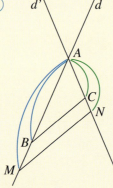

③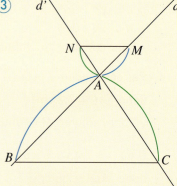

• *Hypothèses* :
$\dfrac{AM}{AB} = \dfrac{AN}{AC} = \dfrac{1}{2}$
$M \in [AB]$; $N \in [AC]$.

• *Hypothèses* :
$\dfrac{AM}{AB} = \dfrac{AN}{AC} = \dfrac{4}{3}$
$B \in [AM]$; $C \in [AN]$.

• *Hypothèses* :
$\dfrac{AM}{AB} = \dfrac{AN}{AC} = \dfrac{1}{3}$
$A \in [BM]$; $A \in [CN]$.

Conclusion : dans les trois cas : $(MN) \,/\!/\, (BC)$.

Contre-exemple

L'hypothèse « alignés dans le même ordre » est essentielle.
D'après la figure ci-contre :

$AM = 1,5$; $AB = 4,5$; $AN = 1$; $AC = 3$.

On a donc bien : $\dfrac{AM}{AB} = \dfrac{AN}{AC} = \dfrac{1}{3}$;

mais $M \in [AB]$ et $N \notin [AC]$.

L'alignement des points A, M, B et A, N, C n'est pas dans le même ordre, donc les droites (MN) et (BC) ne sont pas parallèles.

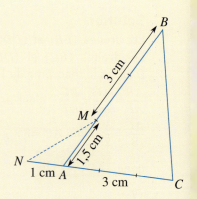

METTRE EN PRATIQUE

Comment démontrer que deux droites sont parallèles ?

Énoncé

Démontrer que les droites (AB) et (CD) sont parallèles.
(*L'unité de longueur est le centimètre.*)

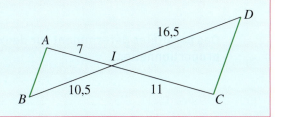

Solution

$\dfrac{IA}{IC} = \dfrac{7}{11}$; $\dfrac{IB}{ID} = \dfrac{10,5}{16,5} = \dfrac{105}{165} = \dfrac{15 \times 7}{15 \times 11} = \dfrac{7}{11}$.

On constate que $\dfrac{IA}{IC} = \dfrac{IB}{ID}$.

Les points A, I et C de la droite (AC) sont dans le même ordre que les points B, I et D de la droite (BD).

D'après la réciproque du théorème de Thalès, les droites (AB) et (CD) sont donc parallèles.

Commentaires

On repère les deux rapports $\left(\text{ici } \dfrac{IA}{IC} \text{ et } \dfrac{IB}{ID}\right)$ que l'on va calculer pour pouvoir les comparer.

Les deux rapports étant égaux, on s'assure que lorsque le point commun I est entre A et C, il l'est aussi entre B et D.

On conclut.

Comment démontrer que deux droites ne sont pas parallèles ?

Énoncé

On suppose que :
$RS = 7$ cm, $RE = 9$ cm, $RT = 4$ cm et $RF = 5$ cm.
Les droites (ST) et (EF) sont-elles parallèles ?

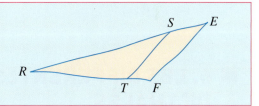

Solution

$\dfrac{RS}{RE} = \dfrac{7}{9}$ et $\dfrac{RT}{RF} = \dfrac{4}{5}$;

$\dfrac{7}{9} = \dfrac{35}{45}$ et $\dfrac{4}{5} = \dfrac{36}{45}$.

Donc $\dfrac{RS}{RE} \neq \dfrac{RT}{RF}$.

Les droites (ST) et (EF) ne sont donc pas parallèles.

(En effet, si elles étaient parallèles, on devrait avoir, d'après le théorème de Thalès, l'égalité $\dfrac{RS}{RE} = \dfrac{RT}{RF}$.)

Commentaires

On repère les deux rapports $\left(\text{ici } \dfrac{RS}{RE} \text{ et } \dfrac{RT}{RF}\right)$ que l'on va calculer pour pouvoir les comparer.

Les deux rapports n'étant pas égaux, la conclusion est immédiate.

Ce raisonnement est un peu délicat.

RETENIR

■ 5. THÉORÈME DE THALÈS SOUS L'ASPECT PROJECTION
(cas général)

> Des parallèles déterminent sur deux sécantes des segments homologues dont les mesures sont proportionnelles.

Théorème

Soit d et d' deux droites sécantes en O.
Soit A, B et C trois points de la droite d, distincts du point O.
Soit M, N et P trois points de la droite d', distincts du point O.
Si les droites (AM), (BN) et (CP) sont parallèles, alors

$$\frac{OA}{OM} = \frac{AB}{MN} = \frac{BC}{NP} = \frac{AC}{MP}.$$

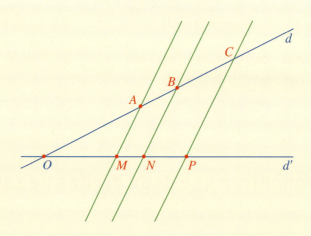

■ 6. LES DIFFÉRENTES FORMES DU THÉORÈME DE THALÈS

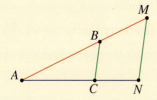
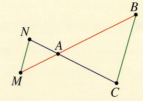
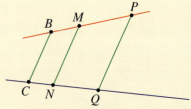

$\dfrac{AB}{AM} = \dfrac{AC}{AN} = \dfrac{BC}{MN}$

$\dfrac{AB}{AC} = \dfrac{AM}{AN} = \dfrac{BM}{CN}$ (1)

$\dfrac{AB}{AM} = \dfrac{AC}{AN} = \dfrac{BC}{MN}$

$\dfrac{AB}{AC} = \dfrac{AM}{AN} = \dfrac{BM}{CN}$ (1)

$\dfrac{BM}{MP} = \dfrac{CN}{NQ}$ et $\dfrac{BM}{BP} = \dfrac{CN}{CQ}$

$\dfrac{BM}{CN} = \dfrac{MP}{NQ} = \dfrac{BP}{CQ}$

(1) *Remarque* : Dans ces cas, on n'a pas l'égalité avec le rapport $\dfrac{BC}{MN}$.

METTRE EN PRATIQUE

■ Comment construire un segment dont la longueur est la quatrième proportionnelle à trois nombres donnés ?

> **Énoncé** Construire un segment de longueur x tel que x est la quatrième proportionnelle aux trois nombres a, b et c.

Données : Trois nombres positifs a, b et c.   **Inconnue** : Un segment de longueur x tel que $\dfrac{a}{b} = \dfrac{c}{x}$.

On trace deux demi-droites $[AX)$ et $[AY)$.

On place sur $[AX)$, deux points B et C tels que $AB = a$ et $BC = c$. On place sur $[AY)$, le point D tel que $AD = b$.

On trace la droite (BD). On construit la parallèle à (BD) passant par C, elle coupe $[AY)$ en E.

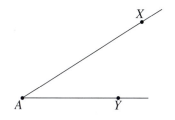 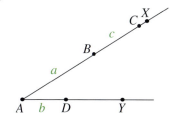 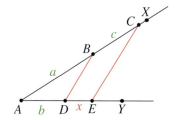

Preuve

Les points A, B et C sont alignés et les points A, D et E le sont aussi. Les droites (BD) et (CE) sont parallèles. Donc, d'après le cas général du théorème de Thalès, on a $\dfrac{AB}{AD} = \dfrac{BC}{DE}$, c'est-à-dire $\dfrac{a}{b} = \dfrac{c}{x}$. La longueur du segment $[DE]$ est donc la quatrième proportionnelle aux trois nombres a, b et c.

■ Comment partager un segment en trois segments de même longueur ?

> **Énoncé** Partager un segment en trois segments de même longueur.

Donnée : Un segment $[AB]$.
Inconnues : Deux points M et N du segment $[AB]$ tels que $AM = MN = NB$.

On trace une demi-droite $[AX)$.

On place sur $[AX)$, trois points C, D et E dans cet ordre tels que $AC = CD = DE$.

On trace la droite (BE). On construit les parallèles à (BE) passant par C et D, elles coupent $[AB]$ en M et N.

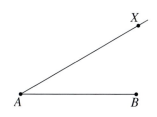 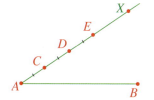 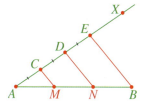

Preuve

Les points A, C, D et E sont alignés et les points A, M, N et B le sont aussi. Les droites (CM), (DN) et (EB) sont parallèles. Donc, d'après le théorème de Thalès sous l'aspect projection, on a $AM = MN = NB$. Les trois segments $[AM]$, $[MN]$ et $[NB]$ ont même longueur.

APPLIQUER LE COURS

Proportion

1 Dans chaque cas, déterminer le rapport $\dfrac{MA}{MB}$.

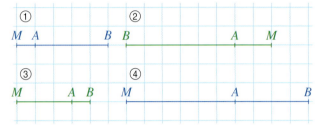

Réponses en vrac : $\dfrac{1}{4}$; $\dfrac{3}{5}$; $\dfrac{1}{5}$; $\dfrac{3}{4}$.

2 a. Tracer un segment $[AB]$ mesurant 12 cm.
b. Placer les points M, N et P appartenant au segment $[AB]$ et tels que :
• $AM = \dfrac{1}{2} AB$; • $\dfrac{AN}{AB} = \dfrac{5}{6}$; • $\dfrac{BP}{BA} = \dfrac{3}{4}$.

3 **1.** Résoudre les équations suivantes :
a. $\dfrac{x}{9} = \dfrac{7}{3}$; **b.** $\dfrac{5}{x} = 6$; **c.** $\dfrac{4}{x} = \dfrac{5}{9}$; **d.** $\dfrac{6}{11} = \dfrac{3}{y}$.
2. Dans chaque cas, trouver la longueur AB.
a. $12 = \dfrac{1}{2} AB$; **b.** $\dfrac{AB}{10} = \dfrac{5}{2}$; **c.** $\dfrac{60}{AB} = \dfrac{12}{7}$.

Théorèmes des milieux

Exercices 4 à 10.
Refaire la figure ci-contre dans laquelle I, J et K désignent les milieux respectifs des côtés $[BC]$, $[AC]$ et $[AB]$ du triangle ABC.

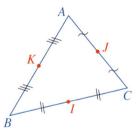

4 Tracer la droite (KJ).
Démontrer que $\widehat{AKJ} = \widehat{ABC}$ et que $\widehat{AJK} = \widehat{ACB}$.

5 a. Citer tous les parallélogrammes ayant pour sommets quatre points de la figure.
b. On suppose que :
$AB = 4$ cm, $AC = 5$ cm et $BC = 6$ cm.
Calculer les périmètres du triangle IJK et des quadrilatères $AKIJ$, $BKIJ$ et $CIKJ$.

6 On suppose que ABC est rectangle en A.
a. Faire un schéma à main levée.
b. Que peut-on dire des droites (IJ) et (AB) ? des droites (IJ) et (AC) ?
c. Préciser la nature du quadrilatère $AJIK$.

7 Préciser, dans chaque cas, la nature du quadrilatère $AKIJ$:
1er cas : ABC est isocèle en A ; 2e cas : $\widehat{B} = \widehat{C} = 45°$.

8 Dans chaque cas, faire une figure, puis préciser la nature du triangle IJK :
a. ABC est isocèle en A ;
b. ABC est rectangle en A ;
c. ABC est équilatéral.

9 Soit L le point d'intersection des segments $[CK]$ et $[IJ]$.
Démontrer que le point L est le milieu de $[CK]$ et $[IJ]$.

10 Soit P le milieu de $[AK]$ et Q le milieu de $[AJ]$.
a. Démontrer que $(KJ) \parallel (BC)$ et $(PQ) \parallel (KJ)$.
b. Citer la propriété qui permet d'affirmer que les droites (PQ) et (BC) sont ... .
c. On suppose que $BC = 18$ cm.
Quelle est la longueur du segment $[PQ]$?

11 a. Démontrer que les droites (AB) et (CD) sont parallèles, sachant que :
$r = 3$ cm et $R = 6$ cm.
b. Calculer AB si $CD = 5$ cm.

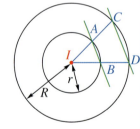

12 a. Tracer un triangle ABC. Placer le milieu E de $[AC]$.
Tracer la parallèle à (BE) passant par A : elle coupe la droite (BC) en F.
b. Démontrer que B est le ... de $[FC]$.

13 a. Réaliser un schéma à main levée représentant la situation suivante :
ABC est un triangle tel que $AB = 6$ cm, $AC = 8$ cm et $IJ = 5$ cm. I et J désignent les milieux respectifs des côtés $[AB]$ et $[AC]$.
b. Calculer BC.
c. Construire le triangle ABC en vraie grandeur.
d. Démontrer que le triangle ABC est rectangle.
e. Calculer l'aire de ce triangle.

APPLIQUER LE COURS

Lire, comprendre, rédiger

14 **Lire une figure**

a. En lisant la figure codée, indiquer les hypothèses.
b. Poser deux questions auxquelles on répondra.

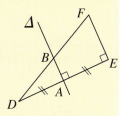

15 **Utiliser un « déductogramme »**

1. a. Refaire, en plus grand, le dessin ci-dessous.
b. Soit M le milieu de $[AB]$.
La parallèle à (BC) passant par M coupe (AC) en N et la parallèle à (CD) passant par N coupe (AD) en O.

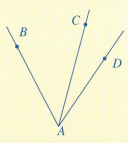

2. a. Recopier et compléter :

Considérons le triangle ... :

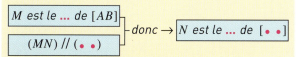

b. Citer le théorème utilisé.
3. a. En considérant le triangle ACD, faire un schéma analogue à celui du **2. a.**
b. Démontrer que les droites (OM) et (BD) sont parallèles.

16 **Hypothèse ou conclusion ?**

1. a. Tracer un triangle BFD.
b. Placer les points :
• E, milieu de $[FD]$;   • C, milieu de $[BD]$;
• A, symétrique de C par rapport à B ;
• I, point d'intersection de (BF) et (AE).
c. Coder sur le dessin les informations contenues dans l'énoncé. Indiquer, parmi les affirmations suivantes, celle qui ne se « lit » pas sur le dessin :

E est le milieu de $[FD]$	I est le milieu de $[AE]$
B est le milieu de $[AC]$	C est le milieu de $[BD]$

2. a. Retrouver l'erreur de raisonnement de Julien :
Dans le triangle AEC, I est le milieu de $[AE]$ et B celui de $[AC]$. Donc : $(BI) \parallel (EC)$.
b. Démontrer que les droites (BF) et (EC) sont parallèles, puis que I est le milieu de $[AE]$.

Lire, comprendre, rédiger

17 **Analyser une figure**

1. Sachant que les segments verts sont parallèles et que :

$$\frac{EA}{ED} = \frac{EC}{ER} = \frac{CA}{RD},$$

retrouver les noms des points cachés ♠, ✳ et ▲.

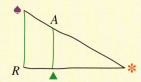

2. Calculer EA et RD sachant que :
$ED = 9$ cm, $EC = 4$ cm, $ER = 6$ cm et $CA = 5$ cm.

18 **Retrouver un énoncé**

Voici une démonstration incomplète.
• Dans le triangle ABC, on sait que R est le milieu de $[AB]$ et que T est le milieu de $[\bullet\bullet]$.
Donc $RT = \dfrac{BC}{2}$; or $BC = 10$ cm, donc $RT = \ldots$ cm.
• Dans le triangle BRT, on sait que les droites (DK) et (RT) son parallèles et que $= \dfrac{BK}{BT} = \dfrac{1}{4}$.
D'après le théorème de ..., on déduit que $\dfrac{DK}{RT} = \dfrac{\ldots}{\ldots}$.
Par conséquent, $DK = \ldots$.
a. Faire un dessin à main levée.
b. Recopier et compléter la démonstration.
c. Rédiger l'énoncé de problème correspondant.

19 Dans la figure ci-contre, deux segments d'une même couleur sont parallèles.

1. a. Citer deux couples de triangles dont les longueurs des côtés sont proportionnelles.

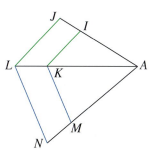

b. Écrire quatre rapports égaux à $\dfrac{AK}{AL}$.

2. *Application.* Calculer LN, sachant que :
$IK = 4$ cm, $JL = 7$ cm et $KM = 5$ cm.

APPLIQUER LE COURS

Dans tous les exercices, si l'unité de longueur n'est pas précisée, il s'agit du centimètre.

▌Théorème de Thalès

20 Dans chaque cas, indiquer trois rapports égaux (2 droites sécantes coupent 2 parallèles rouges).

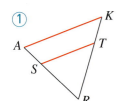

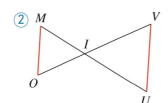

21 1. À main levée, tracer un trapèze $ABCD$ de bases $[AB]$ et $[CD]$. Ses diagonales se coupent en I.

2. A-t-on $\dfrac{IA}{IC} = \dfrac{IB}{ID}$ ou $\dfrac{IA}{IC} = \dfrac{ID}{IB}$?

Conseil : surligner en rouge la partie de la figure correspondant au théorème de Thalès.

22 Résoudre les équations suivantes :

a. $\dfrac{x}{2,8} = \dfrac{1}{7}$; **b.** $\dfrac{x}{24} = \dfrac{2}{3}$; **c.** $\dfrac{14}{x} = \dfrac{7}{3}$; **d.** $\dfrac{4}{x} = 2$;

e. $\dfrac{5}{x} = 3$; **f.** $\dfrac{4}{x} = \dfrac{1}{2}$; **g.** $\dfrac{5}{3} = \dfrac{2}{x}$; **h.** $\dfrac{x+3}{4} = 2$.

23

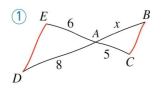

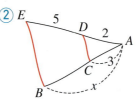

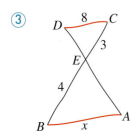

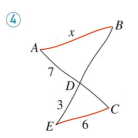

Les droites rouges sont parallèles.
a. Dans quel cas est-il impossible de calculer x ?
b. Calculer x dans les trois autres cas.

24
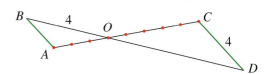

Calculer OD et AB sachant que les points rouges sont régulièrement espacés et que les droites (AB) et (CD) sont parallèles.

25 1. Sachant que les droites vertes sont parallèles et que :

$$\dfrac{MA}{MC} = \dfrac{AD}{CB} = \dfrac{MD}{MB},$$

retrouver la lettre (B, C, D ou M) qui se cache derrière chaque symbole ♦, ♣, ♥, ♠.

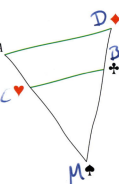

2. On donne : $MA = 4$, $AD = 8$, $CB = 5$ et $MB = 7$. Calculer MD et MC.

Lire, comprendre, démontrer

26 **Identifier les bons rapports**

Dans les trois cas ci-dessous les segments verts sont parallèles.

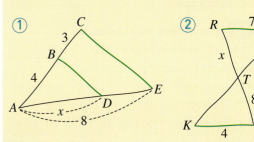

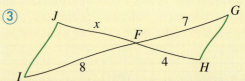

1. À chaque équation proposée, attribuer le numéro de la figure qui lui correspond :

$\dfrac{x}{4} = \dfrac{8}{7}$; $\dfrac{x}{8} = \dfrac{7}{4}$; $\dfrac{x}{8} = \dfrac{4}{7}$.

2. Dans chaque cas, calculer x.

APPLIQUER LE COURS

27 Hypothèses du théorème vérifiées ?

On donne :
- $\widehat{RST} = \widehat{RUV}$;
- $RS = 3$ cm ;
- $RT = SU = 2$ cm ;
- $UV = 7$ cm.

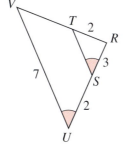

a. Démontrer que les droites (ST) et (UV) sont parallèles.

b. Calculer RV et ST.

Attention ! Pour calculer des longueurs à l'aide du théorème de Thalès, il convient de s'assurer du parallélisme des droites qui coupent les deux sécantes, et, en cas de besoin, de le prouver.

Partage d'un segment

28 **1.** Tracer un segment $[AB]$ de 13 cm.

2. Construire :
- le point M du segment $[AB]$ tel que $\dfrac{AM}{AB} = \dfrac{5}{6}$;
- le point N de la demi-droite $[AB)$ tel que $\dfrac{AN}{AB} = \dfrac{7}{6}$.

29 **1. a.** Prouver que : $\dfrac{BP}{BC} = \dfrac{5}{6}$ (voir figure ①).

b. Calculer la valeur exacte de DP (en mm).

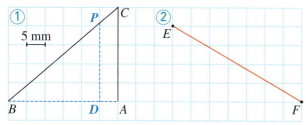

2. En utilisant uniquement le quadrillage, placer les points R et S de $[EF]$ (voir figure ②) tels que :

$$\dfrac{ER}{EF} = \dfrac{3}{4} \text{ et } \dfrac{ES}{EF} = \dfrac{5}{7}.$$

30 **1. a.** Tracer un segment $[AB]$ de 6 cm.

b. Construire tous les points C de la droite (AB) tels que $\dfrac{CA}{CB} = \dfrac{4}{7}$.

c. Justifier la construction.

2. Recommencer le **1.** avec $\dfrac{CA}{CB} = \dfrac{7}{4}$.

Droites parallèles ou non ?

31 Dans chaque cas, refaire le dessin à main levée ci-dessous en indiquant les longueurs proposées. Puis, préciser si les droites (RS) et (BC) sont parallèles. Justifier les réponses.

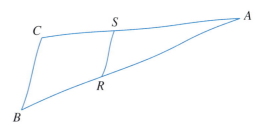

1er cas : $AR = 3$; $AS = 9$; $AC = 15$; $AB = 5$.
2e cas : $AR = 5$; $BR = 3$; $AS = 30$; $SC = 50$.
3e cas : $AR = 7$; $AB = 11$; $AS = 10,5$; $SC = 6$.

32 **1. a.** Tracer un triangle RST tel que :
$RS = 4$ cm, $RT = 5$ cm et $ST = 6$ cm.

b. Placer les points I et J tels que :
$I \in [RS]$, $J \in [RT]$ et $SI = TJ = 1$ cm.

2. Les droites (IJ) et (ST) semblent-elles parallèles ? Qu'en est-il réellement ?

33 Est-il vrai que, dans les deux cas suivants, les droites (ST) et (UV) sont parallèles ?

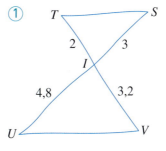 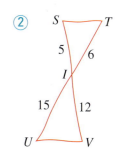

34 **1.** Réaliser la figure ci-contre avec deux cercles concentriques $\mathscr{C}$ et $\mathscr{C}'$ de rayons respectifs 4 cm et 6 cm.

2. Tracer les droites (MR) et (NS).

3. Une conjecture s'impose à l'esprit. La démontrer.

CHAPITRE **8** LE THÉORÈME DE THALÈS ET SA RÉCIPROQUE

APPLIQUER LE COURS

Problèmes

35 **1. a.** Construire un triangle ABC tel que :
$AB = 8$ cm, $AC = 6$ cm et $BC = 7$ cm.
b. Placer le point I de $[AB]$ tel que $AI = 3$ cm.
c. Tracer la parallèle à la droite (BC) passant par I. Soit J son point d'intersection avec (AC).

2. Calculer la valeur exacte :
a. du périmètre du triangle AIJ ;
b. du périmètre du trapèze $IJCB$.

36 Par un système de visées, on a placé deux séries de piquets alignés avec la maison : les piquets A, D et F, d'une part, puis les piquets B et E, d'autre part, de façon que (EF) soit parallèle aux bords de la rivière.
Calculer la largeur AD de la rivière.

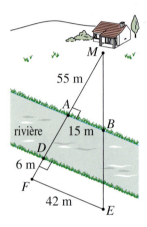

37 **1. a.** Tracer un triangle ABC tel que :
$AB = 4,8$ cm, $BC = 6,4$ cm, et $AC = 8$ cm.
b. Démontrer que le triangle ABC est rectangle.

2. a. Soit D le point du côté $[AC]$ tel que $CD = 2$ cm.
b. Tracer la perpendiculaire à (AB) passant par D : elle coupe (AB) en E.
c. Calculer la valeur exacte de BE et de EC. Donner ensuite l'arrondi au dixième de la longueur EC.

38

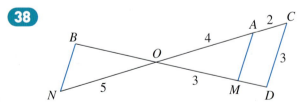

1. Sachant que les segments bleus sont parallèles, indiquer tous les rapports égaux à :
a. $\dfrac{OM}{OD}$; **b.** $\dfrac{ON}{OA}$; **c.** $\dfrac{BN}{CD}$.

2. On suppose que :
$OA = 4$, $AC = 2$, $OM = CD = 3$ et $ON = 5$.
Calculer AM, OD, MD, OB et BN.

39 $ABCD$ est un parallélogramme ;
$(IJ) // (AB)$; $BD = 8$
a. Calculer les valeurs exactes de DK et IK.
b. En déduire le périmètre du triangle BKJ.

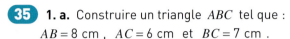

40 **a.** Démontrer que les droites (JK) et (LM) sont parallèles.
b. Calculer JK.

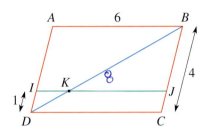

41 **1. a.** Tracer un segment $[DE]$ mesurant 13 cm, puis le cercle de diamètre $[DE]$. Soit F un point du cercle tel que $DF = 12$ cm.
b. Calculer EF en justifiant la réponse.

2. a. Placer le point M de $[DE]$ tel que $DM = 4$ cm.
b. Tracer la perpendiculaire à la droite (DF) passant par M : elle coupe (DF) en N.
c. Calculer les longueurs exactes MN et FN.

42 Un poteau téléphonique de 4 m de haut est retenu par un câble métallique de 5 m de long (voir le schéma ci-contre).
Une chenille part de l'extrémité au sol du câble et se met à grimper sur celui-ci à la vitesse moyenne de $1,5$ m·h^{-1}.
a. À quelle distance du sol la tête de la chenille se trouve-t-elle au bout de deux heures ?
b. À quelle distance du poteau est-elle alors ?

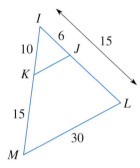

APPLIQUER LE COURS

43

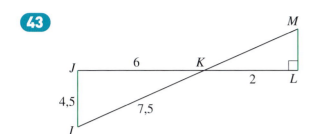

Les droites (JL) et (IM) sont sécantes en K et les droites (JL) et (LM) sont perpendiculaires. En justifiant les réponses :
a. préciser la nature du triangle IJK ;
b. calculer KM et LM.

44 Calculer la taille de l'homme. (Les rayons du soleil sont supposés parallèles.)

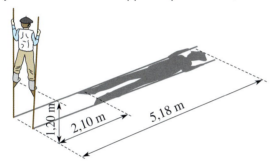

45 1. a. Tracer un triangle ABC tel que :
$AB = 6$ cm ; $AC = 8$ cm et $BC = 9$ cm.
b. Placer un point M de $[BC]$, puis les points P de $[AB]$ et Q de $[AC]$ tels que $APMQ$ soit un parallélogramme.
2. a. On pose $BM = x$. Démontrer que $MP = \dfrac{8x}{9}$.
b. Exprimer MQ en fonction de x.
c. Dans chaque cas, calculer, si possible, x de façon que le périmètre du parallélogramme $APMQ$ soit égal à :

1er cas : 15 cm ; *2e cas* : 16 cm ; *3e cas* : 17 cm.

d. Soit $\mathcal{P}$ le périmètre de $APMQ$. Recopier et compléter : si $0 < x < ...$, alors $... < \mathcal{P} < ...$.

46 Les droites (AB) et (DE) sont parallèles.
a. Justifier les égalités suivantes :
① $\dfrac{x}{x+3} = \dfrac{4}{6}$;
② $6x = 4(x+3)$.
b. Trouver x.

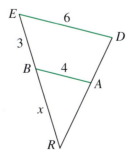

Démontrer et rédiger

47 Apprendre à rédiger
a. Réaliser la figure décrite par l'énoncé.
b. Recopier et compléter la solution.

Énoncé
Dans la figure commencée ci-dessous, les droites (MN), (EF) et (RS) sont sécantes en O. Sachant que $(ME) // (NF)$ et $(ER) // (FS)$, démontrer que $(MR) // (NS)$.

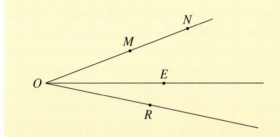

Solution
D'une part, $M \in [ON]$, $E \in [OF]$ et $(ME) // (NF)$, donc d'après le théorème de ..., $\dfrac{OM}{ON} = \dfrac{\bullet\bullet}{\bullet\bullet}$ ①.

D'autre part, $E \in [OF]$, $R \in [OS]$ et $(ER) // (FS)$, donc $\dfrac{OE}{OF} = \dfrac{\bullet\bullet}{\bullet\bullet}$ ②.

Des égalités ① et ②, on déduit que $\dfrac{OM}{\bullet\bullet} = \dfrac{OR}{\bullet\bullet}$.

Les droites (MN) et (RS) sont sécantes en O, et, de plus, les points O, M et N, d'une part, et les points O, R et S, d'autre part, sont alignés dans le même ordre.

La ... du théorème de ... permet donc de conclure que les droites (MR) et (NS) sont ... .

48 1. a. Soit un point fixe I et une droite Δ, fixe, ne passant pas par I. Soit M un point variable sur Δ. Soit N le point tel que :

$N \in [IM]$ et $IN = \dfrac{1}{3} IM$.

b. Placer plusieurs points M_1, M_2, M_3, ... sur Δ et les points correspondants N_1, N_2, N_3, ...
c. Faire une conjecture. La prouver.
2. Recommencer le **1.** avec le point M variable sur un cercle de centre O.

FAIRE LE POINT

Pour s'évaluer

49 Dans quel(s) cas le point M est-il le milieu du segment $[PQ]$?

a. 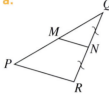 b. 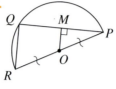 c. 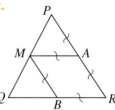 d.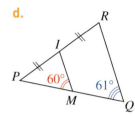

Pour les Q.C.M. 50 à 52, on considère la figure à main levée ci-contre dans laquelle :
- $R \in (IO)$;
- $R \in (SB)$;
- $(IS) \parallel (OB)$.

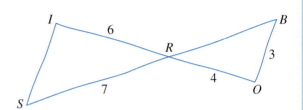

50 Quelle est l'affirmation vraie ?

a. $\dfrac{RI}{RS} = \dfrac{RB}{RO}$; b. $\dfrac{IR}{IO} = \dfrac{SR}{SB} = \dfrac{IS}{OB}$; c. $\dfrac{RO}{RI} = \dfrac{OB}{SI} = \dfrac{RB}{RS}$; d. $\dfrac{RS}{RB} = \dfrac{RO}{RI} = \dfrac{IS}{OB}$.

51 Quelles sont les affirmations vraies ?

a. $IS = \dfrac{18}{7}$; b. $IS = 4,5$; c. $IS = \dfrac{21}{6}$; d. $IS = \dfrac{18}{4}$.

52 Quelle est l'affirmation vraie ?

a. $\dfrac{RB}{4} = \dfrac{6}{7}$; b. $RB = \dfrac{24}{7}$; c. $RB = 4{,}666\ 666\ 667$; d. $RB = \dfrac{14}{3}$.

53 Les droites (SU) et (TV) sont parallèles. L'unité de longueur est le centimètre. Quelles sont les égalités vraies ?

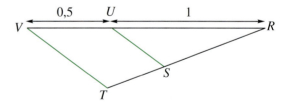

a. $\dfrac{SU}{TV} = \dfrac{3}{2}$; b. $TV = \dfrac{3}{2} SU$; c. $\dfrac{SU}{TV} = \dfrac{2}{3}$; d. $3TV = 2SU$.

54 Dans quel(s) cas les droites (AB) et (EF) sont-elles parallèles ?

a. 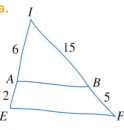 b. 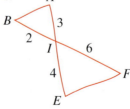 c. 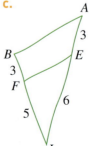 d.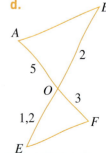

CONSOLIDER ET APPROFONDIR

Pour débattre en classe

55 Répondre par VRAI ou FAUX à chacune des affirmations suivantes et justifier la réponse

ⓐ ① $(MN) \parallel (AI)$.
② $AI = 80$ mm.

(Unité de longueur : le centimètre.)

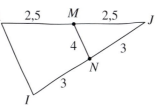

ⓑ Si $\dfrac{a}{5} = b$, alors $a = 5 \times b$.

ⓒ Si $\dfrac{c}{d} = \dfrac{3}{4}$, alors $c = \dfrac{4}{3} \times d$.

ⓓ ① $\widehat{BFE}$ et $\widehat{BAC}$ sont deux angles alternes-internes égaux.

② $\widehat{CDE} = \widehat{FED}$.

③ $\dfrac{CA}{CD} = \dfrac{CB}{CE} = \dfrac{AB}{DE}$.

④ $\dfrac{BF}{AF} = \dfrac{BE}{EC} = \dfrac{EF}{AC}$.

⑤ $\dfrac{AF}{AB} = \dfrac{CE}{CB} = \dfrac{AC}{FE}$.

⑥ $\dfrac{DE}{AB} = \dfrac{CD}{CA} = \dfrac{CE}{CB}$.

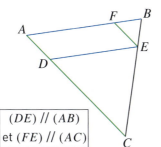

$(DE) \parallel (AB)$ et $(FE) \parallel (AC)$

ⓔ Le théorème des milieux est un cas particulier du théorème de Thalès.

ⓕ $\dfrac{BE}{BD} = \dfrac{ED}{AC}$;

ⓖ $\dfrac{BE}{BC} = \dfrac{ED}{AC}$;

ⓗ $DE = \dfrac{2}{3} AC$.

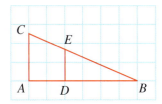

ⓘ Un seul des deux quadrilatères $OELM$ et $ADCE$ est un trapèze.

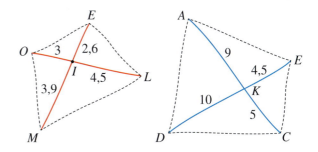

▌Théorèmes des milieux▐

56 a. Tracer un parallélogramme $EFGH$.
b. Soit I le milieu du segment $[EF]$.
Tracer la parallèle à la droite (FG) passant par I : elle coupe la droite (EG) en J.
c. Démontrer que les points H, J et F sont alignés.

57 1. Tracer un triangle ABC, rectangle en A, tel que $AB = 3$ cm et $BC = 5$ cm. Soit I le milieu de $[BC]$ et T le pied de la perpendiculaire issue de I sur (AC).
2. a. Calculer AC.
b. Prouver que la droite (IT) est tangente en T au cercle de centre C et de rayon 2 cm.
c. Calculer la distance du point I à la droite (AC).

58 1. a. Placer trois points O, A et B non alignés.
b. Soit D le symétrique de A par rapport à O et E celui de O par rapport à D.
c. Soit F le symétrique de B par rapport à O et G celui de O par rapport à F.
2. a. Démontrer que :
$(AB) \parallel (FD)$ et $(AB) \parallel (GE)$.
b. Comparer les longueurs EG et AB.

59 1. a. Tracer un triangle ABC.
b. Soit I le milieu de $[AB]$, J et K les points du segment $[AC]$ tels que $AJ = JK = KC$.
2. a. Démontrer que les droites (IJ) et (BK) sont ... .
b. Soit D le point d'intersection des droites (IJ) et (BC). Prouver que B est le ... du segment $[DC]$.

CONSOLIDER ET APPROFONDIR

Lire, comprendre, rédiger

60 Retrouver le bon théorème

On considère la figure ci-contre, dans laquelle I, J et K sont les milieux des côtés du triangle ABC. L est le pied de la hauteur issue de A.

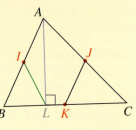

a. Citer les théorèmes permettant d'affirmer que :

① $LI = IB = IA$; ② $KJ = \dfrac{AB}{2}$; ③ $(IJ) // (BC)$.

b. Démontrer que $IJKL$ est un trapèze isocèle.

61 1. **a.** Tracer un quadrilatère $ABCD$, puis construire les points :
- I, milieu de $[AB]$;
- J, milieu de $[BC]$;
- K, milieu de $[CD]$;
- L, milieu de $[AD]$.

b. Tracer le quadrilatère $IJKL$.
Déplacer le point A. Émettre une conjecture sur la nature du quadrilatère $IJKL$.

2. **a.** Démontrer que $(IJ) // (LK)$.
Indication : tracer la diagonale $[AC]$.

b. Démontrer que $(JK) // ($ $)$.

c. Déduire de **a.** et **b.** la nature du quadrilatère $IJKL$.

3. **a.** Comparer le périmètre de $IJKL$ et la somme des longueurs $AC + BD$.

b. Comparer les aires des quadrilatères $ABCD$ et $IJKL$.

Note : Le quadrilatère obtenu est appelé parallélogramme de Varignon.

62 *À faire après l'exercice précédent.*

1. **a.** Tracer deux segments $[RT]$ et $[SU]$ sécants et tels que $RT = SU$.

b. Placer les milieux respectifs O, E, L et M des segments $[RS]$, $[ST]$, $[TU]$ et $[RU]$.

c. Préciser la nature du quadrilatère $OELM$. (Expérimenter, puis démontrer.)

2. **a.** Comment choisir les segments $[RT]$ et $[SU]$ pour que $OELM$ soit un rectangle?

b. Même question pour que $OELM$ soit un carré.

Exercices 63 et 64.
Reproduire la figure ci-contre.

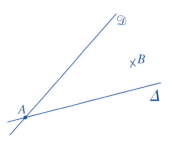

63 Terminer la construction du triangle ABC, sachant que $C \in \Delta$ et que le milieu J de $[BC]$ appartient à la droite $\mathcal{D}$.

Coup de pouce : placer le milieu I de $[AB]$ et s'intéresser aux droites (IJ) et Δ.

64 Construire le triangle AMN tel que :
- $M \in \mathcal{D}$; • $N \in \Delta$; • B soit le milieu de $[MN]$.

65 **a.** Construire, en vraie grandeur, le triangle ABC ci-contre.

Coup de pouce : soit M le milieu de $[BC]$.

b. Quelle est la nature du triangle ABC ?

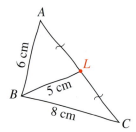

66 1. **a.** Tracer deux cercles $\mathcal{C}$ et $\mathcal{C}'$ sécants en M et N, et de centres respectifs I et J.

b. Soit A le deuxième point d'intersection du cercle $\mathcal{C}$ et de la droite (MI).

c. Soit B le deuxième point d'intersection du cercle $\mathcal{C}'$ et de la droite (MJ).

2. Démontrer que :

a. l'angle $\widehat{ANM}$ est droit ;

b. les points A, N et B sont alignés ;

c. $(AB) // (IJ)$.

67 1. **a.** Tracer un parallélogramme $ABCD$. Soit I le milieu de $[AB]$ et J celui de $[CD]$.

b. Quelle est l'image de D par la translation qui transforme I en B ?

c. En déduire la nature du quadrilatère $IBJD$.

2. Soit M le point d'intersection des droites (AC) et (ID), et N celui des droites (AC) et (BJ).
Démontrer que :

a. M est le milieu du segment $[AN]$;

b. N est le milieu du segment $[MC]$.
En déduire que $AM = MN = NC$.

CONSOLIDER ET APPROFONDIR

Théorème de Thalès

68 Soit un triangle ABC, M le milieu de $[AB]$, N celui de $[AC]$.
Soit un point I appartenant au segment $[AM]$.
Soit D le symétrique de I par rapport à M et E le symétrique de I par rapport à N.

a. Faire une figure.
b. Démontrer que les droites (DE) et (BC) sont parallèles.
c. Comparer les longueurs DE et BC.

69 **1. a.** Tracer un cercle de centre O et de rayon 5 cm, puis un diamètre $[AC]$.
b. Placer un point B sur le cercle tel que $AB = 8$ cm.
c. Calculer BC. Justifier la réponse.
2. a. Soit M le point de $[AC]$ tel que $AM = 3$ cm.
b. Tracer la perpendiculaire à (AB) passant par M; soit N son point d'intersection avec (AB).
c. Calculer les longueurs BN et MN.

70

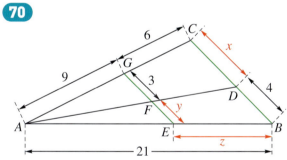

a. On a $(EG) // (BC)$. Démontrer que $\dfrac{EF}{BD} = \dfrac{FG}{DC}$.
b. Calculer x, y et z.

71

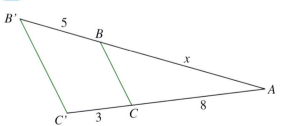

On considère la figure ci-dessus dans laquelle les droites (BC) et $(B'C')$ sont parallèles.
Calculer x.

72 **1. a.** Tracer un triangle RST tel que :
$RS = 8$ cm, $TR = 15$ cm et $ST = 12$ cm.
b. Placer le point I du côté $[RS]$ tel que $SI = 4,8$ cm.
c. La parallèle à la droite (ST) passant par I coupe la droite (RT) en J. La parallèle à la droite (RS) passant par J coupe la droite (ST) en K.
2. a. Calculer IJ.
b. En déduire que $[IK]$ et $[SJ]$ sont ... et ont le même ... .

73

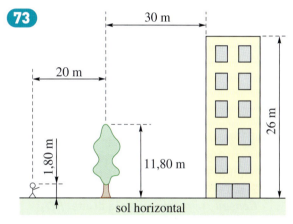

Le personnage (à gauche sur le schéma), dont les yeux sont à 1,80 m du sol, aperçoit-il le sommet de l'immeuble malgré l'arbre qui se situe entre lui et le bâtiment ?

Coup de pouce : faire un schéma géométrique et tracer une « parallèle au sol ».

74 **1. a.** Tracer un triangle LMN tel que :
$LM = 5$ cm, $MN = 12$ cm et $LN = 13$ cm.
b. Placer le point A tel que $A \in [LN]$ et $AN = 4$ cm.
c. Tracer le cercle de diamètre $[AM]$ qui recoupe la droite (LM) en B.
2. a. Quelle est la nature du triangle LMN ?
b. Démontrer que les droites (AB) et (MN) sont parallèles.
c. Calculer LB et AB (arrondis au dixième).

75 **a.** Tracer un triangle ABC tel que :
$AB = 4,5$ cm, $AC = 72$ mm et $BC = 6$ cm.
b. Placer les points :
• D tel que $D \in [AB]$ et $AD = 3$ cm ;
• E, point d'intersection de la droite (AC) et de la parallèle à (BC) passant par D ;
• F, l'image de B par la translation qui transforme D en E.
c. Calculer les longueurs DE, CF et CE.

CONSOLIDER ET APPROFONDIR

76 Tracer un triangle ABC.
Soit I, J et K les milieux respectifs des côtés $[BC]$, $[AC]$ et $[AB]$.
Soit M le milieu de $[AK]$ et N celui de $[KB]$.
1. Préciser la nature du quadrilatère $MJIN$.
2. Dans chaque cas, indiquer comment choisir le triangle ABC pour que $MJIN$ soit :
  • un rectangle ; • un losange ; • un carré.

77 $ABCD$ est un parallélogramme.
Démontrer que :
$IA \times JK = IJ \times CD$.

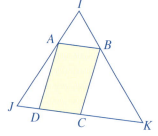

78 1. Tracer un trapèze $ABCD$, rectangle en A et D. Soit I le milieu de $[BC]$ et H le pied de la hauteur issue de I dans le triangle AID.
2. a. Démontrer que H est le ... de $[AD]$.
Conseil : faire intervenir la droite (BD).
b. En déduire la nature du triangle AID.

79 Soit un triangle ABC tel que :
$AB = 10,4$ cm, $AC = 9,6$ cm et $BC = 4$ cm.
1. Faire une figure qui sera complétée au fur et à mesure.
2. Démontrer que le triangle ABC est rectangle.
3. Soit D le point du segment $[AB]$ tel que $AD = 7,8$ cm.
Le cercle $\mathscr{C}$ de diamètre $[AD]$ recoupe le segment $[AC]$ en E.
Préciser la nature du triangle AED.
Démontrer que les droites (BC) et (DE) sont parallèles.
4. Calculer DE.

80 Soit un triangle ABC tel que :
$AB = 5$ cm, $BC = 7,5$ cm et $AC = 8$ cm.
D est le point du segment $[AB]$ tel que $AD = 2$ cm. La parallèle à la droite (BC) passant par D coupe la droite (AC) en E.
a. Construire la figure.
b. Calculer DE.
c. Démontrer que les angles $\widehat{DEB}$ et $\widehat{EBC}$ son égaux.
d. Sachant que $DE = 3$ cm, donner la nature du triangle DEB, puis en déduire que la demi-droite $[BE)$ est la bissectrice de l'angle $\widehat{DBC}$.

Démontrer et rédiger

81 On considère la figure ci-dessous dans laquelle les droites (MB) et (RL) sont sécantes en E, et les droites (MR) et (LB) sont parallèles.
1. Calculer les valeurs exactes des longueurs MR et EL.

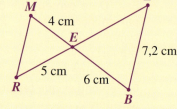

2. a. Construire la figure en vraie grandeur.
b. Marquer les points U et I, tels que :
$U \in [EL]$ et $EU = 4,5$ cm ;
$I \in [EB]$ et $EI = \dfrac{3}{5} EB$.
c. Émettre une conjecture sur les droites (UI) et $[LB]$, puis la démontrer.
3. a. Le triangle EUI est une réduction du triangle ELB. Calculer l'échelle de réduction.
b. Soit $\mathscr{A}_1$ l'aire du triangle EUI et $\mathscr{A}_2$ l'aire du triangle ELB.
Exprimer $\mathscr{A}_1$ en fonction de $\mathscr{A}_2$.

82

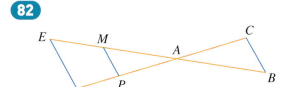

L'unité est le centimètre. La figure ci-dessus n'est pas à l'échelle et on ne demande pas de la refaire.
Les points E, M, A, B sont alignés dans cet ordre, ainsi que les points F, P, A, C.
Les droites (EF) et (MP) sont parallèles.
$AM = 6$; $MP = 4,8$; $AP = 3,6$;
$EF = 6$; $AC = 4,5$; $AB = 7,5$.
1. Démontrer que le triangle AMP est un triangle rectangle.
2. Calculer AE et en déduire la longueur ME (on justifiera les calculs).
3. Démontrer que les droites (MP) et (BC) sont parallèles.
4. Démontrer que les angles $\widehat{CBA}$ et $\widehat{AMP}$ sont égaux.

CONSOLIDER ET APPROFONDIR

83 Soit un triangle ABC, rectangle en A. Soit I le milieu de $[BC]$; K le milieu de $[AC]$ et J le milieu de $[IC]$. Démontrer que le triangle JKC est isocèle

84 La figure ci-dessous représente un champ rectangulaire $ABCD$ traversé par une route de largeur uniforme (partie hachurée).
On donne :
- $AB = 100$ m ;
- $BC = 40$ m ;
- $AM = 24$ m ;
- les droites (AC) et (MN) sont parallèles.

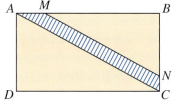

Calculer la valeur arrondie au décimètre près de la longueur AC ; la longueur MB ; la longueur BN.

85 Dans ce problème, l'unité de longueur est le centimètre et l'unité d'aire le centimètre carré.
La figure ci-contre (qui n'est pas en vraie grandeur) est donnée à titre d'exemple pour préciser la disposition des points.

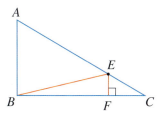

ABC est un triangle tel que :
$$AC = 20 \text{ cm} \ ; \ BC = 16 \text{ cm} \ ; \ AB = 12 \text{ cm}.$$

F est un point du segment $[BC]$. La perpendiculaire à la droite (BC) passant par F coupe $[CA]$ en E.
On a représenté sur la figure le segment $[BE]$.

Partie I
1. Démontrer que le triangle ABC est rectangle en B.
2. Calculer l'aire du triangle ABC.
3. Démontrer, en s'aidant de la question **1.**, que la droite (EF) est parallèle à la droite (AB).

Partie II
On se place dans le cas où $CF = 4$ cm.
1. Démontrer que $EF = 3$ cm.
2. Calculer l'aire du triangle EBC.

Partie III
On se place dans le cas où F est un point quelconque du segment $[BC]$, distinct de B et de C.

Dans cette partie, on pose $CF = x$ (x étant un nombre tel que : $0 < x < 16$).
1. Montrer que la longueur EF, exprimée en cm, est égale à $\frac{3}{4}x$.
2. Montrer que l'aire du triangle EBC, exprimée en cm², est égale à $6x$.
3. Pour quelle valeur de x l'aire du triangle EBC, exprimée en cm², est-elle égale à 33 ?
4. Exprimer en fonction de x l'aire du triangle EAB. Pour quelle valeur exacte de x l'aire du triangle EAB est-elle égale au double de l'aire du triangle EBC ?

Démontrer et rédiger

86 Résultats intermédiaires à démontrer
On considère la figure ci-dessous dans laquelle les deux cercles $\mathscr{C}$ et $\mathscr{C}'$ sont tangents extérieurement en F. $[EF]$ et $[FG]$ sont des diamètres ; $[EG]$ et $[IJ]$ sont sécants en F.

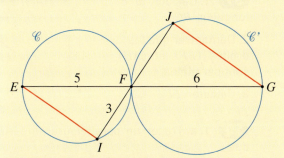

Voici un extrait de la copie de Rémy annoté par son professeur :

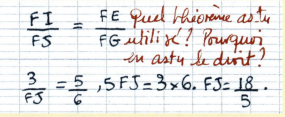

1. Démontrer que les droites (EI) et (IF) sont perpendiculaires.
2. a. Quelle question avait-on posée à Rémy ?
b. Rédiger correctement la réponse.
3. Calculer les valeurs exactes de EI et JG.

CONSOLIDER ET APPROFONDIR

87 **1. a.** Tracer un segment [AB] de 10 cm, puis le cercle $\mathcal{C}$ de centre O et de diamètre [AB].
b. Placer le point M du segment [OB] tel que $OM = 3$ cm.
c. Tracer la perpendiculaire en M à (AB). Soit E l'un de ses points d'intersection avec le cercle.
d. Calculer la valeur exacte de ME.
2. a. Tracer la tangente en A au cercle : elle coupe la droite (OE) en F.
b. Démontrer que les droites (AF) et (ME) sont parallèles.
c. Calculer le périmètre du triangle AOF.
d. Calculer AE, puis BE (arrondis au dixième).

88 On considère la figure ci-contre dans laquelle les droites (AB) et (ST) sont parallèles.
a. Démontrer que $\dfrac{OB}{OS} = \dfrac{RA}{RS}$.
b. Calculer x.

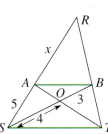

Droites parallèles ou non ?

89 **1.** Calculer la longueur BC.
2. Démontrer que les droites (EF) et (AC) sont parallèles.
3. Calculer EF.

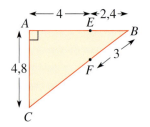

90 **1. a.** Tracer un parallélogramme $ABCD$ tel que :
$AB = 6$ cm, $BC = 4$ cm et $AC = 8$ cm.
b. Placer les points I, J et K tels que :
- $I \in [AD]$;
- $J \in [AC]$;
- $K \in [BC]$;
- $AI = BK = 1$ cm ;
- $AJ = 2$ cm.

2. Faire une conjecture à propos des points I, J et K. La prouver.
Coup de pouce : prouver que les droites (IJ) et (JK) sont ... .

91 **1. a.** Tracer un cercle de centre O et un diamètre [AB].
b. Placer deux points C et D sur le cercle situés de part et d'autre du segment [AB].
c. Placer :
- E le point d'intersection des droites (AB) et (CD) ;

- F le pied de la perpendiculaire menée de E à (AC) ;
- G le pied de la perpendiculaire menée de E à (AD).

d. Démontrer que les droites (EF) et (BC) sont parallèles ainsi que les droites (EG) et (BD).

2. a. Comparer les rapports $\dfrac{AF}{AC}$ et $\dfrac{AG}{AD}$.
b. Une conséquence s'impose. Laquelle ?

Problèmes

92 **a.** Tracer un triangle ABC tel que :
$AB = 10$ cm, $BC = 9$ cm et $AC = 8$ cm.
b. Construire le point D du côté [AB] et le point E du côté [AC] tel que $DE = 3$ cm et (DE) // (BC).

93 **1.** Faire un dessin à main levée illustrant la situation suivante :
- ABC est un triangle rectangle en A tel que $AB = 9$ cm et $AC = 12$ cm ;
- M est le milieu de [BC] ;
- D est le point de la demi-droite [AM) tel que $AD = 11,25$ cm ;
- E est le point de la demi-droite [AC) et extérieur au segment [AC] tel que $CE = 6$ cm.

2. a. Démontrer que $AM = 7,5$ cm.
b. Les droites (BC) et (DE) sont-elles parallèles ?

94 **1. a.** Tracer un triangle ABC tel que :
$AB = 8$ cm ; $AC = 6$ cm et $BC = 4$ cm.
b. Soit M le point du côté [AB] tel que $AM = 5$ cm et N le point d'intersection de la droite (AC) et de la parallèle à (BC) passant par M.
c. Calculer les longueurs AN et MN.

2. Soit P le point du segment [BC] tel que $CP = 1,5$ cm.
Démontrer que $MNPB$ est un parallélogramme.

95 **a.** Les points D, I et B étant alignés, calculer DJ.
b. Calculer l'aire du rectangle $ABCD$.

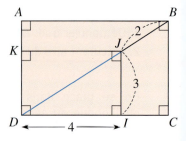

58 CHAPITRE 8 LE THÉORÈME DE THALÈS ET SA RÉCIPROQUE

CONSOLIDER ET APPROFONDIR

96 Tracer un trapèze $ABCD$, rectangle en A et D, tel que : $AB = AD = 3$ cm et $CD = 4$ cm.
1. a. Calculer l'aire du trapèze $ABCD$.
b. Calculer la valeur exacte de son périmètre.
Coup de pouce : soit H le pied de la perpendiculaire menée de B à (CD)
2. a. Calculer la longueur AC.
b. Soit O le point d'intersection des droites (AC) et (BH). Calculer la longueur AO.

97 Sachant que les droites (EG) et (BC) sont parallèles, démontrer que les triangles EFH et DFG sont isocèles en F.

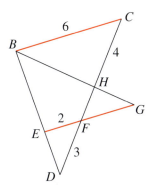

98 Sachant que :
$$(BC) \parallel (ED) \text{ et } (BD) \parallel (EF)$$
démontrer que :
$$\frac{AC}{AD} = \frac{AD}{AF}.$$

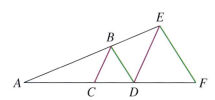

99 **1. a.** Tracer un triangle DEF tel que $DF = 9$ cm.
b. Soit M le milieu de $[DE]$ et N le point du côté $[DF]$ tel que $DN = 3$ cm.
Tracer la parallèle à la droite (DE) passant par N ; elle coupe la droite (FM) en O.
2. a. Démontrer que $FO = \frac{2}{3} FM$.
b. En déduire que :
• O est le centre de gravité du triangle DEF ;
• la droite (DO) passe par le milieu de $[EF]$.

100 **1.** Construire :
a. un quadrilatère $ABCD$ tel que (en cm) :
$AC = 10$; $AB = 5$; $BC = 7$; $CD = 9$ et $AD = 8$;
b. le centre de gravité I du triangle ABC ;
c. le centre de gravité J du triangle ACD.
2. Démontrer que les droites (IJ) et (BD) sont parallèles.

101 Soit un carré $ABCD$ et M un point variable du côté $[AB]$. Soit N le point du segment $[AD]$ tel que $DN = BM$. Soit P le symétrique de N par rapport à D et I le milieu de $[MP]$.
Déplacer le point M : faire une conjecture, puis la démontrer.
Coup de pouce : prouver que, quel que soit le point M de $[AB]$, la droite (DI) est parallèle à (MN) qui est parallèle à $(\bullet \bullet)$.

102 Soit un triangle ABC tel que :
$AC = 8$ cm, $BC = 6$ cm et $AB = 12$ cm.
Par un point E du côté $[AB]$, on mène la parallèle à la droite (BC) qui coupe $[AC]$ en F.
a. On pose $AE = x$.
Exprimer EB, AF, FC et FE en fonction de x.
Trouver x de façon que le triangle AEF et le trapèze $BCFE$ aient le même périmètre.

103 • ABC est un triangle tel que :
$AB = 18$ cm, $BC = 6$ cm et $AC = 21$ cm.
• N est un point du segment $[AB]$ tel que $AN = 15$ cm.
• M est un point du segment $[AC]$ tel que $NM = 5$ cm.
1. a. Vérifier que $\frac{AN}{AB} = \frac{NM}{BC}$.
b. Réaliser la figure.
c. D'accord ou pas avec Laureline qui affirme :
« *Sachant que $\frac{AN}{AB} = \frac{NM}{BC}$, la droite (NM) est, à coup sûr, parallèle à la droite (BC).* » ? Justifier.
Calculer la longueur AM pour que la droite (NM) soit parallèle à la droite (BC).

MATHS-MAGAZINE

LA RUSE DE THALÈS — Ou l'inaccessible à portée de main

Thalès de Milet (VIe s. av. J.-C.), homme d'état de la Grèce antique, commerçant, ingénieur, astronome, philosophe et mathématicien, apprit au cours de ses voyages les éléments d'algèbre et de géométrie des Babyloniens et des Égyptiens.

> « Hiéronyme dit que Thalès mesura les pyramides d'après leur ombre, ayant observé le temps où notre propre ombre égale notre hauteur. »
> *Diogène Laërce (IIIe s. ap. J.-C.)*
>
> « ... en plaçant seulement ton bâton à la limite de l'ombre portée par la pyramide, le rayon de soleil tangent engendrant deux triangles, tu as montré que le rapport de la première ombre à la seconde était aussi celui de la pyramide au bâton... »
> *Plutarque (Ier s. ap. J.-C.)*

Il se rendit célèbre en prédisant l'éclipse de Soleil de 585 av. J.-C. et en mesurant la hauteur de la grande Pyramide (146 m) grâce à la **ruse de l'ombre**.

Cette ruse permet donc de déterminer indirectement (en se ramenant à une « situation de Thalès ») des hauteurs inaccessibles, comme celles des arbres, par exemple.

Les connaissances de Thalès lui auraient-elles permis de prédire la magnifique éclipse totale de Soleil du 11 août 1999 visible en Belgique ? Ce jour-là, la Lune passa entre la Terre et le Soleil, interceptant les rayons lumineux de celui-ci.

© S. Hirabayashi/APB/CIEL et ESPACE

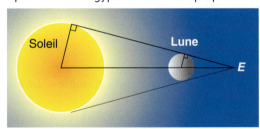

Voici un schéma très simplifié de cette situation où E représente un égyptien de cette époque.

Ce n'est que récemment que certaines propriétés prirent le nom de Thalès.

En France
« Toute parallèle menée à un côté détermine un second triangle semblable au premier. » (fin XIXe siècle.)

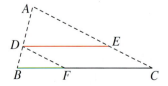

En Allemagne, Angleterre et Brésil
« An angle inscribed in a semi-circle is a right angle. » (milieu XXe siècle.)

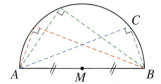

ANGLES ET TRIANGLES

CHAPITRE 9

Le hersage quotidien de cet hippodrome évoque de nombreuses rotations.

QCM

Pour chaque question, indiquer la réponse exacte (ou les réponses exactes).

		A	B	C	D
1	Le triangle ABC est :	inscrit dans un demi-cercle	droit	rectangle	circonscrit au cercle
2	Dans le cercle de centre O, l'angle $\widehat{AOB}$ est un angle :	au centre	obtus	aigu	saillant
3	Un triangle équilatéral :	est isocèle	a un centre de symétrie	a 3 angles de 60°	a 3 axes de symétrie
4	La droite d est sécante au cercle $\mathcal{C}$				
5	La droite d est tangente au cercle $\mathcal{C}$				

DE QUOI S'AGIT-IL ?
Qu'est-ce que l'orthocentre d'un triangle ?

1. Conjecture

1. a. Tracer un triangle ayant tous ses angles aigus. Tracer ensuite les trois hauteurs de ce triangle.

b. Recommencer le **a.** avec un triangle rectangle.

c. Recommencer le **a.** avec un triangle ayant un angle obtus.

Vocabulaire
Dans le triangle ABC, $[AH]$ est la hauteur issue de A (ou relative au côté $[BC]$).
Le point H est appelé le pied de cette hauteur.

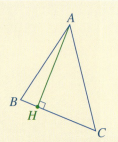

2. Émettre une conjecture.
En utilisant un logiciel de construction géométrique, la conjecture devient évidente.

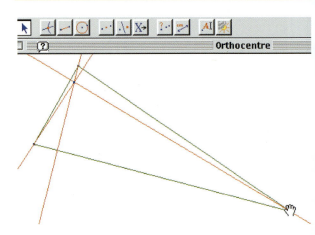

2. Preuve : des médiatrices aux hauteurs

1. a. Tracer un triangle ABC.

b. *Avec une règle et une équerre*, tracer les parallèles aux droites (AB), (BC) et (AC) passant respectivement par les points C, A et B.

c. On obtient un triangle DEF (voir la figure ci-contre).

2. a. Prouver que par la translation qui transforme B en C :
• A est l'image de F ;   • E est l'image de A.

b. En déduire que le point A est le milieu du segment $[EF]$.

3. a. Dans le triangle ABC, tracer la hauteur issue de A. Appeler d cette droite.

b. Que représente la droite d pour le segment $[EF]$?

4. On s'intéresse aux deux autres hauteurs du triangle ABC. Recopier, compléter et justifier l'affirmation suivante :
Les trois ... de n'importe quel ... passent par un même point. On dit qu'elles sont concourantes.

Le point de concours des trois hauteurs d'un triangle est appelé orthocentre de ce triangle.

DE QUOI S'AGIT-IL ?
Qu'est-ce que le centre de gravité d'un triangle ?

3. Conjecture

1. a. Tracer un triangle dont tous les angles sont aigus. Tracer ensuite les trois médianes de ce triangle.

b. Recommencer le **a.** pour un triangle dont un angle est obtus.

2. Émettre une conjecture.

Vocabulaire

Dans le triangle ABC, $[AI]$ est la médiane issue de A (ou relative au côté $[BC]$).

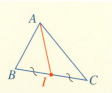

3. Utiliser un logiciel de construction géométrique pour comparer :
- les longueurs GA et GI ;
- les longueurs GB et GJ ;
- les longueurs GC et GK.

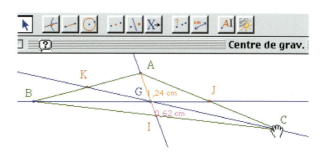

4. Preuve

On considère le triangle ABC ci-contre.
Sur cette figure :
- J est le milieu de $[AC]$;
- K est le milieu de $[AB]$;
- G est le point d'intersection de (BJ) et (CK).

Le but de cette activité est de prouver que (AG) est la troisième médiane du triangle ABC, autrement dit que la droite (AG) passe par le milieu du segment $[BC]$.

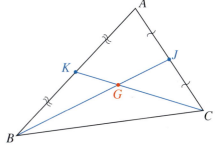

1. a. Réaliser la figure. Placer ensuite le point D, symétrique du point A par rapport au point G.

b. Recopier et compléter :
Considérons le ... ABD. Par hypothèse, K est le ... de [AB]. G est le milieu de [AD], car ... . Par conséquent (••) // (BD). Or $C \in (KG)$, donc (GC) // (••).

c. Grâce à un raisonnement analogue à celui du **b.**, démontrer que : $(BG) // (DC)$.

d. Déduire de **b.** et de **c.** que :
- $BGCD$ est un parallélogramme ; • la droite (AG) passe par le milieu I de $[BC]$.

2. Recopier et compléter :
Les trois ... de n'importe quel ... passent par un même point.
On dit qu'elles sont concourantes.

3. Démontrer que $AG = 2GI$. En déduire que $AG = \dfrac{2}{3} AI$.

Le point de concours des trois médianes d'un triangle est appelé **centre de gravité** de ce triangle.

DE QUOI S'AGIT-IL ?

Triangle isocèle, triangle équilatéral : quelles particularités ?

5. Cas particulier : acte 1

1. a. Tracer un triangle ABC isocèle en A.

b. *Avec une règle et un compas*, construire l'axe de symétrie Δ de ce triangle.

c. Appeler H le point d'intersection de Δ et du segment $[BC]$.

2. Que représente la droite (AH) pour le triangle ABC ?
(*Attention* ! Il y a quatre réponses.)

3. Construire :
– l'orthocentre du triangle ;
– le centre de gravité du triangle ;
– le cercle circonscrit au triangle ;
– le cercle inscrit dans le triangle.

4. Démontrer que les hauteurs issues de B et de C du triangle ABC ont la même longueur.

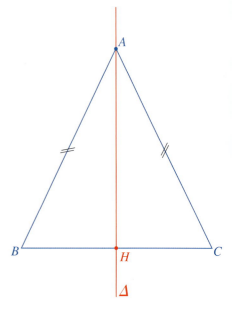

6. Cas particulier : acte 2

1. Quelle est la particularité d'un triangle dont les médiatrices, les bissectrices, les hauteurs et les médianes sont confondues ?

2. *Avec une règle et un compas*, reproduire la figure ci-contre.

3. Indiquer, sur la figure obtenue à la question **2.**, les mesures, en degré, de tous les angles inconnus.
Justifier les réponses.

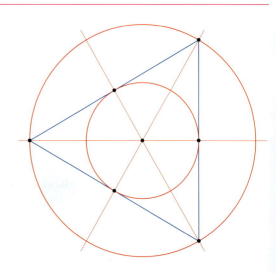

DE QUOI S'AGIT-IL ?
Qu'est-ce qu'un angle inscrit ? un angle au centre ?

Vocabulaire

Soit un cercle de centre O et trois points A, B et M appartenant à ce cercle.

① L'angle $\widehat{AOB}$ est un **angle au centre** qui **intercepte** l'arc de cercle $\overset{\frown}{AB}$ (en rouge).

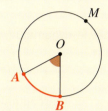

② L'angle $\widehat{AMB}$ est un **angle inscrit** qui **intercepte** l'arc de cercle $\overset{\frown}{AB}$ (en rouge).

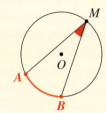

7. Inscription obligatoire

1re partie

Chaque élève trace un cercle de centre O, place trois points A, B et M sur le cercle, puis mesure les angles $\widehat{AOB}$ et $\widehat{AMB}$.
Confronter les résultats. Quelle conjecture peut-on émettre ?

2e partie • Un cas particulier

Hélène a placé les deux points A et B diamétralement opposés. Elle sait démontrer grâce à un théorème déjà étudié que dans ce cas de figure : $\widehat{AMB} = 90° = \frac{1}{2}\widehat{AOB}$.
Faire un dessin et citer le théorème utilisé par Hélène.

3e partie • Une preuve du cas général

a. Démontrer la conjecture dans le cas où un des côtés de l'angle inscrit comprend le centre du cercle.
Pour cela, justifier que : $\widehat{OAM} = \widehat{AMO}$.
Citer la propriété permettant d'affirmer que : $\widehat{AOB} = \widehat{OAM} + \widehat{AMO}$.
En déduire que : $\widehat{AOB} = 2\widehat{AMO}$ et terminer la démonstration.

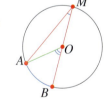

b. Démontrer la conjecture dans le cas où le centre du cercle est un point intérieur à l'angle inscrit.
Dans le but de se ramener au premier cas, tracer le diamètre $[MI]$.

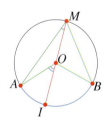

c. Démontrer la conjecture dans le cas où le centre du cercle est un point extérieur à l'angle inscrit.
(Piste : construire un diamètre du cercle et penser à l'angle $\widehat{AMB}$ comme une différence de deux angles.)

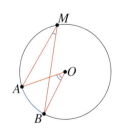

DE QUOI S'AGIT-IL ?

Qu'est-ce qu'un angle inscrit ? Un angle au centre ? Un angle tangentiel ?

8. Égalités ?

À l'aide d'un logiciel de géométrie dynamique, tracer un cercle de centre O. Placer les points A, B et M sur ce cercle.
Faire afficher l'amplitude de l'angle inscrit $\widehat{AMB}$. Déplacer le point M sur le cercle.
Quelle conjecture peut-on émettre ?
Démontrer que deux angles inscrits interceptant le même arc sont de même amplitude.

9. Angle tangentiel

a. Écrire le programme de construction de cette figure sachant que O est le centre du cercle.

b. Déterminer, sans utiliser le rapporteur, l'amplitude des angles $\widehat{BDA}$, $\widehat{BAE}$ et $\widehat{BFA}$.

L'angle $\widehat{BAE}$ est appelé **angle tangentiel**. Cet angle intercepte le même arc que l'angle inscrit $\widehat{BDA}$.

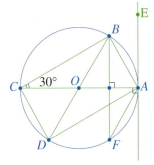

Formuler une conjecture sur la relation qui existe entre l'amplitude d'un angle tangentiel à un cercle et l'amplitude d'un angle inscrit à ce cercle qui intercepte le même arc.
Dans chacun des cas ci-dessous, démontrer que $\widehat{CAD} = \widehat{CBA}$.

1er cas

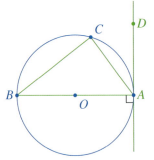

2e cas

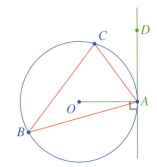

DE QUOI S'AGIT-IL ?

Qu'est-ce que des angles à côtés parallèles ?
À côtés perpendiculaires ?

10. Angles à côtés parallèles

1ʳᵉ partie • Conjecture

Observer le quadrillage ci-contre, formé de parallélogrammes, recopier et compléter.

a. $\widehat{FAB} = \widehat{\bullet F \bullet}$ car angles correspondants et $\widehat{KFG} = \widehat{GHC}$ car ... .
On a donc : $\widehat{FAB} = \widehat{\bullet H \bullet}$.
Les droites (AF) et (HC) sont ..., (AB) et (HG) sont ... .
On dit que les angles $\widehat{FAB}$ et $\widehat{GHC}$ sont des angles à côtés respectivement parallèles.
Ils sont de même ... .

b. Comparer les angles $\widehat{FAB}$ et $\widehat{HMN}$.
On a (AF) ... (MH) et (AB) ... (MN) .
Ce sont donc des angles ... .
Comparer leurs amplitudes et justifier.
Conclure : les angles $\widehat{FAB}$ et $\widehat{HMN}$ sont ... .
Énoncer la propriété conjecturée.

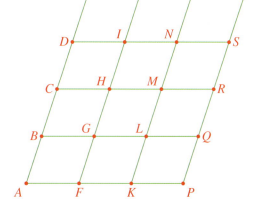

2ᵉ partie • Une preuve

a. Dans le parallélogramme ci-contre, démontrer la propriété conjecturée pour les angles $\widehat{A}_1$ et $\widehat{B}_1$ puis $\widehat{A}_1$ et $\widehat{B}_2$.

b. Quelles transformations du plan appliquent l'angle $\widehat{A}_1$ sur l'angle $\widehat{B}_3$ et l'angle $\widehat{A}_2$ sur l'angle $\widehat{B}_1$?

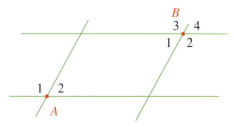

11. Angles à côtés perpendiculaires

1ʳᵉ partie • Conjecture

a. Démontrer en se basant sur la figure ci-contre que les angles $\widehat{CAD}$ et $\widehat{DBE}$ sont de même amplitude.
Quelle est la position relative des droites (AD) et (BE) et des droites (BC) et (AC) ?
On dit que les angles $\widehat{CAD}$ et $\widehat{DBE}$ sont des angles à côtés respectivement perpendiculaires.

b. Comparer les amplitudes des angles $\widehat{A}$ et $\widehat{B}_2$ et justifier.
Conclure : les angles $\widehat{CAD}$ et $\widehat{DBF}$ sont ... .
Énoncer la propriété conjecturée.

2ᵉ partie • Une preuve

Démontrer la propriété conjecturée dans le cas suivant pour les angles $\widehat{A}$ et $\widehat{B}_1$ puis $\widehat{A}$ et $\widehat{B}_2$.

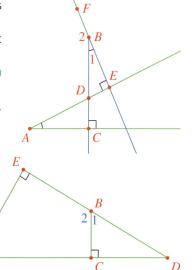

CHAPITRE 9 ANGLES ET TRIANGLES 67

RETENIR

■ 1. MÉDIATRICES D'UN TRIANGLE

Définitions

**La médiatrice d'un segment est la droite perpendiculaire à ce segment en son milieu.
Une médiatrice d'un triangle est la médiatrice d'un des côtés de ce triangle.**

Théorème

Les trois médiatrices d'un triangle sont concourantes ; leur point de concours est le centre du cercle circonscrit au triangle.

Autre définition

La médiatrice d'un segment est l'ensemble des points équidistants des extrémités de ce segment. (Lieu géométrique)

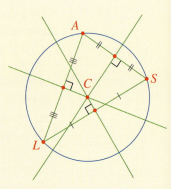

Exemple Le cercle de centre C est circonscrit au triangle LAS.
C est le point de concours (point d'intersection) des trois médiatrices du triangle LAS.

■ 2. BISSECTRICES D'UN TRIANGLE

Définitions

**La bissectrice d'un angle est la demi-droite partageant cet angle en deux angles de même amplitude.
Une bissectrice d'un triangle est la bissectrice d'un angle intérieur de ce triangle.**

Théorème

Les trois bissectrices d'un triangle sont concourantes ; leur point de concours est le centre du cercle inscrit au triangle. Ce cercle est tangent aux trois côtés du triangle.

Autres définitions

La bissectrice d'un angle est l'ensemble des points équidistants des côtés de cet angle. (Lieu géométrique)
La bissectrice d'un angle est l'axe de symétrie de cet angle.

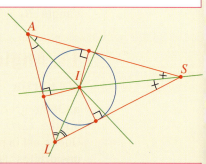

■ 3. HAUTEURS D'UN TRIANGLE

Définitions

Une hauteur d'un triangle est une droite passant par un sommet et perpendiculaire à la droite contenant le côté opposé.

Théorème

Les trois hauteurs d'un triangle sont concourantes en un point appelé *orthocentre* du triangle.

Remarques

On appelle aussi *hauteur* du triangle le segment $[AH]$ ou la longueur AH.
Si un triangle a un angle obtus, l'orthocentre est à l'extérieur du triangle.
Si un triangle est rectangle, l'orthocentre est le sommet de l'angle droit.

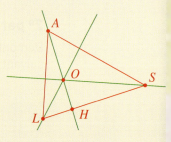

METTRE EN PRATIQUE

Comment démontrer que deux droites sont perpendiculaires en utilisant un orthocentre ?

Énoncé ABC est un triangle rectangle en A, de hauteur $[AH]$. I est un point de $[BC]$; la droite parallèle à la droite (AB) passant par I coupe (AH) en K. Démontrer que (CK) est perpendiculaire à (AI).

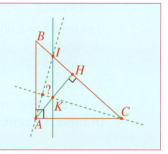

Solution

On a :
$(AB) \perp (AC)$ et $(IK) \mathbin{/\mkern-5mu/} (AB)$, donc $(IK) \perp (AC)$.
Dans le triangle AIC, les droites (AH) et (IK) sont deux hauteurs, sécantes en K.
Le point K est donc l'orthocentre du triangle AIC.
La droite (CK) est alors la troisième hauteur de ce triangle.
Et donc, (CK) est perpendiculaire à (AI).

Commentaires
Faire une construction soignée.

Si deux droites sont parallèles, alors toute perpendiculaire à l'une est perpendiculaire à l'autre.

La présence d'angles droits dans une figure doit faire penser à des hauteurs, et à leur point de concours, l'orthocentre.

Comment démontrer que des droites sont concourantes ?

Énoncé On considère un cercle $\mathscr{C}$ de centre O et de diamètre $[AB]$, une droite d perpendiculaire à (AB) et ne comprenant ni le point A, ni le point B. On considère un point M appartenant à la droite d, mais pas à la droite (AB). La droite (AM) recoupe le cercle $\mathscr{C}$ en P. La droite (BM) recoupe le cercle $\mathscr{C}$ en Q. Démontrer que les droites (AQ), (BP) et d sont concourantes.

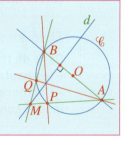

Solution

Le point P appartient au cercle donc $\widehat{APB} = 90°$ et la droite (BP) est une hauteur du triangle ABM.
De même, le point Q appartient au cercle et la droite (AQ) est une hauteur du triangle ABM.
Par hypothèse, la droite d est aussi une hauteur du triangle ABM.
Donc les droites (AQ), (BQ) et d sont concourantes.

Commentaires
Si la construction est faite à l'aide d'un logiciel de constructions géométriques, on peut faire varier la position du point M (à l'intérieur ou à l'extérieur du cercle).
On pourra alors observer le cas particulier du point M sur le cercle.

Démontrer que les trois droites sont les hauteurs du triangle permet de démontrer leur concourance.

RETENIR

4. MÉDIANES D'UN TRIANGLE

Définitions

Une médiane d'un triangle est une droite passant par un sommet et par le milieu du côté opposé à ce sommet.

Théorème

Les trois médianes d'un triangle sont concourantes en un point appelé *centre de gravité* du triangle. Ce centre de gravité est situé aux deux tiers de chaque médiane à partir du sommet.

Remarques
On appelle aussi *médiane* du triangle le segment $[AI]$ ou la longueur AI.

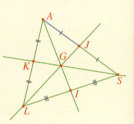

5. TRIANGLE ISOCÈLE, TRIANGLE ÉQUILATÉRAL

Théorème

Dans un triangle isocèle :
– la hauteur issue du sommet principal est aussi médiane, médiatrice et bissectrice ;
– l'orthocentre O, le centre de gravité G, le centre C du cercle circonscrit et le centre I du cercle inscrit appartiennent à l'axe de symétrie du triangle.

Théorème

Dans un triangle équilatéral :
– les hauteurs, les médianes, les médiatrices et les bissectrices sont confondues ;
– l'orthocentre, le centre de gravité, le centre du cercle circonscrit et le centre du cercle inscrit sont confondus.

Triangle isocèle

Triangle équilatéral

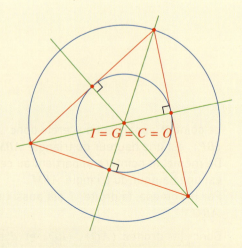

METTRE EN PRATIQUE

Comment démontrer qu'un point est le milieu d'un segment ?

Énoncé

Soit un triangle ABC. Soit I le milieu du segment $[AB]$ et J celui de $[BC]$. Soit M le point d'intersection des droites (AJ) et (CI) et K le point d'intersection des droites (BM) et (AC).
Émettre une conjecture et la prouver.

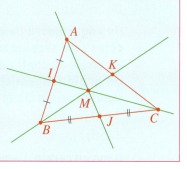

Solution

La conjecture est évidente : K semble être le milieu du segment $[AC]$.
Considérons le triangle ABC.
J est le milieu de $[BC]$, donc (AJ) est la médiane issue de A.
I est le milieu de $[AB]$, donc (CI) est la médiane issue de C.
Ces deux médianes se coupent en M, centre de gravité du triangle ABC.

La troisième médiane passe par le troisième sommet B et par le centre de gravité M, c'est la droite (BM).
Le point K, point d'intersection des droites (BM) et (AC) est donc le milieu du segment $[AC]$.

Commentaires

La droite comprenant un sommet d'un triangle et le milieu du côté opposé est une médiane de ce triangle.

Si un point appartient à deux médianes d'un triangle, il est le centre de gravité de ce triangle.

S'il existe deux médianes... il en existe une troisième !

Comment démontrer que des points sont alignés ?

Énoncé

Sur la figure ci-contre, $ABCD$ est un parallélogramme de centre O.
Le point E est le symétrique de O par rapport à B, et F celui de C par rapport à D.
K est le milieu de $[EF]$.
Montrer que les points A, K, O et C sont alignés.

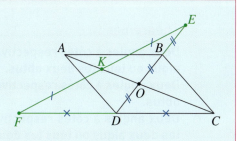

Solution

D est le milieu de $[FC]$, donc (ED) est une médiane du triangle EFC.

De plus, $EB = BO = OD$, donc $EO = \dfrac{2}{3} ED$.

Le point O est alors le centre de gravité du triangle EFC.
Or, K est le milieu de $[EF]$; donc (CK) est une autre médiane du triangle EFC.
Ainsi (CK) passe par O : le point K appartient bien à la droite (CO).
Comme A appartient aussi à (CO), Les quatre points A, K, O et C sont bien alignés.

Commentaires

Un point situé aux deux-tiers d'une médiane d'un triangle est le centre de gravité de ce triangle.

Les autres médianes passent donc par ce point.

RETENIR

6. ANGLE INSCRIT – ANGLE AU CENTRE – ANGLE TANGENTIEL

Définitions

Un angle inscrit dans un cercle est un angle dont le sommet est un point du cercle et dont les côtés sont sécants au cercle.
Un angle au centre est un angle dont le sommet est le centre du cercle.
Un angle tangentiel est un angle dont le sommet est un point du cercle, un des côtés est tangent au cercle et l'autre côté sécant au cercle.

Théorèmes

Dans un cercle, l'amplitude d'un angle inscrit est égale à la moitié de celle de l'angle au centre interceptant le même arc.
Dans un cercle, deux angles inscrits qui interceptent le même arc ont la même amplitude.
Dans un cercle, un angle tangentiel a la même amplitude que l'angle inscrit qui intercepte le même arc.

Angle inscrit : $\widehat{AIB}$
Angle au centre : $\widehat{AOB}$

Angles inscrits : $\widehat{AIB}$ et $\widehat{AJB}$

Angle tangentiel $\widehat{AIE}$

Angle tangentiel : $\widehat{ABE}$
Angle inscrit : $\widehat{AIB}$

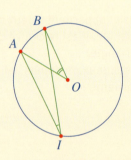
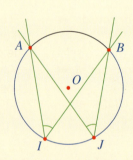
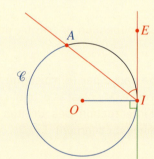
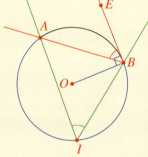

7. ANGLES À CÔTÉS PARALLÈLES – ANGLES À CÔTÉS PERPENDICULAIRES

Théorèmes

Deux angles à côtés respectivement parallèles ont la même amplitude s'ils sont tous les deux aigus ou tous les deux obtus.
Deux angles à côtés respectivement parallèles sont supplémentaires si l'un est aigu et l'autre obtus.
Deux angles à côtés respectivement perpendiculaires ont la même amplitude s'ils sont tous les deux aigus ou tous les deux obtus.
Deux angles à côtés respectivement perpendiculaires sont supplémentaires si l'un est aigu et l'autre obtus.

Angles à côtés parallèles — Angles de même amplitude — Angles supplémentaires
Angles à côtés perpendiculaires — Angles de même amplitude — Angles supplémentaires

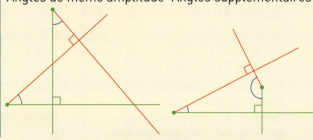

METTRE EN PRATIQUE

COMMENT DÉMONTRER QUE DEUX ANGLES ONT LA MÊME AMPLITUDE ?

Énoncé

Deux cercles $\mathscr{C}$ et $\mathscr{C}'$ sont sécants en A et B. Une droite comprenant le point A coupe les cercles $\mathscr{C}$ et $\mathscr{C}'$ en P et Q. Une droite comprenant le point A coupe les cercles $\mathscr{C}$ et $\mathscr{C}'$ en R et S. Démontrer que les angles $\widehat{PBQ}$ et $\widehat{RBS}$ sont de même amplitude.

Méthode

a. Lire **complètement** l'énoncé.
b. Construire la figure en écrivant d'une part les hypothèses et d'autre part les conséquences directes.
c. Écrire la thèse.
d. Construire la démonstration.
e. La rédiger.

Hypothèses

$\mathscr{C}$ et $\mathscr{C}'$: deux cercles de centres O_1 et O_2.
A et B : points d'intersection de $\mathscr{C}$ et $\mathscr{C}'$.
$d_1 = AP = AQ$ avec P, point de $\mathscr{C}$ et Q, point de $\mathscr{C}'$.
$d_2 = AR = AS$ avec R, point de $\mathscr{C}$ et S, point de $\mathscr{C}'$.

Thèse

$\widehat{PBQ} = \widehat{RBS}$

Figure

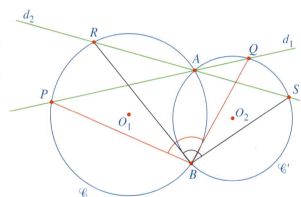

Solution

– $\widehat{PAR}$ et $\widehat{QAS}$ sont des angles opposés par le sommet. Ils sont donc de même amplitude. (1)
– $\widehat{PAR}$ et $\widehat{PBR}$ sont des angles inscrits dans le cercle $\mathscr{C}$ interceptant le même arc et sont donc de même amplitude. (2)
– De manière analogue, on a dans le cercle $\mathscr{C}'$:
$\widehat{QAS} = \widehat{QBS}$ (3)
– On obtient donc :
$\widehat{PBQ} = \widehat{PBR} + \widehat{RBQ}$
$\phantom{\widehat{PBQ}} = \widehat{PAR} + \widehat{RBQ}$
$\phantom{\widehat{PBQ}} = \widehat{QAS} + \widehat{RBQ}$
$\phantom{\widehat{PBQ}} = \widehat{QBS} + \widehat{RBQ}$
$\phantom{\widehat{PBQ}} = \widehat{RBQ} + \widehat{QBS}$
$\phantom{\widehat{PBQ}} = \widehat{RBS}$

Commentaires

Observer les droites d_1 et d_2.

Utiliser la propriété des angles inscrits dans un cercle interceptant un même arc.

Utiliser les égalités d'amplitude des angles.

APPLIQUER LE COURS

Orthocentre

1 On considère la figure ci-contre dans laquelle H est l'orthocentre du triangle ABC. Trouver l'orthocentre de chacun des triangles suivants :
- ABH ; • CAH ; • BCH ;
- AHR ; • HPC.

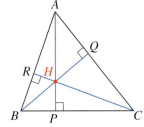

2 Démontrer que la perpendiculaire à la droite (ST) passant par le point R passe par le point I (voir la figure ci-contre).

Coup de pouce : soit le triangle RST.

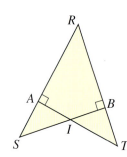

3 a. Tracer un triangle ABC, isocèle en A. Placer D, le symétrique du point C par rapport au point A.
b. Démontrer que l'orthocentre du triangle BCD est le point B.

4 a. Reproduire en plus grand la figure ci-contre.
b. Construire le point C de façon que H soit l'orthocentre du triangle ABC.

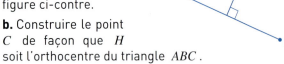

5 1. Soit un rectangle $ABCD$ de centre O. La perpendiculaire en O à la droite (AC) coupe la droite (AB) en E et la droite (BC) en F.
2. Démontrer que :
a. le triangle AFC est isocèle ;
b. son orthocentre est le point ... ;
c. $(CE) \perp (AF)$.

6 a. Construire la figure ci-dessous en vraie grandeur. (*Attention ! Elle prend beaucoup de place.*)
b. Calculer AO et OD.
c. *Avec une règle seulement*, construire la perpendiculaire à la droite (AD) passant par le point O.

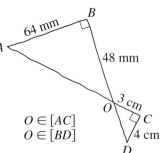

$O \in [AC]$
$O \in [BD]$

d. Démontrer que les quatre points A, B, C, D appartiennent à un même cercle. Tracer ce cercle.

Lire, comprendre, rédiger

7 Chercher et justifier une construction

Voici un énoncé, puis un dialogue entre un élève et son professeur.

Tracer un demi-cercle de diamètre $[BC]$.
Placer deux points D et E sur le demi-cercle.
Soit A le point d'intersection des droites (BD) et (CE). À la règle seule, tracer la perpendiculaire à la droite (BC) passant par A.
JIM : *J'ai tracé les droites (BE) et (CD) qui se coupent en I. Puis j'ai tracé (AI) : ça marche !*
LE PROFESSEUR : *Tu n'avais pas beaucoup de possibilités pour tracer des droites à partir de la figure. Justifie, maintenant, ta construction.*

1. a. Effectuer la construction de Jim, puis, compléter le déductogramme suivant :

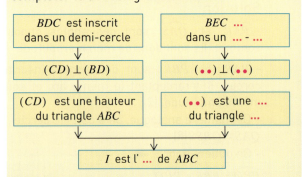

b. Rédiger la justification de la construction de Jim.
2. Application
a. Tracer un cercle de diamètre $[AB]$.
b. Marquer un point M à l'extérieur du cercle.
c. À la règle seule, construire la perpendiculaire à la droite (AB) passant par le point M.

APPLIQUER LE COURS

Centre de gravité

Calcul mental

8 I, J, K sont les milieux des côtés du triangle ABC et l'unité de longueur est le centimètre.
Que vaut x ?
Que vaut y ?

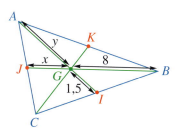

9 a. Placer trois points A, I et M non alignés.
b. Construire les points R et S, symétriques respectifs du point I par rapport aux points A et M.
c. *En ne traçant que quatre droites*, construire le milieu du segment $[RS]$. Justifier la construction.

10 1. Placer trois points A, B et D non alignés.
2. On considère la translation qui transforme A en B : soit C l'image de D, soit E l'image de C.
Préciser, en justifiant les réponses :
a. la position des points D, C et E ;
b. la nature des quadrilatères $ABCD$ et $ABEC$;
c. ce que représente, pour le triangle ABC, le point d'intersection I des droites (AE) et (BD).

11 1. a. Tracer un triangle IJK.
b. Construire le point L symétrique du point I par rapport au point K.
c. Tracer la parallèle à la droite (IJ) passant par le point K. Cette droite coupe le segment $[LJ]$ en M.
d. Appeler R le point d'intersection des droites (IM) et (KJ).
2. Démontrer que :
a. M est le milieu du segment $[LJ]$;
b. la droite (LR) coupe le segment $[IJ]$ en son milieu.

12 1. a. Tracer un parallélogramme $ABCD$ de centre O.
b. Placer le milieu E du segment $[AB]$. Appeler R le point d'intersection des droites (CE) et (BD).
2. Démontrer que la droite (AR) coupe le segment $[BC]$ en son milieu N.

13 1. a. Tracer un triangle ABC.
b. Construire les points :
• I milieu de $[AB]$;   • J milieu de $[AI]$;
• K, symétrique de J par rapport à I ;
• L, symétrique de C par rapport à K ;
• M, point d'intersection des droites (LI) et (AC).
2. a. Que représente le point I pour le triangle ACL ?
b. Démontrer que M est le milieu de $[AC]$.

14 1. a. Tracer un triangle ABC tel que :
$AB = 9$ cm, $AC = 6$ cm   et $BC = 7$ cm.
b. Construire le milieu I de $[BC]$ et le centre de gravité G du triangle ABC.
c. Tracer par le point G la parallèle à la droite (BC). Celle-ci coupe $[AB]$ en K et $[AC]$ en L.
2. a. Que vaut le rapport $\dfrac{AG}{AI}$?
b. Calculer les longueurs AK et AL.

15 a. Placer trois points E, F et G non alignés.
b. Construire le point D de façon que G soit le centre de gravité du triangle DEF.
Coup de pouce : « deux tiers, un tiers. »

16 1. a. Tracer un cercle de centre O.
b. Sur celui-ci, placer trois points A, B et C.
Soit :
• I, le pied de la perpendiculaire menée de O sur (AB) ;
• J, le pied de la perpendiculaire menée de O sur (BC) ;
• K, le point d'intersection des droites (AJ) et (CI).
2. Démontrer que la droite (BK) passe par le milieu du segment $[AC]$.

17 1. a. Tracer un cercle de centre O et de rayon 4 cm.
b. Tracer un diamètre $[AB]$ du cercle.
c. Placer un point R du cercle tel que $AR = 3$ cm.
d. Placer le milieu I du segment $[AR]$.
e. Appeler J le point d'intersection des droites (BI) et (RO).
2. Calculer les longueurs BR, BI et BJ.
(On justifiera les réponses et on arrondira les résultats au dixième de centimètre.)

APPLIQUER LE COURS

Triangle isocèle, équilatéral

18 Le triangle ABC est isocèle en A.
I est le milieu de $[BC]$.
$[CH]$ est une hauteur.
(BK) est la bissectrice de l'angle $\widehat{ABC}$.
Répondre, en justifiant les réponses, aux questions suivantes :

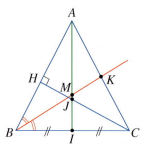

a. quel est l'orthocentre du triangle ABC ?
b. quel est le centre du cercle inscrit à ce triangle ?

19 a. Tracer un triangle LMN isocèle en L.
b. Soit I le milieu du segment $[MN]$ et J le point d'intersection des bissectrices des angles $\widehat{LMN}$ et $\widehat{LNM}$.
c. Démontrer que les points L, I et J sont alignés.

20 a. Tracer un triangle ABC, isocèle en A.
b. Construire la hauteur issue de A et la médiane issue de B : celles-ci se coupent en P.
c. Démontrer que la droite (CP) coupe le segment $[AB]$ en son milieu.

21 1. Je suis un triangle ABC.
Mon centre de gravité s'appelle I. Lorsqu'on trace le cercle de centre I et passant par mon sommet A, ce cercle passe aussi par mes sommets B et C. Quelle est ma particularité ?
2. Quelle est ma nature sachant que je suis un triangle ABC et que mon orthocentre appartient à la médiatrice de mon côté $[AC]$?

22 1. a. Tracer un triangle ABC isocèle en A. Soit G le centre de gravité du triangle ABC.
b. Quelle est la nature du triangle BGC ?
2. Recommencer le **1.** en remplaçant G par l'orthocentre H du triangle ABC.

23 Soit un triangle ABC isocèle en A, tel que $\widehat{BIC} = 120°$, I étant le centre du cercle inscrit au triangle.
Faire un dessin à main levée, puis démontrer que le triangle ABC est équilatéral.

Lire, comprendre, rédiger

24 1. En examinant la copie de Julie, annotée par le professeur, retrouver l'énoncé du problème, puis rédiger clairement la solution.

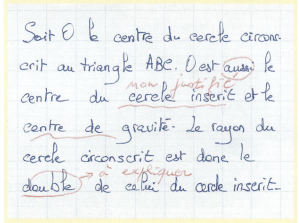

2. Application
Calculer les rayons du cercle inscrit et du cercle circonscrit à un triangle équilatéral ABC de côté 6 cm.
Conseil : soit I le pied de la hauteur issue de A.

25 1. a. Construire un triangle ABC isocèle en B tel que $AB = 8$ cm et $AC = 5$ cm.
b. Tracer les hauteurs $[AI]$ et $[CJ]$.
Appeler O leur point d'intersection et F le point d'intersection des droites (BO) et (AC).
2. a. Démontrer que le point F est le milieu du segment $[AC]$.
b. Calculer la longueur BF.
c. Calculer l'aire du triangle ABC.
d. Calculer les longueurs CJ et AI.
Coup de pouce : utiliser le résultat obtenu au **c.**

26 1. a. Tracer un triangle équilatéral EFG tel que $EF = 7$ cm.
b. Tracer la bissectrice de l'angle $\widehat{EFG}$ qui coupe la droite (EG) en M.
2. a. Prouver que M est le milieu du segment $[EG]$.
b. Calculer une valeur approchée :
– de la distance FM ;
– de l'aire du triangle EFG.

APPLIQUER LE COURS

Angles inscrits et tangentiels

27 Citer trois angles inscrits et un angle au centre qui interceptent l'arc $\overset{\frown}{AC}$ (en rouge).

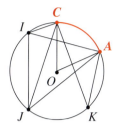

28 Recopier et compléter.
a. Un angle est inscrit dans un cercle s'il a son ... sur le cercle et si ses ... sont sécants au cercle.
b. Un angle au ... est un ... qui a pour ... le centre du cercle.

Exercices 29 à 31.
Tracer un cercle 𝒞 de centre O, de rayon 3 cm.

29 a. Marquer trois points A, B et C du cercle.
b. Tracer en vert l'arc de cercle intercepté par l'angle $\widehat{ACB}$.
c. Tracer l'angle au centre associé.
d. Tracer un autre angle inscrit interceptant le même arc que l'angle $\widehat{ACB}$.

30 a. Sur le cercle 𝒞, placer trois points A, B et C tels que $\widehat{BAC} = 20°$.
b. Préciser la mesure de l'angle $\widehat{BOC}$, puis celles des angles $\widehat{OBC}$ et $\widehat{OCB}$. Justifier les réponses.

31 a. Sur le cercle 𝒞, placer trois points D, E et F tels que $\widehat{DEF} = 30°$.
b. Montrer que la longueur du petit arc de cercle $\overset{\frown}{DF}$ est égale à π (en cm).

32 a. Tracer un triangle RST tel que :
$\widehat{R} = 70°$ et $\widehat{T} = 40°$.
b. Soit O le centre du cercle circonscrit à ce triangle. Calculer la mesure de $\widehat{RST}$ et $\widehat{ROT}$.

33 a. Démontrer que :
$$y = \frac{180° - 2x}{2}.$$
b. Simplifier y.

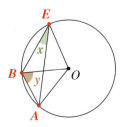

34 [OE) est la bissectrice de l'angle $\widehat{COD}$ et $\widehat{EDC} = 25°$.
Calculer la mesure de l'angle $\widehat{COD}$.

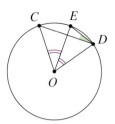

35 On donne :
$\widehat{ROS} = 112°$ et $\widehat{RST} = 62°$.
Démontrer que le triangle RST est isocèle.

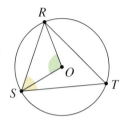

36 1. a. Tracer un triangle ABC isocèle en A tel que BC = 7 cm et $\widehat{B} = 50°$.
b. Construire le cercle circonscrit à ce triangle.
c. Placer un point M sur le petit arc de cercle $\overset{\frown}{BC}$.
2. Démontrer que la demi-droite [MA) est la bissectrice de l'angle $\widehat{BMC}$.

37 [AB] est un diamètre du cercle de centre O ;
$\widehat{COB} = 30°$
Quelles sont les mesures des angles $\widehat{BAC}$ et $\widehat{ADC}$?

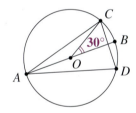

Lire, comprendre, démontrer

38 Raisonnement à compléter
• O est le centre du cercle circonscrit au triangle ABC ;
• Δ est la médiatrice du segment [BC] ;
• la droite Δ coupe en I l'arc de cercle $\overset{\frown}{BC}$ ne contenant pas A.
Recopier et compléter.

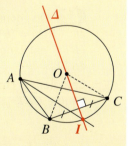

$\widehat{BAI} = \frac{1}{2}\widehat{BOI}$, car ... , $\widehat{IAC} = \frac{1}{2}\widehat{IOC}$, car ... .
Or, (OI) est l'axe de ... du triangle ... OBC, donc $\widehat{O\bullet} = \widehat{O\bullet}$, d'où $\widehat{A\bullet} = \widehat{A\bullet}$ et la demi-droite [AI) est la ... de l'angle $\widehat{BAC}$.

APPLIQUER LE COURS

39 ABC est un triangle équilatéral, inscrit dans un cercle $\mathcal{C}$ de centre O.
a. Déterminer les angles $\widehat{AMB}$, $\widehat{BMC}$ et $\widehat{ANC}$.
b. Vérifier que les angles $\widehat{AMC}$ et $\widehat{ANC}$ sont supplémentaires. Interceptent-ils le même arc ?

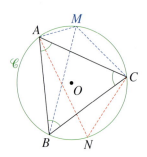

40 $ABCD$ est un quadrilatère convexe inscrit dans un cercle $\mathcal{C}$ de centre O.
a. Démontrer que les angles opposés $\widehat{DAB}$ et $\widehat{DCB}$ sont supplémentaires.
b. Démontrer que les angles opposés $\widehat{ABC}$ et $\widehat{ADC}$ sont supplémentaires. (Utiliser le point A' diamétralement opposé au point A.)

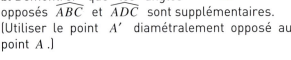

41 Sur la figure ci-dessous, les cordes $[AB]$ et $[MN]$ sont sécantes en K.
Calculer les angles des triangles KAM et KBN.

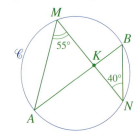

42 On donne $\widehat{ABC} = 54°$ et $\widehat{BCA} = 76°$. La droite (BT) est tangente au cercle en B.
Calculer l'amplitude de l'angle $\widehat{CBT}$.

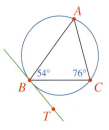

43 a. Tracer un triangle ABC isocèle en A tel que $\widehat{ABC} = 50°$.
b. Construire le cercle circonscrit au triangle ABC.
c. Construire la tangente en B à ce cercle.
d. Placer un point T, distinct de B, sur cette tangente.
e. Calculer l'amplitude de l'angle $\widehat{ABT}$.

44 a. Tracer un cercle et un triangle ABC inscrit à ce cercle.
b. Construire la bissectrice de l'angle $\widehat{BAC}$ qui coupe l'arc $\overset{\frown}{BC}$ en D.
c. Quelle est la nature du triangle BDC ? Justifier.

Angles à côtés parallèles et angles à côtés perpendiculaires

45 Dans quel(s) cas les angles $\widehat{A_1}$ et $\widehat{A_2}$ sont-ils des angles à côtés respectivement perpendiculaires ?

46 a. Dans chacun des cas, construire un angle de sommet B de même amplitude que $\widehat{A}$ et dont les côtés sont respectivement parallèles aux côtés de $\widehat{A}$.
(Si plusieurs solutions sont possibles, les construire en utilisant des couleurs différentes.)

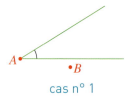 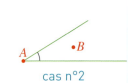
cas n° 1   cas n°2

b. Dans chacun des cas, construire un angle de sommet B de même amplitude que $\widehat{A}$ et dont les côtés sont respectivement perpendiculaires aux côtés de $\widehat{A}$.
(Si plusieurs solutions sont possibles, les construire en utilisant des couleurs différentes.)

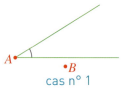 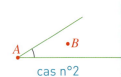
cas n° 1   cas n°2

47 Construire un angle de sommet D de même amplitude que celle de l'angle $\widehat{ABC}$.

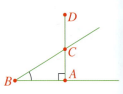

FAIRE LE POINT

Pour s'évaluer

Pour chacun des exercices 48 à 52, indiquer la (ou les) bonne(s) réponse(s) a, b, c ou d et justifier.

48 Dans quels cas l'égalité proposée est-elle vraie ? (Seule la lettre O désigne le centre d'un cercle.)

a. $\widehat{AOB} = 2\widehat{AMO}$;   b. $\widehat{ADC} = 20°$;   c. $\widehat{IRT} = \widehat{IST}$;   d. $\widehat{OBC} = \frac{1}{2}\widehat{AOC}$.

  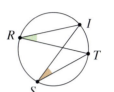 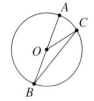

49 Dans quel(s) cas a-t-on tracé un angle inscrit dans le cercle ?

a.   b.   c.   d.

   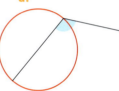

Dans quel(s) cas a-t-on tracé un angle tangentiel au cercle ?

a.   b.   c.   d.

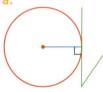 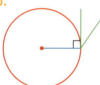 

50 Dans un triangle, la droite qui passe par un sommet et par le milieu du côté opposé est une :

a. *médiatrice* ;   b. *bissectrice* ;   c. *hauteur* ;   d. *médiane*.

51 Dans un triangle, la droite qui passe par un sommet et qui est perpendiculaire au côté opposé est une :

a. *médiatrice* ;   b. *bissectrice* ;   c. *hauteur* ;   d. *médiane*.

52 On considère la figure ci-contre dans laquelle :
• A appartient à la médiatrice de $[RS]$;
• I appartient au cercle de diamètre $[RS]$ et de centre O ;
• T est le symétrique de R par rapport à I.

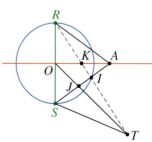

a. K est le centre du cercle inscrit dans le triangle RAS ;

b. A est le centre du cercle circonscrit au triangle RST ;

c. K est l'orthocentre du triangle RAS ;

d. J est le centre de gravité du triangle RST.

CONSOLIDER ET APPROFONDIR

Droites remarquables

53 **a.** Placer trois points A, H et K non alignés.
b. Construire les points B et C de façon que H et K soient les pieds respectifs des hauteurs issues de B et de C dans le triangle ABC.

54 **1. a.** Tracer un triangle ABC.
b. Tracer les hauteurs $[BH]$ et $[CK]$; celles-ci se coupent en I.
c. Soit M le milieu du segment $[AB]$ et N celui de $[AC]$. Démontrer que les droites (MN) et (AI) sont perpendiculaires.
2. Soit O le milieu de $[BC]$. Répondre aux questions suivantes en justifiant les réponses.
a. Quelle est la nature du triangle KOB ?
b. Quels sont les points d'intersection du cercle de diamètre $[BC]$ avec les droites (AB) et (AC) ?

55 **a.** Réaliser un dessin à main levée illustrant la situation suivante :
• ABC est un triangle ;
• I est le milieu du segment $[BC]$;
• J est le milieu de $[AC]$;
• $AB = 6$ cm et $BJ = 7,2$ cm ;
• les droites (BJ) et (AI) se coupent perpendiculairement en O.
b. Calculer BO, AO, AI et CO.

56 Construire un triangle ABC tel que :
$BC = 7$ cm, $CC' = 9$ cm et $BB' = 6$ cm.
(B' est le milieu du segment $[AC]$ et C' celui de $[AB]$.)
Coup de pouce : construire le triangle BCG, où G est le ... de ... du triangle ABC.

57 On considère la figure ci-contre dans laquelle (AI) est la bissectrice de l'angle $\widehat{BAC}$. Calculer la mesure de l'angle $\widehat{IBA}$.

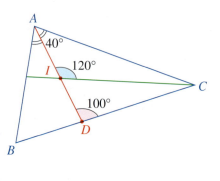

58 **1.** Tracer deux cercles $\mathcal{C}$ et $\mathcal{C}'$, de centres respectifs O et O', et sécants en A et B.
La droite (OA) recoupe $\mathcal{C}$ en P et $\mathcal{C}'$ en R.
La droite $(O'A)$ recoupe $\mathcal{C}'$ en Q et $\mathcal{C}$ en S.
2. Démontrer que :
a. les points P, B et Q sont alignés ;
b. les points P, Q, R et S sont cocycliques.
3. Construire le centre de ce cercle, en utilisant uniquement une règle.
Coup pouce : centre de gravité.
4. Démontrer que les droites (PS), (AB) et (QR) sont concourantes.

59 **1. a.** Tracer un segment $[BC]$ tel que : $BC = 15$ cm.
Placer un point A tel que :
$AB = 9$ cm et $AC = 12$ cm.
b. Démontrer que ABC est un triangle rectangle.
2. a. Placer le milieu M de $[BC]$.
Tracer le cercle de diamètre $[AB]$.
Ce cercle recoupe le segment $[BC]$ en D et le segment $[AM]$ en E.
b. Démontrer que les triangles ABD et ABE sont rectangles.
3. a. Construire le point F, symétrique du point E par rapport au point M.
b. Démontrer que le quadrilatère $BECF$ est un parallélogramme.
c. En déduire que les droites (BE) et (CF) sont parallèles, et que les droites (AF) et (CF) sont perpendiculaires.
4. Soit H le point d'intersection de (AD) et (BE). Soit K le point d'intersection des droites (AD) et (CF).
a. Que représentent les droites (AD) et (BE) pour le triangle ABM ?
En déduire que les droites (HM) et (AB) sont perpendiculaires.
Démontrer de même que les droites (KM) et (AC) sont perpendiculaires.
b. On appelle I le point d'intersection des droites (AB) et (MH). On appelle J le point d'intersection des droites (AC) et (KM).
Démontrer que le quadrilatère $AIMJ$ est un rectangle.
c. En déduire que le triangle HMK est rectangle.

CONSOLIDER ET APPROFONDIR

Angle inscrit

60 **a.** Tracer un cercle de centre O et de rayon 5 cm.

b. Placer trois points D, I et E sur le cercle tels que $\widehat{DIE} = 50°$.

c. Calculer la longueur DE, arrondie au dixième de centimètre.

61 **a.** Relier chaque angle à sa mesure en degrés.
Justifier les réponses.

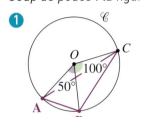

$\widehat{UOT}$	•	• 35°
$\widehat{SUT}$	•	• 80°
$\widehat{TOS}$	•	• 70°

b. Déduire du **a.** que le segment $[UR]$ est un diamètre du cercle.

62 Sachant que :
$\widehat{ABC} = 3x$
et $\widehat{AOC} = x + 50$,
quelle est la nature la plus précise possible du triangle AOC ?
Justifier la réponse.

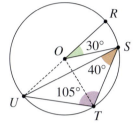

63 $[AB]$ est un diamètre du cercle de centre O. On donne :
• $AB = 8$ cm ; • $BD = 3$ cm ;
• $\widehat{BOC} = 50°$.

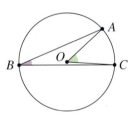

1. a. Quelle est la mesure de l'angle $\widehat{BAC}$?

b. Calculer les longueurs BC et AC arrondies au dixième.

2. Calculer la mesure de l'angle $\widehat{BAD}$ arrondie au degré. En déduire celle de l'angle $\widehat{BOD}$.

64 **1. a.** Tracer un cercle de centre O.

b. Placer deux points A et B sur le cercle.

c. Construire la bissectrice de l'angle $\widehat{AOB}$; elle coupe le petit arc de cercle $\overset{\frown}{AB}$ en M.

d. Placer un point C sur le grand arc de cercle $\overset{\frown}{AB}$.

2. Démontrer que la demi-droite $[CM)$ est la bissectrice de l'angle $\widehat{ACB}$.

65 Calculer les mesures des trois angles du triangle ABC de la figure ❶ ci-dessous.
Coup de pouce : la figure ❷.

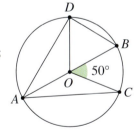

66 Sachant que les points E, H, F, G, O appartiennent au cercle de centre I :

a. démontrer que $[OH)$ et $[OF)$ sont les bissectrices respectives des angles $\widehat{EOF}$ et $\widehat{HOG}$;

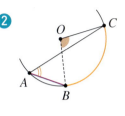

b. démontrer que $\widehat{EOG} = 135°$.

67 Dans la figure ci-contre : O est le centre du cercle, $ON = 3$ cm et $OH = 2$ cm.
Calculer les arrondis au dixième des mesures des angles $\widehat{HON}$ et $\widehat{MLN}$.

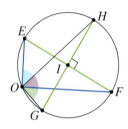

68 **1. a.** Tracer un cercle de centre O et de rayon 4 cm.

b. Sur ce cercle, placer trois points R, S et T tels que $\widehat{RST} = 30°$. Soit U le symétrique du point T par rapport au point O.

2. Préciser, en justifiant les réponses :

a. la nature du triangle RTU ;

b. la mesure de ses angles aigus ;

c. la valeur exacte de son périmètre.

69 Soit un triangle ABC inscrit dans un cercle $\mathscr{C}$. Soit I le pied de la hauteur issue de A et J celui de la hauteur issue de C.
Soit H l'orthocentre du triangle ABC et D le deuxième point d'intersection de la droite (AH) et du cercle.

1. Démontrer que : **a.** $\widehat{BAD} = \widehat{BCD}$; **b.** $\widehat{BAD} = \widehat{HCB}$;

c. (BC) est la bissectrice de l'angle $\widehat{HCD}$.

2. En déduire que le symétrique de l'orthocentre par rapport à la droite (BC) est sur le cercle $\mathscr{C}$.

CONSOLIDER ET APPROFONDIR

Pour débattre en classe

70 Répondre par VRAI ou FAUX à chacune des affirmations suivantes et justifier la réponse.

a) À l'intérieur d'un triangle, il existe un seul point à égale distance des côtés.

b) Si H est l'orthocentre d'un triangle ABC, alors C est l'orthocentre du triangle ABH.

c) Le cercle inscrit et le cercle circonscrit à un triangle ne sont jamais concentriques.

d) Si le centre de gravité d'un triangle est sur une hauteur, alors le triangle est équilatéral.

e) Deux angles à côtés respectivement parallèles sont de même amplitude.

f) Les angles 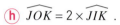 interceptent le même arc de cercle.

g) $\widehat{JOK}$ est un angle inscrit dans le cercle de centre O.

h)

i) $\widehat{JLK} = \widehat{JIK} = \frac{1}{2}\widehat{JOK}$.

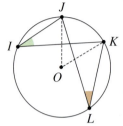

j) Deux angles ayant même amplitude sont des angles à côtés parallèles.

Angles à côtés parallèles et à côtés perpendiculaires

71 On considère deux angles aigus $\widehat{A}$ et $\widehat{B}$ à côtés respectivement parallèles.

a. Construire les bissectrices des angles $\widehat{A}$ et $\widehat{B}$.

b. Que peut-on dire de ces deux bissectrices ? Justifier.

72 On considère deux angles aigus $\widehat{A}$ et $\widehat{B}$ à côtés respectivement perpendiculaires.

a. Construire les bissectrices des angles $\widehat{A}$ et $\widehat{B}$.

b. Que peut-on dire de ces deux bissectrices ? Justifier.

73 On considère un angle aigu $\widehat{A}$ et un angle obtus $\widehat{B}$ à côtés respectivement parallèles.

a. Construire les bissectrices des angles $\widehat{A}$ et $\widehat{B}$.

b. Que peut-on dire de ces deux bissectrices ? Justifier.

74 On considère un angle aigu $\widehat{A}$ et un angle obtus $\widehat{B}$ à côtés respectivement perpendiculaires.

a. Construire les bissectrices des angles $\widehat{A}$ et $\widehat{B}$.

b. Que peut-on dire de ces deux bissectrices ? Justifier.

75 Le triangle ABC est rectangle en A. Le point A' est le milieu de l'hypoténuse $[BC]$. Le point H est le pied de la hauteur issue de A.

a. Démontrer que : $\widehat{HAA'} = \widehat{ABC} - \widehat{ACB}$.

b. Démontrer que les angles $\widehat{BAC}$ et $\widehat{HAA'}$ ont la même bissectrice.

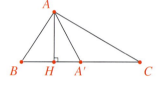

Problèmes d'angles

76 Les deux cercles $\mathscr{C}$ et $\mathscr{C}'$ sont tangents en A.
M est un point de $\mathscr{C}$ et N un point de $\mathscr{C}'$.
Deux droites sécantes en A coupent les cercles en E, E' et F, F'.

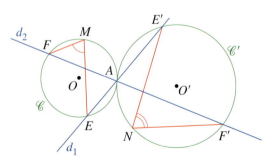

Comparer les angles $\widehat{FME}$ et $\widehat{E'NF'}$.

77 Soit ABC un triangle, dont le cercle circonscrit a pour centre O et pour rayon R. On donne $\widehat{BAC} = 45°$.
Montrer que $BC = R\sqrt{2}$.

CONSOLIDER ET APPROFONDIR

78 Deux droites sécantes (AM) et (BN) sont respectivement perpendiculaires à deux droites sécantes (BM) et (AN).
Montrer que $\widehat{MAN} = \widehat{MBN}$.

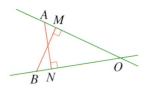

79 Un triangle BAC est rectangle en A.
Le point I est le milieu de $[BC]$ et H est le pied de la hauteur issue de A.

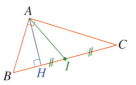

1. Montrer que $\widehat{BAH} = \widehat{ACH}$.
2. Quelle est la nature du triangle AIC ?
3. En déduire que les angles $\widehat{BAC}$ et $\widehat{HAI}$ ont la même bissectrice.

80 $[AB]$ et $[CD]$ sont deux cordes perpendiculaires d'un même cercle $\mathscr{C}$, sécantes en I.
K est le milieu de $[BD]$.
1. Quelle est la nature des triangles BKI et DKI ?
2. Montrer que la droite (IK) est perpendiculaire à (AC).

81 Dans la figure ci-contre, calculer les angles du quadrilatère $ABCD$.

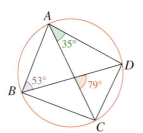

82 Tracer un cercle de centre O.
Placer trois points A, B et C sur ce cercle tels que O et C soient du même côté de la droite (AB).
Construire la droite a tangente au cercle en A et la droite b tangente au cercle en B. Noter M le point d'intersection des droites a et b.
Déterminer l'amplitude des angles $\widehat{BAM}$, $\widehat{ABM}$ et $\widehat{AMB}$ si $\widehat{ACB} = x$.

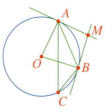

83 Un problème de construction
On se donne un cercle $\mathscr{C}$ de centre O et un point M extérieur à ce cercle.
Il existe deux tangentes au cercle $\mathscr{C}$ passant par M.
On note A et B les points de contact de ces tangentes avec le cercle $\mathscr{C}$.

a. Recopier et compléter.
Les triangles MAO et MBO sont rectangles car ... .
Les points A et B appartiennent donc au cercle de diamètre $[OM]$ car ... .
b. Rédiger le programme de construction des deux tangentes.

84 $\mathscr{C}$ est un cercle de centre O, et M un point extérieur au cercle.
Les deux tangentes au cercle $\mathscr{C}$ issues de M coupent $\mathscr{C}$ en A et B.
a. En utilisant le théorème de Pythagore, démontrer que le triangle MAB est isocèle en M.
b. En s'inspirant de l'exercice 82, démontrer d'une autre manière que le triangle MAB est isocèle.
c. Justifier que la droite (OM) est la médiatrice de $[AB]$ et la bissectrice de $\widehat{AMB}$.
d. Construire le point H, symétrique de O par rapport à (AB). Que représente le point O pour le triangle AMB ?
e. Soit E le milieu du segment $[OM]$. Que représente E pour le triangle AMB ?

85 A et B sont deux points d'un cercle $\mathscr{C}$, et M un point extérieur au cercle, situé dans le demi-plan $\mathscr{P}_1$ contenant le grand arc $\widehat{AB}$.
La droite (MA) recoupe le cercle en P.
On pose $\widehat{APB} = \alpha$.

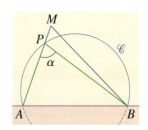

1. Montrer que $\widehat{AMB} = \alpha - \widehat{PBM}$.
En déduire que si M est un point de $\mathscr{P}_1$ extérieur au cercle, alors $\widehat{AMB} < \alpha$.
2. En utilisant la même démarche, montrer que si M est un point de $\mathscr{P}_1$ intérieur au cercle, alors $\widehat{AMB} > \alpha$.
3. **Conclusion.** Quel est l'ensemble des points du demi-plan $\mathscr{P}_1$ tels que $\widehat{ABM} = \alpha$?

MATHS-MAGAZINE

NOMBRE D'OR ET ANGLE INSCRIT

Dans le livre IV de ses *Éléments* qui traite de l'inscription dans le cercle et de la circonscription des polygones réguliers, Euclide étudie des triangles isocèles particuliers qui ont « chacun des angles de la base double de l'angle restant ».
Dans le triangle isocèle de sommet A, l'angle $\hat{A}$ vaut 36° et les angles $\widehat{ABC}$ et $\widehat{BCA}$ 72°.
Un calcul d'angles permet d'affirmer que les triangles BDA, CBD et CDE sont isocèles.
On peut vérifier que si la distance BC vaut l'unité, les distances BD et AB valent aussi 1.
Les distances BE, DE et DC valent alors $x - 1$ et EC vaut $2 - x$.
Les droites AB et DE étant parallèles, on a : $\dfrac{CE}{BC} = \dfrac{CD}{AC}$ et donc $\dfrac{2-x}{1} = \dfrac{x-1}{x}$.

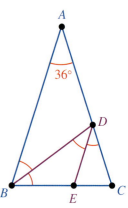

Cette proportion donne l'équation $x^2 = x + 1$, dont une des solutions est $\dfrac{1+\sqrt{5}}{2} = \Phi$, le Nombre d'Or !

Le triangle isocèle BAC tel que $\dfrac{AB}{BC} = \Phi$ est appelé triangle d'or.

CONSTRUCTION À LA RÈGLE ET AU COMPAS D'UN TRIANGLE D'OR

Construire deux côtés $[AD]$ et $[DC]$ d'un triangle d'or ADC tels que $\dfrac{AD}{DC} = \Phi$ en utilisant la construction d'une section dorée.

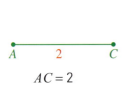
$AC = 2$

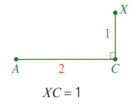
$XC = 1$

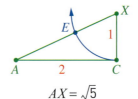
$AX = \sqrt{5}$

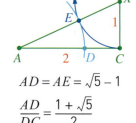
$AD = AE = \sqrt{5} - 1$
$\dfrac{AD}{DC} = \dfrac{1+\sqrt{5}}{2}$

On peut alors facilement construire un triangle d'or.

CONSTRUCTION À LA RÈGLE ET AU COMPAS D'UN PENTAGONE RÉGULIER

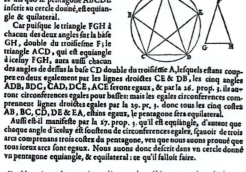

Construire un triangle d'or ADC et son cercle circonscrit. Les bissectrices des angles $\widehat{ACD}$ et $\widehat{ADC}$ coupent le cercle en E et B. Le polygone $ABCDE$ est un pentagone régulier.

Les propriétés des angles inscrits permettent de démontrer que le pentagone est régulier.

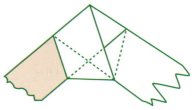

Avec une bandelette de papier

D. Henrion, *Les quinze livres des éléments géométriques d'Euclide*, 1632 (trouvé sur http://gallica.bnf.fr)

TRANSFORMATIONS ET TRIANGLES

CHAPITRE 10

Le joueur doit essayer de frapper la boule blanche après avoir fait rebondir la boule rouge sur deux côtés du billard. Dans quelle direction doit-il envoyer la boule ?

Dans la figure ci-contre, le triangle ABC est équilatéral, de centre O.

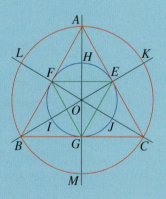

QCM

Pour chaque question, indiquer la réponse exacte (ou les réponses exactes).

		A	B	C
1	La translation qui applique F sur E transforme la droite (AB) en :	(AC)	(BE)	(GE)
2	La symétrie axiale qui transforme le segment $[AG]$ en $[CF]$ a pour axe :	(AF)	(OB)	(EF)
3	La rotation d'angle $-60°$ qui transforme le point F en E a pour centre :	A	G	O
4	L'image de la droite (BE) est la droite (BE) elle-même, par :	la rotation de centre O et d'angle $60°$	la symétrie de centre A	la translation qui transforme E en O.

85

DE QUOI S'AGIT-IL ?

Comment déterminer l'image d'une figure par une isométrie ?

1. Reconnaissance d'images

La figure ci-contre est composée d'un carré $ABCD$ de centre O et de quatre triangles équilatéraux.

Déterminer :

a. les images des points B, C et H par la symétrie d'axe (OA) ;

b. l'image du triangle BCG par la symétrie de centre O ;

c. l'image du segment $[GC]$ par la translation qui applique C sur E ;

d. les images des points B et H par la rotation de centre C et d'angle 60° dans le sens direct (c'est-à-dire le sens contraire des aiguilles d'une montre).

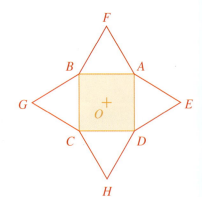

2. Images d'un triangle

Reproduire sur un papier quadrillé le triangle ABC ci-contre :
I et J sont les milieux respectifs des côtés $[BC]$ et $[AC]$; G est le centre de gravité du triangle ABC.

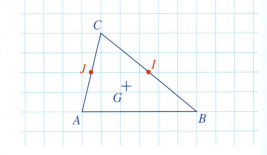

1. Construire les triangles suivants :

a. $A_1B_1C_1$ image du triangle ABC par la translation qui transforme le point I en J ;

b. $A_2B_2C_2$ image du triangle ABC par la symétrie d'axe (AB) ;

c. $A_3B_3C_3$ image du triangle ABC par la symétrie de centre G ;

d. $A_4B_4C_4$ image du triangle ABC par la rotation de centre C et d'angle 90° dans le sens direct.

2. Le triangle ABC est direct (c'est-à-dire que le parcours $A \to B \to C \to A$ s'effectue dans le sens direct).
Parmi tous les triangles construits précédemment, quels sont ceux qui sont aussi dans le sens direct ?

DE QUOI S'AGIT-IL ?
Quels sont les invariants d'une transformation ?

3. Triangle et symétrie axiale

ABC est un triangle rectangle en B, avec $AB = 2$ et $BC = 3$.
d est une droite passant par B.
A' et C' sont les symétriques de A et C par rapport à d.
I et J sont les milieux respectifs des segments $[AA']$ et $[CC']$.

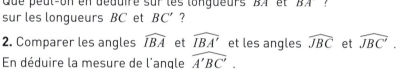

1. Quel est le symétrique de B par rapport à d ?
Quelle est la médiatrice des segments $[AA']$ et $[CC']$?
Que peut-on en déduire sur les longueurs BA et BA' ?
sur les longueurs BC et BC' ?

2. Comparer les angles $\widehat{IBA}$ et $\widehat{IBA'}$ et les angles $\widehat{JBC}$ et $\widehat{JBC'}$.
En déduire la mesure de l'angle $\widehat{A'BC'}$.

3. Calculer les longueurs AC et $A'C'$. Comparer les résultats obtenus.
Que peut-on dire des côtés des triangles ABC et $A'BC'$?

4. En utilisant la trigonométrie, calculer $\sin\widehat{ACB}$ et $\sin\widehat{A'C'B}$.
Que peut-on en déduire sur les angles des triangles ABC et $A'BC'$?

4. Image d'une figure par une autre transformation

À construire, de préférence, à l'aide d'un logiciel de construction.

1. Tracer deux droites perpendiculaires a et b. Tracer un cercle C de centre O, point d'intersection des droites a et b. Ce cercle est partagé en quatre quadrants. Placer un point A sur le cercle dans le premier quadrant (supérieur droit).

2. Par construction, placer le point B tel que les segments $[OA]$ et $[OB]$ soient perpendiculaires et B un point du cercle dans le deuxième quadrant (supérieur gauche).

3. Construire les projetés A_1 et B_1 des points A et B par la projection orthogonale sur la droite a.

4. Construire les projetés A_2 et B_2 des points A et B par la projection orthogonale sur la droite b.

5. Bouger les points A et B sur le cercle C et observer ce que devient l'image du triangle AOB par la projection orthogonale sur a puis par la projection orthogonale sur b.
Par la projection orthogonale sur a, que peut-on dire de :
– l'image du segment $[OA]$;
– l'image du triangle rectangle AOB ;
– l'image de l'angle $\widehat{AOB}$;
– l'image du cercle C ?
Les invariants des isométries sont-ils aussi des invariants pour la projection orthogonale ?

DE QUOI S'AGIT-IL ?

Comment construire ou identifier des figures superposables ?

5. Passer d'une figure à une figure superposable

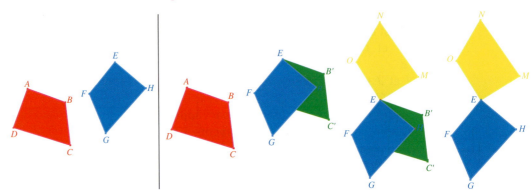

Comment passer du quadrilatère ABCD au quadrilatère EFGH ?
Recopier et compléter :

1. Le quadrilatère *ABCD* a pour image le quadrilatère *EB'C'D'* par … .
Le quadrilatère *EB'C'D'* a pour image le quadrilatère *EMNO* par … .
On dit que les quadrilatères *ABCD* et *EMNO* sont **isométriques**.

2. Le quadrilatère *EMNO* a pour image le quadrilatère *EFGH* par … .
Les quadrilatères *ABCD*, *EB'C'D'*, *EMNO* et *EFGH* sont … .
Ils sont images l'un de l'autre par une … ou par la **composée** de plusieurs … .

> On appelle **côtés homologues** les côtés images l'un de l'autre. Ces côtés sont de même longueur puisqu'ils sont isométriques. De même, on appelle **angles homologues** les angles qui sont images l'un de l'autre par une isométrie ou une composée d'isométries. Ils sont de même amplitude.

Les figures … sont superposables par une … .

Information : Si le quadrilatère *EMNO* est l'image du quadrilatère *ABCD* par la composée de la translation *t* donnée et de la rotation *r* donnée, on écrit : r o t (*ABCD*) = *EMNO*. « r o t » se lit de droite à gauche « *t* **rond** *r* ».

6. Triangles isométriques et constructions…

Construire un triangle *MNP* isométrique à chacun des triangles *ABC* ci-dessous.
Dans les quatre cas proposés, préciser si le nombre d'informations données est insuffisant (I), suffisant (S) ou excessif (E).

N°	AB	AC	BC	$\widehat{A}$	$\widehat{B}$	$\widehat{C}$	I ? S ? E ?
1	7,5	3	6	50°	22°	108°	
2	5	8		25°			
3	4		6	81°			
4	4		6		57°		

Déterminer quelles sont les informations nécessaires et suffisantes pour construire un triangle isométrique à un triangle donné.

Ces critères sont appelés « **cas d'isométrie des triangles** » .

DE QUOI S'AGIT-IL ?

Comment construire ou identifier des figures semblables ?

7. Figures semblables

a. Chercher l'intrus et justifier :

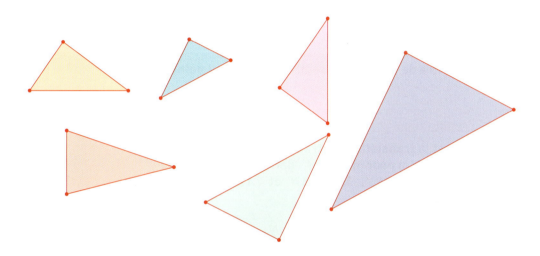

b. Reproduire la figure $ABCDE$ ci-contre sachant que $BCDE$ et $ABOE$ sont des carrés, et $CD = 6$ cm. Construire une réduction $MNPQR$ de cette figure avec :

$$OM = \frac{2}{3} OA \quad \text{et } M \text{ est un point de } [AO].$$

Sachant que $AB = a$, que valent le périmètre et l'aire des figures $ABCDE$ et $MNPQR$?

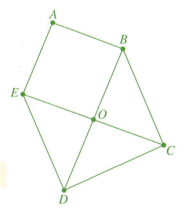

On dit que les figures $ABCDE$ et $MNPQR$ sont **semblables**.

Compléter :
Deux polygones sont semblables lorsqu'ils ont :
– le même nombre de ... ;
– leurs côtés respectifs de ... ;
– leurs angles deux à deux de ... .

Pour construire deux triangles isométriques, on a eu besoin de certaines informations concernant les côtés et les angles ... ce qui a donné ce que nous avons appelé « les cas d'isométrie des triangles ». Qu'en est-il pour construire deux triangles semblables ?

On parle alors de « cas de similitude des triangles ». Énoncer ces cas de similitude.

RETENIR

1. Transformations : les définitions

Symétrie centrale

O est un point fixé.
Le point M a pour image M' par la symétrie de centre O, si O est le milieu de $[MM']$.

$$\text{Si} \quad M \xmapsto{S_O} M' \quad \text{et} \quad N \xmapsto{S_O} N',$$

alors $MNM'N'$ est un parallélogramme, donc les droites (MN) et $(M'N')$ sont parallèles.
Le centre de la symétrie centrale est le seul point invariant.

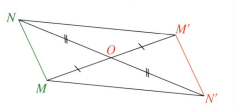

Translation

$t_{\overrightarrow{AB}}$ est la translation qui transforme A et B.
Le point M a pour image M' par la translation $t_{\overrightarrow{AB}}$, si $(MM') // (AB)$, $MM' = AB$ et $[AB]$ et $[MM']$ sont de même sens.

$$\text{Si} \quad M \xmapsto{t_{\overrightarrow{AB}}} M' \quad \text{et} \quad N \xmapsto{t_{\overrightarrow{AB}}} N',$$

alors $MNN'M'$ est un parallélogramme, donc les droites (MN) et $(M'N')$ sont parallèles.
Si $A \neq B$, aucun point n'est invariant.

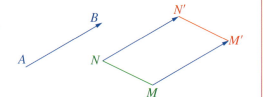

Symétrie axiale

d est une droite fixée.
Soit le point M n'appartenant pas à la droite d. M a pour image M' par la symétrie d'axe d, si d est la médiatrice de $[MM']$.

$$\text{Si} \quad M \xmapsto{s_d} M' \quad \text{et} \quad N \xmapsto{s_d} N',$$

alors $MNN'M'$ est un trapèze isocèle.
Les droites (MN) et $(M'N')$ se coupent en un point de l'axe d.
Tous les points de l'axe de symétrie sont invariants.

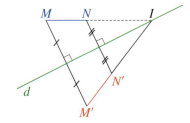

Rotation

On appelle **sens direct** le sens contraire à celui des aiguilles d'une montre.
O est un point fixé. Soit un point M distinct de O.
M a pour image M' par la rotation de centre O et d'angle direct α, noté $R_{O, \alpha}$, si :

$$OM = OM', \quad \widehat{MOM'} = \alpha$$

et OMM' est un triangle direct
Le centre de la rotation est le seul point invariant.

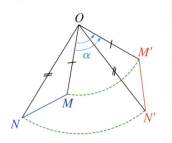

Remarque : On définit de façon analogue une rotation d'angle indirect.

METTRE EN PRATIQUE

Comment reconnaître des configurations liées aux transformations ?

Énoncé Dans la figure ci-contre :
- les points C et D sont les symétriques de A et B par rapport à K ;
- le point E est le symétrique de A par rapport à (KL) ;
- le point F est l'image de A par la translation $t_{\overrightarrow{LK}}$.

Déterminer, en justifiant chaque réponse, la nature :
a. du triangle KAE ; **b.** des quadrilatères $ABCD$, $AFKL$ et $AECF$.

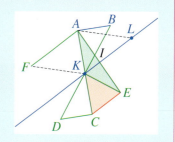

Solution

a. • Le point E est le symétrique de A par rapport à la droite (KL), donc (KL) est la médiatrice de $[AE]$.
Le point K est donc équidistant de A et de E :

> le triangle KAE est isocèle en K.

b. • Le point K est le milieu des segments $[AC]$ et $[BD]$, donc le quadrilatère

> $ABCD$ est un **parallélogramme** de centre K.

• Le point F est l'image de A par la translation $t_{\overrightarrow{LK}}$, donc :
$$(AF) \parallel (LK) \quad \text{et} \quad AF = LK.$$

> Le quadrilatère $ALKF$ est donc un **parallélogramme**.

• Enfin, les droites (AF) et (CE) étant parallèles :

> le quadrilatère $AECF$ est un **trapèze**.

Commentaires

Utiliser avec soin la définition précise de chaque transformation pour déterminer la nature d'un triangle ou d'un quadrilatère.
Associer triangle isocèle et symétrie axiale.

Associer parallélogramme, symétrie centrale et translations.

Comment utiliser une transformation ?

Énoncé Dans la figure ❶, $BECD$ et $BFCG$ sont des parallélogrammes. Dans la figure ❷, les trois triangles sont équilatéraux.
Déterminer dans chaque cas une transformation où le point B a pour image C, le point D a pour image E et le point F a pour image G.

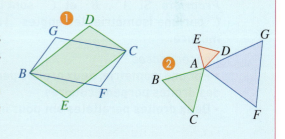

Solution

❶ Soit O le centre du parallélogramme $BECD$.
Le point O est le milieu des deux diagonales $[BC]$ et $[DE]$. Comme $BFCG$ est aussi un parallélogramme, O est également milieu de $[FG]$.
Donc la **symétrie de centre O** transforme B en C, D en E et F en G.

❷ Le triangle ADE est équilatéral, donc $AD = AE$ et $\widehat{DAE} = 60°$.
La rotation de centre A et d'angle 60° (sens direct) transforme donc D en E.
Par le même raisonnement, on prouve que le point B a pour image C et le point F a pour image G.

Commentaires

Chaque transformation est associée à une configuration :
- parallélogramme pour les symétries centrales et les translations ;
- trapèze isocèle pour les symétries axiales ;
- triangles isocèles pour les rotations.

CHAPITRE **10** TRANSFORMATIONS ET TRIANGLES

RETENIR

■ 2. Transformations : définition et propriétés

Définition

Une isométrie est une transformation du plan qui conserve les mesures de longueurs.

Conséquence :
Les longueurs étant conservées, les aires le sont également.

Les symétries orthogonales, les symétries centrales, les translations, les rotations sont des isométries. Si l'on combine à la suite l'une de l'autre plusieurs de ces transformations, on parle de **composée** de plusieurs transformations.

Conservation de l'alignement

Propriété : Si A, B et C sont trois points alignés, alors leurs images A', B' et C' par une isométrie le sont aussi.

Conséquences :
L'image du segment $[AB]$ est le segment $[A'B']$.
L'image de la droite (AB) est la droite $(A'B')$.
L'image du milieu I du segment $[AB]$ est le point I', milieu du segment image $[A'B']$.

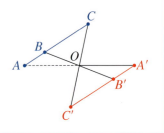

Conservation de la mesure des angles

Propriété : Si A', B' et C' sont les images des points A, B et C par une isométrie, les angles $\widehat{ABC}$ et $\widehat{A'B'C'}$ sont de même mesure.

Conséquences :
• Par une isométrie, deux droites perpendiculaires ont pour images des droites perpendiculaires.
• Deux droites parallèles ont pour images des droites parallèles.

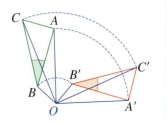

Remarque : Le sens des angles (direct ou indirect) est conservé pour les symétries centrales, les translations et les rotations. En revanche, il est inversé pour les symétries axiales.

Image d'un cercle par une isométrie

Propriété : L'image d'un cercle de centre O et de rayon r par une isométrie est le cercle de centre O', image de O par l'isométrie, et de même rayon r.

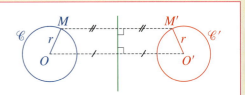

METTRE EN PRATIQUE

Comment montrer que deux segments sont de même longueur ?

Énoncé

ABC est un triangle quelconque.
À l'extérieur de ce triangle, on construit les triangles BAB' et CAC', isocèles et rectangles en A.
Montrer que $B'C = BC'$.

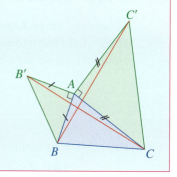

Solution

La rotation R de centre A et d'angle 90° (sens direct) transforme B' en B puisque :
$$AB' = AB \quad \text{et} \quad \widehat{B'AB} = 90°.$$
De même, elle transforme C en C'.

Ainsi, $[B'C] \overset{R}{\mapsto} [BC']$. Comme cette rotation est une isométrie, les segments $[B'C]$ et $[BC']$ sont de même longueur.

Commentaires

Pour montrer l'égalité $MN = PQ$, on peut chercher une isométrie qui transforme $[MN]$ en $[PQ]$.

Comment montrer un alignement ?

Énoncé d est une droite ; A et B sont deux points non situés sur cette droite.
E, F et G sont trois points quelconques de d.
On construit les parallélogrammes $ABEP$, $ABFQ$ et $ABGR$.
Montrer que les points P, Q et R sont alignés.

Solution

$ABEP$ est un parallélogramme, donc le point P est l'image du point E par la translation qui applique B en A.
De la même façon, on montre que les points Q et R sont les images de F et de G par cette même translation.
Comme cette translation conserve l'alignement, et que les points E, F et G sont alignés,
alors les points P, Q et R sont alignés.

Commentaires

Pour montrer que trois points sont alignés, on peut trouver que ce sont les images par une isométrie de trois points alignés.

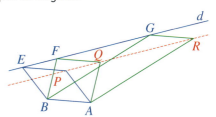

CHAPITRE **10** TRANSFORMATIONS ET TRIANGLES

RETENIR

■ 3. Figures, triangles isométriques

Définition

> Deux figures sont isométriques si elles sont superposables par une isométrie.

On appelle **côtés homologues**, **angles homologues** et **sommets homologues**, les côtés, les angles et les sommets qui se superposent.

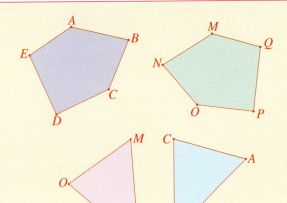

Les côtés homologues sont de même longueur :
$$AB = MN \ ; \ BC = NO \ ; \ CA = OM.$$
Les angles homologues sont de même amplitude :
$$\widehat{A} = \widehat{M} \ ; \ \widehat{B} = \widehat{N} \ ; \ \widehat{C} = \widehat{O}.$$
On écrit : $ABCDE$ iso $MNOPQ$.

Cas particulier

Deux triangles sont isométriques lorsqu'ils sont image l'un de l'autre par une isométrie.

Triangles : cas d'isométrie (théorèmes de caractérisation)

❶ Deux triangles sont isométriques si leurs côtés sont deux à deux de même longueur.

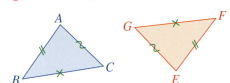

$$\left. \begin{array}{l} AB = EF \\ AC = EG \\ BC = FG \end{array} \right\} \Rightarrow ABC \text{ iso } EFG.$$

❷ Deux triangles sont isométriques s'ils ont un angle de même amplitude compris entre deux côtés respectivement de même longueur.

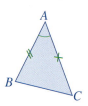 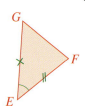

$$\left. \begin{array}{l} AB = EF \\ AC = EG \\ \widehat{BAC} = \widehat{FEG} \end{array} \right\} \Rightarrow ABC \text{ iso } EFG.$$

❸ Deux triangles sont isométriques s'ils ont un côté de même longueur compris entre deux angles respectivement de même amplitude.

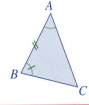 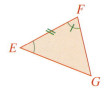

$$\left. \begin{array}{l} AB = EF \\ \widehat{BAC} = \widehat{FEG} \\ \widehat{ABC} = \widehat{EFG} \end{array} \right\} \Rightarrow ABC \text{ iso } EFG.$$

Remarque : Dans le théorème ❷, la position de l'angle entre les deux côtés est essentielle. Le théorème est faux si cette hypothèse n'est pas vérifiée.
Dans le théorème ❸, la situation est différente, car si $\widehat{A} = \widehat{E}$ et $\widehat{B} = \widehat{F}$, on a $\widehat{C} = \widehat{G}$.
La position du côté n'a pas d'importance.

METTRE EN PRATIQUE

Comment utiliser les cas d'isométrie ?

Énoncé ABC est un triangle rectangle et isocèle en A.
Le point I est le milieu du segment $[BC]$.
M est un point du segment $[AB]$, et N un point du segment $[AC]$ tels que $AM = NC$.

1. Montrer que les triangles IAM et ICN sont isométriques.
2. En déduire que le triangle MIN est isocèle rectangle.

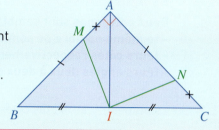

Solution

Puisque le triangle ABC est rectangle, le point I est le centre du cercle circonscrit au triangle ABC, donc $AI = IB = IC$.
Puisque le triangle ABC est isocèle, la médiane (AI) est perpendiculaire à (BC).
Ainsi les triangles IAC et IAB sont rectangles et isocèles en I.

a. On a $\begin{cases} IA = IC \\ \widehat{IAM} = \widehat{ICN} = 45° \\ AM = CN \end{cases}$, donc IAM iso ICN

car deux triangles sont isométriques s'ils ont un angle de même amplitude compris entre deux côtés respectivement de même longueur.
On peut en déduire que $IM = IN$ et que $\widehat{MIA} = \widehat{NIC}$.

D'où : $\widehat{MIN} = \widehat{MIA} + \widehat{AIN}$
$= \widehat{NIC} + \widehat{AIN}$
$= \widehat{AIC} = 90°$.

Le triangle MIN est donc isocèle et rectangle en I.

b. La rotation r de centre I et d'angle 90° dans le sens direct applique :
– I sur I ;
– C sur A car $(IA) \perp (IC)$ et $IA = IC$;
– $[CA)$ sur $[AB)$ car $\widehat{ICA} = \widehat{IAB} = 45°$;
et donc N sur M car $CN = AM$.
Le triangle ICN a pour image le triangle IAM par la rotation r.
La rotation r applique $[IN]$ sur $[IM]$,
donc $IN = IM$ et $\widehat{NIM} = 90°$.

Le triangle MIN est donc isocèle et rectangle en I.

Commentaires

Selon les données de l'énoncé (un angle ou deux, un côté ou deux...), on choisit un des trois cas d'isométrie pour montrer que deux triangles sont isométriques.
On peut ensuite en déduire des égalités d'angles ou de longueurs.

RETENIR

■ 4. Figures, triangles semblables

Définition

Deux polygones sont semblables lorsqu'ils ont :
– le même nombre de sommets ;
– leurs côtés respectivement de longueurs proportionnelles ;
– leurs angles deux à deux de même amplitude.

Les sommets A et M, les côtés $[AB]$ et $[MN]$ sont dits *homologues*.

On écrit : $\dfrac{MNOPQ}{ABCDE}$

On a : $\dfrac{MN}{AB} = \dfrac{NO}{BC} = \dfrac{OP}{CD} = \dfrac{PQ}{DE} = \dfrac{QM}{EA} = k$.

k est le rapport de similitude de $ABCDE$ à $MNOPQ$.

Cas de similitude des triangles

Si deux triangles ont un angle de même amplitude compris entre deux côtés de longueurs proportionnelles, alors ils sont semblables.

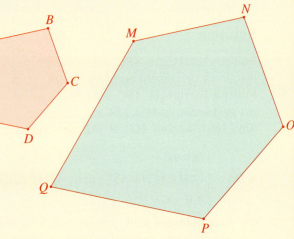

$\left.\begin{array}{l}\widehat{A} = \widehat{M} \\ \dfrac{MN}{AB} = \dfrac{MO}{AC}\end{array}\right\} \Rightarrow \dfrac{MNO}{ABC}$

Si deux triangles ont deux angles deux à deux de même amplitude, alors ils sont semblables.

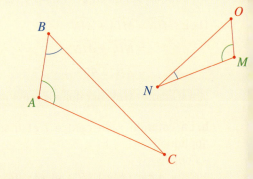

$\left.\begin{array}{l}\widehat{A} = \widehat{M} \\ \widehat{B} = \widehat{N}\end{array}\right\} \Rightarrow \dfrac{MNO}{ABC}$

Si deux triangles ont leurs côtés de longueurs proportionnelles, alors ils sont semblables.

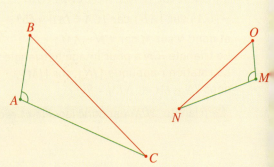

$\dfrac{MN}{AB} = \dfrac{MO}{AC} = \dfrac{NO}{BC} \Rightarrow \dfrac{MNO}{ABC}$

METTRE EN PRATIQUE

Comment démontrer que deux triangles sont semblables ?

Énoncé A, B, C et D sont quatre points d'un cercle $\mathcal{C}$.
Les cordes $[AB]$ et $[CD]$ se coupent en K.
1. Démontrer que les triangles KAC et KDB sont semblables.
2. Démontrer que $KA \times KB = KC \times KD$.

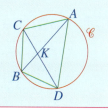

Solution

1. Les angles $\widehat{AKC}$ et $\widehat{DKB}$ sont de même amplitude, car ils sont opposés par le sommet.
Les angles $\widehat{CAB}$ et $\widehat{CDB}$ sont deux angles inscrits dans $\mathcal{C}$, qui interceptent le même arc $\overset{\frown}{BC}$; donc ils sont de même amplitude.
On a donc $\widehat{CAK} = \widehat{BDK}$.

$\begin{cases} \widehat{AKC} = \widehat{DKB} \\ \widehat{CAK} = \widehat{BDK} \end{cases}$ donc $\boxed{\dfrac{KAC}{KDB}}$ car deux triangles ayant

deux angles deux à deux de même amplitude sont semblables.

2. Comme les triangles KAC et KDB sont semblables, on a :
$$\dfrac{KA}{KD} = \dfrac{KC}{KB} = \dfrac{AC}{DB}.$$
De l'égalité des deux premiers rapports, on déduit :
$$\boxed{KA \times KB = KC \times KD}.$$

Commentaires

- Si l'on veut utiliser la définition, il faut prouver que deux angles d'un triangle sont égaux à deux angles de l'autre triangle (l'égalité du troisième angle est alors assurée).
- Penser aux théorèmes sur les angles.

- Si deux triangles sont semblables, leurs côtés sont proportionnels.
- Écrire les rapports égaux, et penser aux égalités de produits qui en découlent.

Comment démontrer des égalités d'angles ?

Énoncé Calculer les longueurs des côtés des triangles ABC et BPQ.
Les angles $\widehat{ABC}$ et $\widehat{BPQ}$ sont-ils égaux ?

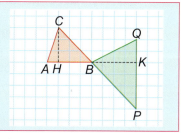

Solution

Dans le triangle ABC, on a $AB = 4$, par simple lecture.
En utilisant le théorème de Pythagore dans le triangle BHC :
$$BC^2 = BH^2 + HC^2 = 9 + 9 = 18 \text{, donc } BC = \sqrt{18} = 3\sqrt{2}.$$
De la même manière, on trouve :
$$CA = \sqrt{10}, \quad PQ = 6, \quad PB = \sqrt{32} \quad \text{et} \quad QB = \sqrt{20}.$$
On calcule alors les rapports :
$$\dfrac{PQ}{BC} = \dfrac{6}{\sqrt{18}} = \dfrac{6}{3\sqrt{2}} = \dfrac{2}{\sqrt{2}} = \sqrt{2} \;;\; \dfrac{QB}{CA} = \dfrac{\sqrt{20}}{\sqrt{10}} = \sqrt{2} \;;\; \dfrac{PB}{BA} = \dfrac{\sqrt{32}}{4} = \dfrac{4\sqrt{2}}{4} = \sqrt{2}.$$
On a $\dfrac{PQ}{BC} = \dfrac{QB}{CA} = \dfrac{PB}{BA}$, donc $\boxed{\dfrac{PQB}{BCA}}$.

Les triangles PQB et BCA sont semblables.
D'où l'égalité $\boxed{\widehat{ABC} = \widehat{BPQ}}$.

Commentaires

- Si deux triangles ont leurs côtés proportionnels, alors leurs angles sont égaux deux à deux.
L'unité est celle du quadrillage. Les points donnés sont des nœuds de ce quadrillage.

METTRE EN PRATIQUE

Utilisation des triangles isométriques :
Comment trouver l'image d'un point d'intersection ?

Énoncé $ABCD$ est un parallélogramme de centre O.
Une droite d passant par O coupe la droite (AB) en M et la droite (CD) en M'.
Montrer que le point O est le milieu de $[MM']$.

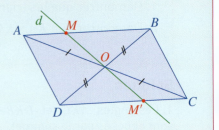

Solution

Puisque O est le centre du parallélogramme $ABCD$, la symétrie S de centre O transforme le point A en C et le point B en D.
L'image de la droite (AB) par S est donc la droite (CD).
De plus, le centre O est invariant par S.
La droite d, passant par O, a pour image une droite passant par O et parallèle à d : c'est d elle-même. La droite d est dite globalement invariante par S.
Le point M, point d'intersection des droites d et (AB), a pour image le point d'intersection des droites images d et (CD) : le point M a donc pour image M', ce qui prouve que O est le milieu du segment $[MM']$.

Commentaires

Si un point est le point d'intersection de deux droites (demi-droites, segments, cercles...), alors son image par une isométrie est le point d'intersection des images des deux droites (demi-droites, segments, cercles...).

Comment démontrer que deux droites sont perpendiculaires ?

Énoncé Deux triangles OAA' et OBB' orientés dans le même sens sont rectangles et isocèles en O.
La droite $(A'B')$ coupe (AB) en I et (OB) en K.

1. Démontrer que $\widehat{OBA} = \widehat{OB'A'}$.

2. On pose $\widehat{OBA} = \beta$. Exprimer en fonction de β les angles $\widehat{OKB'}$ et $\widehat{BKI}$. En déduire que les droites (AB) et $(A'B')$ sont perpendiculaires.

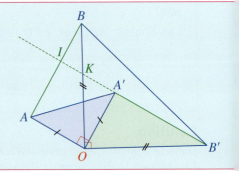

Solution

1. La rotation de centre O et d'angle 90° (sens indirect) transforme le point A en A' et le point B en B'.
Les triangles OAB et $OA'B'$ sont donc isométriques, ce qui prouve l'égalité : $\widehat{OBA} = \widehat{OB'A'}$.

2. Si $\widehat{OBA} = \beta$, alors $\widehat{OB'A'} = \beta$, d'après ce qui précède.
On en déduit que : $\widehat{B'KO} = 180° - 90° - \beta = 90° - \beta$, puisque $B'KO$ est un triangle rectangle en O. De plus, $\widehat{BKI} = 90° - \beta$, puisque les angles $\widehat{BKI}$ et $\widehat{B'KO}$ sont opposés par le sommet.
Enfin, dans le triangle BKI, on a :
$$\widehat{BIK} = 180° - \widehat{IBK} - \widehat{BKI} = 180° - \beta - (90° - \beta) = 90° ;$$
ce qui prouve que : les droites (AB) et $(A'B')$ sont perpendiculaires.

Commentaires

Pour montrer que deux angles sont égaux, il suffit de pouvoir les identifier comme des angles qui se correspondent dans deux triangles isométriques.
Comment utiliser les cas d'isométrie ?

METTRE EN PRATIQUE

Utilisation des triangles semblables :
Relations métriques dans le triangle rectangle

Énoncé

Le triangle ABC est rectangle en A. Le point H est le pied de la hauteur issue de A.

1. Démontrer que les triangles ABH, CAH et CBA sont semblables.

2. En déduire les égalités :
a. $AH^2 = BH \times CH$. **b.** $AB^2 = BH \times BC$.
c. $AC^2 = CH \times BC$.

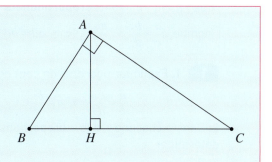

Solution

1. • Les angles $\widehat{AHB}$ et $\widehat{CHA}$ sont de même amplitude car ils sont droits.
Les angles $\widehat{BAH}$ et $\widehat{ACH}$ sont complémentaires de l'angle $\widehat{ABH}$. Ils ont donc même amplitude.
Les triangles ABH et CAH sont donc semblables.

• Les triangles ABH et CBA ont l'angle de sommet B en commun et ont chacun un angle droit.
Les triangles ABH et CBA sont donc semblables.
• De manière analogue, on démontre que les triangles CAH et CBA sont semblables.

2. a. Les triangles ABH et CAH étant semblables, on a :
$$\frac{AB}{CA} = \frac{AH}{CH} = \frac{BH}{AH}.$$
De l'égalité des deux derniers rapports, on déduit :
$$AH^2 = BH \times CH.$$

b. Les triangles ABH et CBA étant semblables, on a :
$$\frac{AB}{CB} = \frac{BH}{BA} = \frac{AH}{CA}.$$
De l'égalité des deux premiers rapports, on déduit :
$$AB^2 = BH \times BC.$$

c. Les triangles CAH et CBA étant semblables, on en déduit :
$$AC^2 = CH \times BC.$$

Commentaires

Dans le triangle rectangle ABH
$\widehat{BAH} + \widehat{ABH} = 90°$.
Dans le triangle rectangle ABC
$\widehat{ACH} + \widehat{ABH} = 90°$.

Si deux triangles ont deux angles deux à deux de même amplitude, alors ils sont semblables.

Si deux triangles sont semblables, alors les longueurs des côtés homologues sont proportionnelles.

Dans toute proportion, le produit des extrêmes est égal au produit des moyens.

Propriété

Dans tout triangle rectangle,
a. la longueur de la hauteur relative à l'hypoténuse est moyenne proportionnelle entre les longueurs des segments que cette hauteur détermine sur l'hypoténuse ;
b. la longueur de chaque côté de l'angle droit est moyenne proportionnelle entre la longueur de l'hypoténuse et la longueur de sa projection orthogonale sur l'hypoténuse.

APPLIQUER LE COURS

Proportions

Rappel
Soit quatre nombres a, b, c et d non nuls, dire que a et b sont **proportionnels** à c et d signifie : $\dfrac{a}{c}=\dfrac{b}{d}$; $\dfrac{a}{c}=\dfrac{b}{d} \Longleftrightarrow ad=bc$.

1 1. Expliquer pourquoi on peut écrire :
$$\dfrac{a}{b}=\dfrac{c}{d} \Longleftrightarrow a=\dfrac{bc}{d}.$$

2. Dans chacune des proportions suivantes, déterminer x :

a. $\dfrac{3}{x}=\dfrac{4}{5}$; **b.** $\dfrac{-2}{3}=\dfrac{x}{21}$; **c.** $\dfrac{4}{27}=\dfrac{28}{9x}$;

d. $\dfrac{x+1}{3}=\dfrac{2}{5}$; **e.** $\dfrac{\sqrt{3}}{2}=\dfrac{3}{x}$; **f.** $\dfrac{45}{x-2}=\dfrac{5}{3}$.

2 Déterminer x en fonction de a, avec $a \neq 0$:

a. $\dfrac{-5}{8}=\dfrac{x+2}{10a}$; **b.** $\dfrac{x-1}{a}=\dfrac{3a}{2}$; **c.** $\dfrac{4}{3}=\dfrac{24}{x+a}$.

3 Les nombres a et b donnés ci-dessous sont-ils proportionnels aux nombres c et d ?

1. $a=4,2$; $b=5,6$; $c=37,5$; $d=50$.
2. $a=\dfrac{2}{5}$; $b=\dfrac{4}{3}$; $c=\dfrac{3}{2}$; $d=5$.
3. $a=6\times 10^{-5}$; $b=150$; $c=2\times 10^{-3}$; $d=5\times 10^{3}$.
4. $a=1+\sqrt{2}$; $b=1$; $c=-1$; $d=1-\sqrt{2}$.

4 Un objet se déplace à la vitesse v, parcourant la distance d en un temps t.
d est exprimé en mètres (m), t en secondes (s) et v en mètres par seconde (m · s^{-1}).
La relation liant ces trois grandeurs est $v=\dfrac{d}{t}$.

a. Trouver v si l'objet parcourt 720 m en 2,4 s.
b. Trouver d si l'objet s'est déplacé durant 1 min. 56 s à une vitesse de 0,02 m · s^{-1}.
c. Si l'objet a parcouru une distance de $3 \cdot 10^{12}$ m à la vitesse de $6,3 \cdot 10^{8}$ m · s^{-1}, quelle a été la durée du trajet ?

5 **Le nombre d'or**
On appelle nombre d'or le réel $\varphi=\dfrac{1+\sqrt{5}}{2}$.

1. Montrer que les nombres 1 et φ sont proportionnels aux nombres φ et $\varphi+1$.
2. En déduire les égalités :

a. $\varphi^2=\varphi+1$; **b.** $\dfrac{1}{\varphi}=\varphi-1$.

Calculs géométriques

6 Dans les figures ci-dessous, les droites tracées en bleu sont parallèles.
Déterminer dans chaque cas la valeur de x.

a.

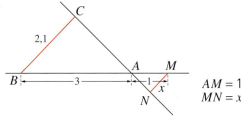

$AM=1$
$MN=x$

b.

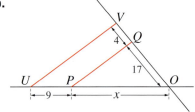

c.

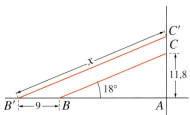

7

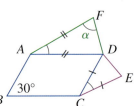

$ABCD$ étant un parallélogramme, calculer l'amplitude de l'angle $\widehat{BCE}$ en fonction de α.

8 La droite d est tangente en B au cercle de diamètre $[AB]$ et de centre O. On donne $\widehat{MAB}=\alpha$.

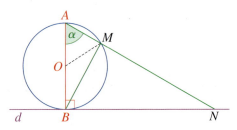

Calculer en fonction de α les angles :

$\widehat{AMO}$; $\widehat{ABM}$; $\widehat{MBN}$; $\widehat{MNB}$; $\widehat{MOB}$.

100 CHAPITRE 10 TRANSFORMATIONS ET TRIANGLES

APPLIQUER LE COURS

Transformations

9 Construire l'axe de la symétrie qui transforme le point A en C et le point B en D.
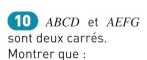
Existe-t-il une symétrie axiale qui transforme le point A en D et le point B en C ? Pourquoi ?
Combien y a-t-il de symétries qui transforment le segment $[AB]$ en $[CD]$?

10 $ABCD$ et $AEFG$ sont deux carrés.
Montrer que :
$$BE = DG.$$
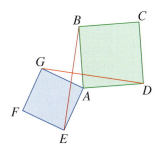

11 ABC est un triangle équilatéral.
M est un point libre du segment $[AC]$.
La parallèle à (AB) passant par M et la parallèle à (BC) passant par A se coupent en P.
Montrer que $PC = MB$.

12 Les trois carrés de cette figure ont un sommet commun A et les sommets B, E et M sont alignés.
Montrer que les points D, G et P sont alignés.

13 Dans la figure, $ABCD$ est un carré, et les triangles AEB, BCF et DGB sont équilatéraux.
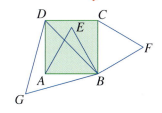
1. Montrer que les points G, A et C sont alignés.
2. En déduire que les points D, E et F sont alignés.

14 Deux cercles $\mathcal{C}$ et $\mathcal{C}'$, de centres I et J et de même rayon R, sont tangents en A.
Une droite d passant par A coupe $\mathcal{C}$ en M et $\mathcal{C}'$ en N.
Une droite d' passant par A coupe $\mathcal{C}$ en P et $\mathcal{C}'$ en Q.
On note S_A la symétrie de centre A.

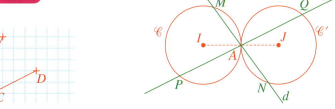

1. Quelles sont les images par S_A du point I ? du cercle $\mathcal{C}$? des droites d et d' ?

2. Déterminer les images par S_A des points M et P. En déduire la nature du quadrilatère $MPNQ$.

15 $ABCD$ est un carré de centre O.
Deux droites d et d', perpendiculaires et sécantes en O, coupent les côtés du carré aux points E, F, G et H.
Quelle est la nature du quadrilatère $EGFH$?
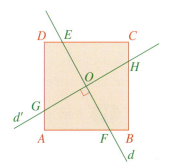

16 À l'extérieur du triangle isocèle ABC, on construit les triangles équilatéraux ACM, BAN et CBP.

1. À l'aide d'une rotation de centre A, montrer que :
$$CN = BM.$$

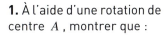

2. Montrer de même que :
$$CN = AP.$$

17 Dans la figure ci-contre, ABC est un triangle équilatéral, et $\mathcal{C}$ son cercle circonscrit.
M est un point quelconque du petit arc $\widehat{AB}$.
On considère le point I du segment $[MC]$ tel que :
$$MI = MA.$$
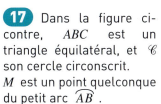
On veut montrer que $MA + MB = MC$.

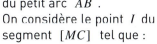

1. Montrer que MAI est un triangle équilatéral.

2. À l'aide d'une rotation de centre A, démontrer que $MB = IC$.

3. Conclure.

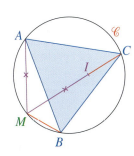

APPLIQUER LE COURS

▰ Triangles isométriques ▰

18 QCM. Pour chaque question, une seule réponse est juste.
ABC et PQR sont deux triangles.

1. On donne $AB = PR$, $BC = PQ$ et $AC = QR$.
Alors l'angle $\widehat{A}$ est égal à :
a. $\widehat{P}$ **b.** $\widehat{Q}$ **c.** $\widehat{R}$

2. On donne $\widehat{A} = \widehat{P}$, $BC = PR$ et $CA = PQ$. Alors :
a. $\widehat{B} = \widehat{Q}$ **b.** $\widehat{B} = \widehat{R}$ **c.** on ne peut pas savoir.

3. On donne $\widehat{A} = \widehat{Q}$, $BA = PR$ et $AC = PQ$. Alors :
a. $\widehat{C} = \widehat{P}$ **b.** $\widehat{C} = \widehat{R}$ **c.** on ne peut pas savoir.

4. I est le milieu de $[BC]$. Alors les triangles ABI et ACI sont isométriques :
a. toujours   **b.** jamais
c. si, et seulement si, ABC est isocèle en A

19 Reproduire l'hexagone $ABCDEF$ en utilisant les informations sur le dessin ci-contre et en justifiant les constructions.

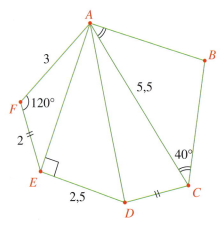

20 D'un point P, on mène les deux tangentes au cercle $\mathscr{C}$ de centre O et de rayon R, qui coupent ce cercle aux points A et B.

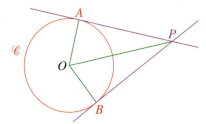

1. Montrer que les triangles OPA et OPB sont isométriques.
2. En déduire que la droite (OP) est la bissectrice de l'angle $\widehat{AOB}$ et la médiatrice du segment $[AB]$.

21 Sur la figure ci-dessous, les angles $\widehat{BAC}$ et $\widehat{ADE}$ sont-ils égaux ?

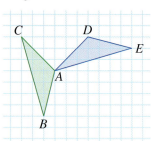

22 d_1 et d_2 sont deux droites strictement parallèles.
A est un point de d_1, B un point de d_2 et K le milieu du segment $[AB]$.
Par K, on trace une droite Δ qui coupe d_1 en M et d_2 en N.
Montrer que les triangles KAM et KBN sont isométriques.
En déduire la position de K sur le segment $[MN]$.

23 $\mathscr{C}$ et $\mathscr{C}'$ sont deux cercles de même centre O.

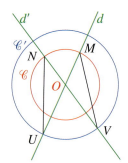

Deux droites d et d', passant par O, coupent $\mathscr{C}$ en M et N et $\mathscr{C}'$ en U et V. Montrer que $UN = VM$.

Pour chacun des exercices 24 à 28 :
• **prouver, en utilisant un théorème du cours, que la figure contient des triangles isométriques ;**
• **écrire les égalités d'angles et de longueurs qui en découlent.**

24

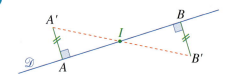

APPLIQUER LE COURS

25 Les points M et N appartiennent au cercle de diamètre $[AB]$ et vérifient :
$$\widehat{ABM} = \widehat{BAN}.$$

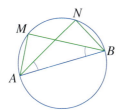

26 Les cercles $\mathscr{C}$ et $\mathscr{C}'$, de centres O et O' et de même rayon R, sont tangents en A.

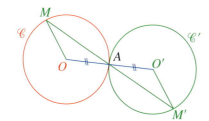

27

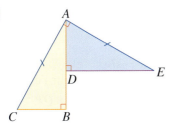

28 ABC est équilatéral, et :
$AP = BQ = CR$.

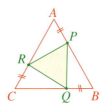

29 Dans ce cercle, les cordes $[AB]$ et $[CD]$ ont même longueur.
Démontrer que les triangles EAB et ECD sont isométriques.
En déduire que la droite (OE) est la médiatrice du segment $[BD]$.

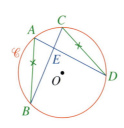

30 M est le point d'intersection de la médiatrice Δ du segment $[BC]$ et de la bissectrice d de l'angle $\widehat{BAC}$.
H et K sont les projetés orthogonaux de M sur les droites (AB) et (AC).

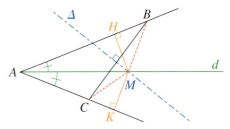

1. Montrer que les triangles MHB et MKC sont isométriques.

2. En déduire l'égalité $AB + AC = 2AH$.

31 $ABCD$ est un parallélogramme. M et N sont deux points de la diagonale $[AC]$ tels que $AM = NC$. Démontrer que le quadrilatère $BNDM$ est un parallélogramme.

32 À l'extérieur du triangle ABC, on construit les triangles équilatéraux ACM, BAN.

1. Démontrer que les triangles NAC et BAM sont isométriques.

2. En déduire que $CN = BM$.

33 Dans le triangle isocèle ABC de sommet A, les points P et Q appartiennent respectivement aux côtés $[AB]$ et $[AC]$, et sont tels que $AP = AQ$. Démontrer que $BQ = CP$.

34 Soient A, B, C et D quatre points alignés tels que $[AB]$, $[BC]$ et $[CD]$ sont trois segments consécutifs de même longueur. On construit les triangles équilatéraux PAC et QCD du même côté de la droite (AD). Déterminer la nature du triangle BPQ. Démontrer.

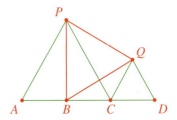

35 $ABCD$ est un parallélogramme. Le point M est le milieu de $[AB]$, le point N est le milieu de $[CD]$. Démontrer que $AN = CM$.

APPLIQUER LE COURS

Triangles semblables

36 QCM. Pour chaque question, une seule réponse est juste.
ABC et PQR sont deux triangles.

1. On donne $\widehat{A} = \widehat{Q}$ et $\widehat{B} = \widehat{P}$.
Alors, on a :

a. $\dfrac{AC}{QR} = \dfrac{AB}{PR}$ **b.** $\dfrac{BA}{PQ} = \dfrac{BC}{PR}$ **c.** $\dfrac{BC}{QR} = \dfrac{BA}{QP}$

2. On donne $\dfrac{BC}{RP} = \dfrac{AC}{PQ} = \dfrac{AB}{RQ}$.
Alors, l'angle $\widehat{B}$ est égal à :

a. $\widehat{P}$ **b.** $\widehat{Q}$ **c.** $\widehat{R}$

3. ABC et PQR sont semblables, et on donne :
$AB = 3$, $PQ = 2$ et Aire $(ABC) = 7,2$.
Alors l'aire du triangle PQR vaut :

a. 3,2 **b.** 4,8 **c.** 10,8

4. ABC est un triangle équilatéral.
On l'agrandit de telle façon que son périmètre augmente de 20 %.
Alors son aire augmente de :

a. 20 % **b.** 40 % **c.** 44 %

37 Compléter le tableau en se basant sur la figure ci-dessous.
Le grand rectangle $ABCD$ est partagé en neuf petits rectangles isométriques, obtenus en traçant des parallèles aux côtés du rectangle $ABCD$.

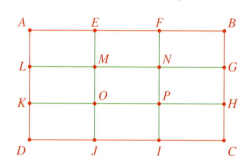

Les rectangles	sont-ils semblables aux rectangles	Oui/non	Si oui, $k = ?$
AEML	ABCD		
AEOK	ABCD		
ABCD	AFPK		
AGHF	MGCJ		

38 $ABCD$ est un trapèze de bases $[AB]$ et $[CD]$.
Ses diagonales se coupent en O et ses côtés non parallèles se coupent en P.

1. Montrer que les triangles OAB et OCD sont semblables.

2. Trouver un triangle semblable à PAB.

39 ABC est un triangle rectangle en A.
H est le pied de la hauteur issue de A.
Montrer que les trois triangles présents dans la figure sont semblables.

40 ABC et MNP sont deux triangles.
On donne :
$AB = 8$ cm ; $BC = 10,8$ cm ; $MP = 6,48$ cm ;
$\widehat{A} = \widehat{N} = 72°$, $\widehat{B} = 63°$ et $\widehat{M} = 45°$.

Montrer que les triangles ABC et NPM sont semblables, et en déduire la valeur de NP.

41 ABC est un triangle quelconque.
La bissectrice de l'angle $\widehat{BAC}$ coupe (BC) en P et le cercle circonscrit $\mathcal{C}$ en Q.
Après avoir montré que les triangles ABQ et BPQ sont semblables, établir l'égalité :
$$QB^2 = QA \times QP.$$

42 Soit la figure ci-contre.
Calculer les longueurs des côtés des triangles ABC et AMN.
Les angles $\widehat{B}$ et $\widehat{N}$ sont-ils égaux ?

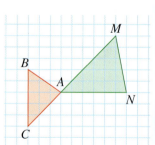

43 On donne un quadrilatère convexe $ABCD$, avec :
$BD = 7,2$, $AB = 4,8$, $AD = 3,6$,
$BC = 5,4$ et $CD = 10,8$.

Montrer que les triangles ABD et BDC sont semblables.
En déduire la nature du quadrilatère $ABCD$.

APPLIQUER LE COURS

Pour chacun des exercices 44 à 47 :
• prouver que la figure contient des triangles semblables ;
• écrire les égalités d'angles ou de rapports de longueurs qui en découlent.

44 $(AB) \parallel (CD)$.

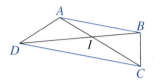

45 Il y a trois triangles semblables.

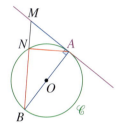

46

a. 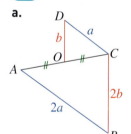   b.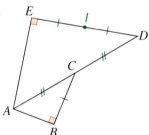

47

a. b.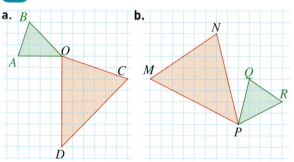

48 Dans un repère orthonormé, placer les points :
$$A(-2\,;1)\,; \quad B(2\,;2)\,; \quad C(1\,;5)\,;$$
$$D(6\,;-5)\,; \quad E(0\,;-7)\,.$$

1. Calculer les longueurs des côtés des triangles ABC et AED.

2. Ces deux triangles sont-ils semblables ?

3. Déterminer les coordonnées du point F telles que le triangle AGF soit semblable au triangle ABC. Existe-t-il une seule solution ?

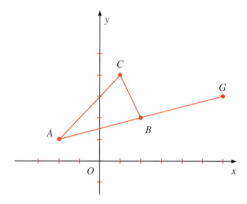

49 $ABCD$ est un trapèze dont les bases sont $[AB]$ et $[CD]$. Ses diagonales se coupent en O. Calculer OC en fonction de OA si $CD = 3AB$.

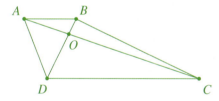

50 ABC est un triangle quelconque, d'orthocentre H.
K est le pied de la hauteur issue de A, et L celui de la hauteur issue de C.
Montrer que $HA \times HK = HC \times HL$.

51 $ABCD$ est un rectangle, avec $AB = 3\,AD$. $AEGD$, $EFHG$ et $FBCH$ sont des carrés.

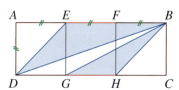

1. Montrer que les triangles EDB et HGB sont semblables.

2. En déduire que $\widehat{BDC} + \widehat{BGC} = \widehat{BHC}$.

CONSOLIDER ET APPROFONDIR

Pour débattre en classe

52 Répondre par VRAI ou FAUX à chacune des affirmations suivantes et justifier la réponse.

a) Deux triangles ayant leurs angles égaux deux à deux sont isométriques.

b) Deux triangles ayant deux côtés et un angle de même mesure sont isométriques.

c) Deux triangles rectangles ayant la même hypoténuse sont isométriques.

d) Deux triangles rectangles de même hypoténuse ayant un angle aigu égal sont isométriques.

e) La bissectrice de l'angle $\hat{A}$ partage le triangle ABC en deux triangles isométriques.

f) Si $[AB]$ et $[CD]$ sont deux diamètres d'un cercle de centre O, alors AOC et BOD sont isométriques.

g) Deux triangles isométriques sont semblables.

h) Deux triangles semblables sont isométriques.

i) Deux triangles semblables ayant la même aire sont isométriques.

j) Deux triangles isocèles ayant le même angle au sommet principal sont semblables.

k) La diagonale $[FH]$ d'un trapèze $EFGH$ le partage en deux triangles semblables.

l) Deux triangles rectangles ayant un angle aigu commun sont semblables.

m) Si deux cordes $[AB]$ et $[CD]$ d'un même cercle se coupent en P, alors les triangles PAD et PCB sont semblables.

Transformations

Les exercices suivants peuvent aussi être résolus en utilisant les cas d'isométrie des triangles.

53 Soit ABC un triangle rectangle en C tel que $AB = 6$ cm et l'angle de la demi-droite $[AC)$ vers la demi-droite $[AB)$ est de 50° dans le sens direct.
1. Construire le triangle ABC et les points B' et C', images respectives de B et de C par la rotation de centre A et d'angle 80° dans le sens direct.
2. Montrer que les droites (BB') et (BC) sont perpendiculaires.
En déduire la nature du quadrilatère $ACBB'$.

54 $ABCD$ est un carré et M un point extérieur à ce carré.
d_1 est la perpendiculaire à (AB) passant par M.
d_2 est la perpendiculaire à (MA) passant par C.
d_3 est la perpendiculaire à (MB) passant par D.
En utilisant les images des hauteurs du triangle AMB par la translation qui applique B sur C, montrer que les droites d_1, d_2 et d_3 sont concourantes.

Lire, comprendre, rédiger

55 Soit ABC un triangle.
On construit deux triangles ABD et ACE isocèles et rectangles en A.
I est le milieu du segment $[DE]$.
On considère la rotation de centre A qui transforme C en E.

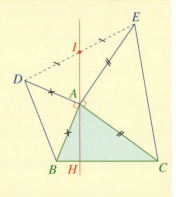

1. a. Quel est le transformé de D par cette rotation ? Justifier.
b. Construire F et J, images respectives de E et de I par cette rotation.
2. a. Montrer que A est le milieu de $[CF]$.
b. Montrer que la droite (AJ) est parallèle à la droite (BC).
c. En déduire que la droite (AI) est perpendiculaire à la droite (BC) et que :
$$AI = \frac{1}{2} BC.$$

CONSOLIDER ET APPROFONDIR

56 ABC est un triangle équilatéral direct, de centre O.

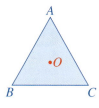

1. En utilisant le cercle circonscrit $\mathscr{C}$ au triangle, justifier que la rotation R de centre O et d'angle 120° transforme A en B, B en C et C en A.

2. On place M sur $[AB]$, N sur $[BC]$ et P sur $[CA]$ tels que $AM = BN = CP$.
Montrer que le triangle MNP est équilatéral.

57 ABC est un triangle ; I est le milieu de $[BC]$.
E est le projeté orthogonal de B sur la médiane (AI), c'est-à-dire que :

$$E \in (AI) \quad \text{et} \quad (BE) \perp (AI).$$

De même, F est le projeté orthogonal de C sur (AI).
En utilisant une symétrie centrale, montrer que :

$$BE = CF.$$

58 Le quadrilatère $ABCD$ est inscrit dans le cercle $\mathscr{C}$ de centre O.
I, J, K, L sont les milieux des côtés.
On trace d_1, d_2, d_3, d_4 droites issues des points I, J, K, L et perpendiculaires aux côtés opposés.

1. Montrer que $IJKL$ est un parallélogramme ; son centre est noté P.

2. Que peut-on dire des médiatrices des quatre côtés du quadrilatère $ABCD$?

3. Montrer que les droites d_1, d_2, d_3 et d_4 sont concourantes.

59 Deux cercles $\mathscr{C}$ et $\mathscr{C}'$, de centres O et O' et de même rayon R, se coupent en A et B.
I est le milieu de $[AB]$. M est un point du cercle $\mathscr{C}$.
La translation qui applique O sur O' transforme le point A en A' et le point M en M'.

1. Justifier que A' et M' sont des points du cercle $\mathscr{C}'$.

2. Montrer que A' est diamétralement opposé à B sur le cercle $\mathscr{C}'$.

3. Quelle est la nature du triangle $A'M'B$?

4. Montrer que A est l'orthocentre du triangle $MM'B$.

Triangles isométriques

60 **1.** ABC est un triangle isocèle en A.
Les points H et K sont les pieds des hauteurs issues de B et C.
Montrer que les triangles BHC et CKB sont isométriques, et en déduire que $BH = CK$.

2. Réciproquement, soit H et K les pieds des hauteurs issues de B et C dans un triangle ABC.
On suppose que $BH = CK$.
Montrer que le triangle ABC est isocèle en A.

61 ABC est un triangle.
La bissectrice de l'angle $\widehat{ABC}$ coupe (AC) en H.
La bissectrice de l'angle $\widehat{ABC}$ coupe (AB) en K.
Montrer que si le triangle ABC est isocèle en A, alors :

$$BH = CK.$$

62 On considère un cercle $\mathscr{C}$ de centre O, et quatre points A, B, C et D distincts deux à deux sur ce cercle.
Les tangentes au cercle en ces points se coupent en quatre points E, F, G et H.

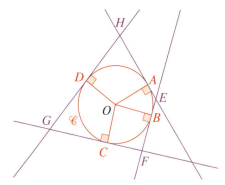

Repérer quatre paires de triangles isométriques de sommet O.
Montrer alors l'égalité $EF + GH = EH + FG$.

63 Soit $\mathscr{C}$ un cercle et A un point extérieur.
Les droites (AR), (AQ) et (BC) sont tangentes au cercle $\mathscr{C}$.
De plus, on a :

$$AR = 4 \text{ cm}.$$

Déterminer le périmètre du triangle ABC et montrer qu'il ne dépend pas de la position du point P sur l'arc $\widehat{RQ}$.

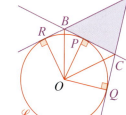

CONSOLIDER ET APPROFONDIR

64 $ABCD$ est un parallélogramme.
On trace d_1, bissectrice de l'angle $\widehat{BAD}$ et d_2, bissectrice de l'angle $\widehat{ADC}$.
d_1 coupe la droite (CD) en M et d_2 coupe la droite (AB) en N ; d_1 et d_2 se coupent en O.
1. Montrer que les triangles ONA et ODA sont isométriques.
2. En déduire que les droites d_1 et d_2 sont perpendiculaires.

65 ABC est un triangle isocèle rectangle en A et I le milieu du segment $[BC]$.

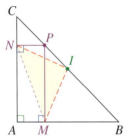

On choisit un point P quelconque de l'hypoténuse et on construit M sur $[AB]$ et N sur $[AC]$ afin que $AMPN$ soit un rectangle.
Démontrer que le triangle NMI est isocèle rectangle.

66 $ABCD$ est un parallélogramme.

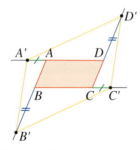

Comme l'indique la figure ci-dessus, on place les points A' sur $[DA]$, C' sur $[BC]$ tels que :
$$AA' = CC' ;$$
puis les points B' sur $[AB]$, D' sur $[CD]$ tels que $BB' = DD'$.
Déterminer la nature du quadrilatère $A'B'C'D'$.

67 ABC est un triangle équilatéral. On a :
$$AM = BN = CQ.$$
Déterminer la nature du triangle RST.

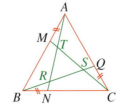

Triangles semblables

68 ABC est un triangle quelconque.
K est le pied de la hauteur issue de A.
Le cercle de diamètre $[AK]$ coupe la droite (AB) en M et la droite (AC) en N.
Montrer que les triangles AMN et ACB sont semblables ; en déduire que $AM \times AB = AN \times AC$.

69 Soit ABC trois points d'un cercle $\mathcal{C}$ de centre O.
La bissectrice de l'angle $\widehat{BAC}$ recoupe le cercle $\mathcal{C}$ en un point I et coupe la droite (BC) en D.
1. a. Démontrer que les triangles ABD et AIC sont semblables ainsi que les triangles DBA et DIC.

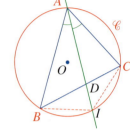

b. En déduire que :
$$AB \times AC = AI \times AD \quad \text{et} \quad DI \times DA = DB \times DC.$$
2. Démontrer que $AB \times AC = AD^2 + DB \times DC$.

70 ABC est un triangle, $\mathcal{C}$ son cercle circonscrit, de centre O et de rayon R.
H est le pied de la hauteur issue de A, et D le point diamétralement opposé à A sur $\mathcal{C}$.
On note S l'aire du triangle ABC.
1. Montrer que les triangles AHC et ABD sont semblables.
2. En déduire la relation $AB \times BC \times CA = 4\,RS$.

71 Dans la figure ci-dessous, montrer que les droites (AE) et (BC) sont parallèles.

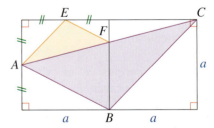

72 $ABCD$ est un carré et I est le milieu de $[AB]$.
Quelle fonction de l'aire du carré représente l'aire de la zone bleue ?

Indication : Comparer les triangles AKI et CKD, puis les hauteurs KH et KL.

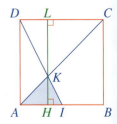

108 CHAPITRE 10 TRANSFORMATIONS ET TRIANGLES

CONSOLIDER ET APPROFONDIR

73 Même exercice que précédemment, avec la figure ci-contre sur laquelle les hypothèses sont inscrites.

Indication : montrer que les triangles DJL et DIA sont semblables.

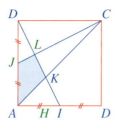

Lire, comprendre, démontrer

74 Démonstrations des cas de similitude à l'aide du théorème de Thalès

a. ABC et MNP sont deux triangles tels que :
$$\widehat{A} = \widehat{M} \quad \text{et} \quad \widehat{B} = \widehat{N}.$$

On construit le triangle $MB'C'$ tel que $B' \in [MN]$, $C' \in [MP]$, $MB' = AB$ et $MC' = AC$.

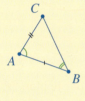
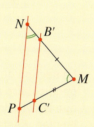

Compléter :

Les triangles ABC et $MB'C'$, ayant un angle de même amplitude compris entre deux côtés respectivement de même longueur, sont ... .

Donc $\widehat{MB'C'} = \widehat{ABC}$ et $B'C' = \bullet\bullet$.

Comme $\widehat{ABC} = \widehat{MNP}$, alors $\widehat{MB'C'} = ...$.

Les angles $\widehat{MB'C'}$ et $\widehat{MNP}$ sont en position d'angles correspondants, on en déduit que les droites $(B'C')$ et (NP) sont ... .

D'après le théorème de ... , on obtient :

$$\frac{MB'}{\bullet\bullet} = \frac{\bullet\bullet}{MA} = \frac{\bullet\bullet}{\bullet\bullet}, \text{ c'est-à-dire } \frac{\bullet\bullet}{MN} = \frac{AC}{\bullet\bullet} = \frac{\bullet\bullet}{\bullet\bullet}.$$

Comme $\widehat{A} = \widehat{M}$ et $\widehat{B} = \widehat{N}$, on en déduit : $\widehat{C} = \widehat{\bullet}$.

Les triangles ABC et MNP ayant leurs angles respectifs de même amplitude et leurs côtés respectifs de longueurs proportionnelles sont ... .

b. Si ABC et MNP sont deux triangles tels que $\widehat{A} = \widehat{M}$ et $\dfrac{AB}{MN} = \dfrac{AC}{MP}$ alors ces deux triangles sont semblables.

À démontrer ...

Lire, comprendre, démontrer

75 Différentes moyennes

On se donne deux réels strictement positifs a et b.

On définit :

- la moyenne arithmétique m de a et b par :
$$m = \frac{a+b}{2} \ ;$$

- la moyenne géométrique g de a et b par :
$$g = \sqrt{ab} \ ;$$

- la moyenne harmonique h de a et b par :
$$h = \frac{2ab}{a+b} \ ;$$

- la moyenne quadratique q de a et b par :
$$q = \sqrt{\frac{a^2+b^2}{2}}.$$

Rangement de ces moyennes dans l'ordre croissant : $h < g < m < q$.

Cette propriété se démontre facilement de manière algébrique mais elle peut aussi se démontrer de manière géométrique.

On considère un triangle ABC rectangle en A. Le point O est le milieu de [BC]. On démontre :

1. $m = AO$; $g = AH$; $h = AL$; $q = AT$.
2. $h < g < m < q$.

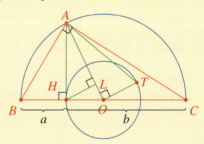

Ces moyennes se retrouvent dans différentes situations.

Problème 1. Une voiture parcourt 100 km à la vitesse moyenne de 120 km·h⁻¹ puis 100 km à la vitesse moyenne de 60 km·h⁻¹. Quelle est la vitesse moyenne de cette voiture sur les 200 km parcourus ?

Problème 2. Une société a vu son bénéfice augmenter ces deux dernières années de 10 % la première année et de 30 % la seconde année. Quelle est l'augmentation annuelle moyenne ?

APPLIQUER LE COURS

■ 1. SECTION D'UN PAVÉ DROIT PAR UN PLAN

Théorème (admis)

> La section d'un parallélépipède rectangle par un plan parallèle à une face est un rectangle.

Exemple Section

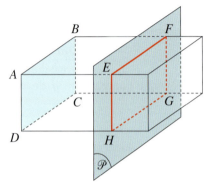

Le plan $\mathcal{P}$ est parallèle à la face $ABCD$ du pavé. La section du pavé par le plan $\mathcal{P}$ est le rectangle $EFGH$ qui est superposable à $ABCD$.

■ 2. SECTION D'UN CYLINDRE DE RÉVOLUTION PAR UN PLAN

Théorème (admis)

> La section d'un cylindre de révolution par un plan perpendiculaire à son axe est un cercle.

Exemple Section

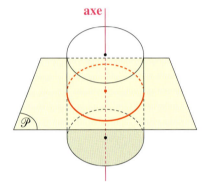

La section du cylindre par le plan $\mathcal{P}$, qui est perpendiculaire à l'axe, est un cercle de même rayon que le cylindre.
La plan $\mathcal{P}$ est parallèle aux deux bases du cylindre.

■ 3. SECTION D'UNE PYRAMIDE OU D'UN CÔNE PAR UN PLAN

Théorème (admis)

> La section d'une pyramide ou d'un cône de révolution par un plan parallèle à la base détermine une figure semblable à la base.

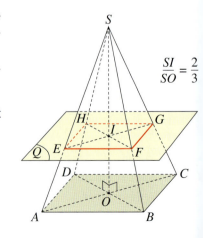

La pyramide régulière $SABCD$ est sectionnée par un plan Q parallèle à la base $ABCD$, carré de centre O. $[SO]$ est la hauteur de cette pyramide.
Les triangles SEI et SAO (situés dans un même plan) sont semblables.
On a $\dfrac{SE}{SA} = \dfrac{SI}{SO}$.
De même, les triangles SFI et SBO, SGI et SCO, SHO et SDO sont semblables.

On en déduit que $\dfrac{SE}{SA} = \dfrac{SF}{SB} = \dfrac{SG}{SC} = \dfrac{SH}{SD} = \dfrac{SI}{SO} = k$.

$\dfrac{SI}{SO} = \dfrac{2}{3}$

APPLIQUER LE COURS

■ Résolution de problèmes ■

76 On considère la pyramide régulière $SABCD$, pour laquelle :
- la base $ABCD$ est un carré ;
- $A'B'C'D'$ est la section par un plan parallèle à la base.

On donne :
- $AB = 6$ cm ;
- $SO = 9$ cm ;
- $SI = 3$ cm.

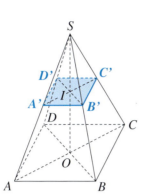

Calculer l'aire du quadrilatère $ABCD$, puis *très rapidement* celle du quadrilatère $A'B'C'D'$.

79 $ABCDEFGH$ est un cube tel que :
$$AB = 10 \text{ cm}.$$

1. Calculer le volume $\mathscr{V}$ de ce cube et l'aire totale $\mathscr{A}$ de ses faces.

2. Soit M le milieu de $[AD]$ et N le milieu de $[BC]$.

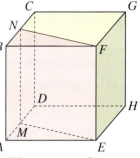

a. Quelle est la nature du solide $AEMBFN$?
b. Calculer son volume v.
c. Donner une valeur simplifiée de la fraction $\dfrac{v}{\mathscr{V}}$.

77 Un pot de fleurs a la forme ci-contre (I est le milieu de $[SO]$).

Calculer :
a. le volume du cône ;
b. le volume du pot de fleurs ;

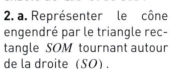

80 1. Calculer la valeur exacte de SM et de OM.

2. a. Représenter le cône engendré par le triangle rectangle SOM tournant autour de la droite (SO).

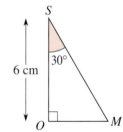

b. On coupe ce cône par un plan parallèle à la base, en un point A de $[SO]$ tel que $SA = 2{,}4$ cm. Représenter la section.

c. Calculer, *le plus rapidement possible*, le volume du petit cône.

78 On considère la pyramide $SABCD$, pour laquelle :
- la base $ABCD$ est un trapèze rectangle en A et D ;
- l'arête $[SA]$ est la hauteur ;
- $IJKL$ est la section par un plan parallèle à la base.

On donne (en cm) :
$AB = 6$; $AD = 3$;
$DC = 4$; $SA = 9$; $SI = 6$.

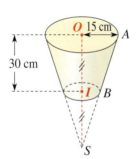

1. Calculer SB et les mesures des angles $\widehat{ABS}$ et $\widehat{ADS}$ (arrondir les résultats au dixième).
2. Calculer l'aire de $ABCD$ et le volume de $SABCD$.
3. a. Calculer le rapport de similitude entre $IJKL$ et $ABCD$.
b. Calculer *rapidement* l'aire de $IJKL$ et le volume de $SIJKL$.

81

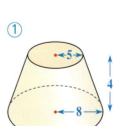

①

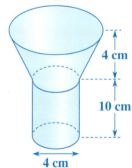

②

Calculer la hauteur h du cône dont est issu le tronc ①.

Coup de pouce : montrer que $\dfrac{h-4}{h} = \dfrac{5}{8}$.

Application : calculer le volume de l'éprouvette ②.

MATHS-MAGAZINE

LA « DIVINE PROPORTION »

De nombreux peintres et architectes de la Renaissance italienne, en particulier Léonard de Vinci (1452-1519), ont évoqué l'existence d'un rectangle de proportions « idéales », vérifiant la propriété suivante :
« Lorsqu'on ôte au rectangle considéré un carré construit sur sa largeur, on obtient un nouveau rectangle, plus petit, de même forme que le rectangle initial. »

Raphaël : « L'École d'Athènes »

Définition. Deux rectangles $ABCD$ et $MNPS$ sont de même forme si et seulement si leurs dimensions sont proportionnelles.

Le Parthénon d'Athènes (cinquième siècle avant Jésus-Christ), le Panthéon de Rome (construit il y a plus de 2000 ans) sont tels que leurs dimensions s'insèrent dans un rectangle d'or.

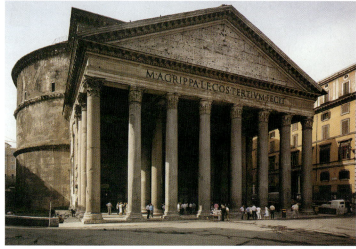

Le Panthéon à Rome

COMMENT CONSTRUIRE UN RECTANGLE D'OR ?

Construire un carré $ABCD$. Placer le point E, milieu de $[AB]$. Tracer un arc de cercle de centre E et de rayon EC. Cet arc de cercle coupe la droite (AB) en F et H.
Construire le rectangle $ADGF$.
Les deux rectangles $AFGD$ et $BCGF$ sont semblables.

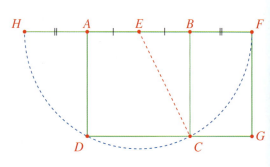

Quelle est la valeur exacte de $\dfrac{AF}{FG}$?
Posons $AB = 2$, dans ce cas $EC = \sqrt{5}$.
Par conséquent :

$$\frac{AF}{FG} = \frac{AE + EF}{2} = \frac{1 + \sqrt{5}}{2}.$$

Et nous retrouvons le nombre d'or !

TRIANGLE RECTANGLE ET TRIGONOMÉTRIE

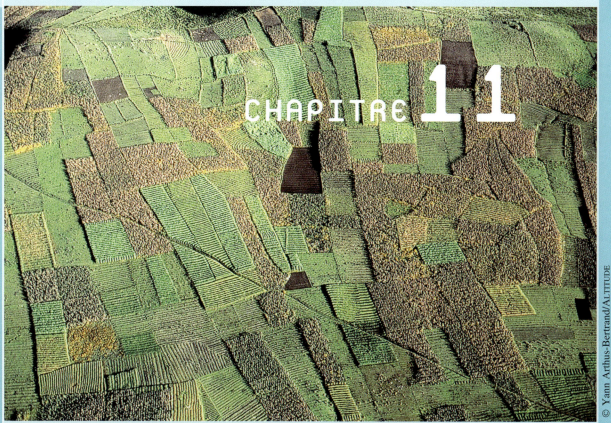

CHAPITRE 11

Les géomètres déterminent les dimensions des champs grâce à des méthodes faisant appel à la trigonométrie (étymologiquement : « mesure des triangles »).

QCM

Pour chaque question, indiquer la réponse exacte (ou les réponses exactes).

		A	B	C
1	Dans un triangle RST, les côtés adjacents à l'angle $\widehat{RTS}$ sont :	$[RT]$ et $[RS]$	$[ST]$ et $[RS]$	$[RT]$ et $[ST]$
2	Les angles aigus d'un triangle rectangle sont :	adjacents	supplémentaires	complémentaires
3	Si l'un des deux angles aigus d'un triangle rectangle mesure 26°, l'autre angle aigu mesure :	180° − 90° + 26°	54°	90° − 26°
4	L'arrondi au dixième de $\frac{5}{9}$ est :	0,5	0,55	0,6
5	Si $\frac{x}{5} = 4$, alors :	$x = 5 \times 4$	$x = \frac{4}{5}$	$\frac{x}{4} = 5$
6	Si $\frac{8}{x} = 9$, alors :	$x = 8 \times 9$	$8 = 9x$	$x = \frac{8}{9}$

113

DE QUOI S'AGIT-IL ?

Qu'est-ce que le cosinus, le sinus et la tangente d'un angle aigu ?

1. Rapports trigonométriques

Vocabulaire

Soit un triangle ABC rectangle en A.
On dit que :
- le segment $[BC]$ est l'hypoténuse ;
- $[AB]$ est le côté adjacent à l'angle $\widehat{B}$;
- $[AC]$ est le côté opposé à l'angle $\widehat{B}$.

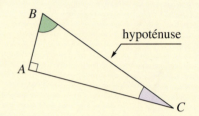

Travail individuel

- Construire un grand triangle ABC rectangle en A tel que $\widehat{ABC} = 50°$.
- Mesurer les longueurs BA, BC et AC, puis calculer les rapports $\dfrac{BA}{BC}$, $\dfrac{AC}{BC}$ et $\dfrac{AC}{AB}$.

Mise en commun

a. Écrire au tableau les valeurs des rapports obtenus. Faire des conjectures.
b. Ces rapports dépendent-ils des longueurs des côtés des triangles rectangles ?

Vers une preuve

On considère la figure ci-contre.
a. Justifier les égalités suivantes :

$\dfrac{BC}{BC'} = \dfrac{AC}{A'C'}$;

$BC' \times AC = BC \times A'C'$;

$\dfrac{AC}{BC} = \dfrac{A'C'}{BC'}$.

b. En s'inspirant du **a.**, démontrer que $\dfrac{AC}{AB} = \dfrac{A'C'}{A'B}$.

c. Rechercher à la page 116 ce que représentent les rapports $\dfrac{BA}{BC}$, $\dfrac{AC}{BC}$ et $\dfrac{AC}{AB}$.

d. QCM. Soit a et b deux nombres.
Si $0 < a < b$, alors :

❏ $\dfrac{a}{b} > 0$;   ❏ $\dfrac{a}{b} < 0$;   ❏ $\dfrac{a}{b} > 1$;   ❏ $\dfrac{a}{b} < 1$.

e. On considère le triangle ABC, prouver en utilisant le **d.** que $0 < \dfrac{AB}{BC} < 1$.

f. Le cosinus, le sinus et la tangente d'un angle aigu peuvent-ils être supérieurs à 1 ?

DE QUOI S'AGIT-IL ?

Quelles relations entre le cosinus, le sinus et la tangente d'un angle aigu ?

2. Utilisation de la calculatrice

Mettre la calculatrice en Mode Degré *(voir son mode d'emploi).*

1. a. En utilisant les touches cos , sin ou tan , donner :
l'arrondi au centième de cos 20° , cos 83° , sin 35° , sin 22° , tan 78° , tan 89° .

b. Dans chaque cas, donner l'arrondi au degré de x (x désigne la mesure d'un angle) :

$\cos x = 0{,}03$; $\cos x = 0{,}281$; $\cos x = \frac{1}{2}$; $\tan x = 0{,}4$; $\tan x = \frac{12}{7}$; $\sin x = 0{,}98$; $\sin x = \frac{3}{4}$.

2. a. Compléter le tableau ci-contre. On peut faire varier x de 5° en 5°.

x	5°	10°	15°		85°
cos x					

b. Est-il vrai que ce tableau est un tableau de proportionnalité ?

c. Est-il vrai que plus un angle aigu augmente, plus son cosinus augmente?

3. Recommencer tout le **2.** en remplaçant *cosinus* par *sinus*, puis par *tangente*.

3. Relation entre cosinus et sinus

Conjecture

Avec un tableur, compléter le tableau ci-contre (x varie de 5° en 5°).
Une remarque s'impose ; laquelle ?

x	5°	10°	15°		85°
$\cos^2 x$					
$\sin^2 x$					
$\cos^2 x + \sin^2 x$					

Démonstration

a. Construire un triangle ABC rectangle en A. Soit $x = \widehat{ABC}$.

b. Recopier et compléter :

$\cos x = \frac{\bullet\bullet}{\bullet\bullet}$; $\sin x = \frac{\bullet\bullet}{\bullet\bullet}$; $\cos^2 x + \sin^2 x = \frac{AB^2}{\bullet\bullet^2} = \frac{\bullet\bullet^2}{BC^2} = \frac{\bullet\bullet^2 + \bullet\bullet^2}{\bullet\bullet^2}$.

c. En utilisant la relation de Pythagore dans le triangle rectangle ABC, conclure que la conjecture précédente est vraie.

4. Relation entre sinus, cosinus, tangente

Conjecture

Avec un tableur, compléter le tableau ci-contre (x varie de 5° en 5°).
Une remarque s'impose ; laquelle ?

x	5°	10°	15°		85°
sin x					
cos x					
$\frac{\sin x}{\cos x}$					
tan x					

Démonstration

À l'aide des données du **a.** de l'activité **3**, démontrer que la conjecture que l'on vient d'émettre est vraie.

RETENIR

1. COSINUS, SINUS, TANGENTE

Définitions

Soit un triangle ABC rectangle en A.
Le cosinus, le sinus et la tangente de l'angle aigu $\widehat{ABC}$ sont les nombres, notés respectivement $\cos \widehat{ABC}$, $\sin \widehat{ABC}$ et $\tan \widehat{ABC}$, définis par :

- $\cos \widehat{ABC} = \dfrac{AB}{BC} = \dfrac{\text{côté adjacent à l'angle } \widehat{B}}{\text{hypoténuse}}$;
- $\sin \widehat{ABC} = \dfrac{AC}{BC} = \dfrac{\text{côté opposé à l'angle } \widehat{B}}{\text{hypoténuse}}$;
- $\tan \widehat{ABC} = \dfrac{AC}{AB} = \dfrac{\text{côté opposé à l'angle } \widehat{B}}{\text{côté adjacent à l'angle } \widehat{B}}$.

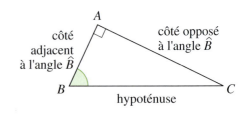

Exemples — Détermination de la mesure d'un angle

Pour calculer la mesure de l'angle $\widehat{RST}$ d'un triangle RST, rectangle en R :

si l'on connaît :	on utilise :	on tape :	on conclut :
① le côté adjacent et l'hypoténuse	le cosinus $\cos \widehat{RST} = \dfrac{SR}{ST}$ $\cos \widehat{RST} = \dfrac{5}{6}$	(la calculatrice doit être en mode degrés) [Acs] ou [cos⁻¹] [(] [5] [÷] [6] [)] [=] ⇒ 33,55730976	$\widehat{RST} \approx 34°$ (arrondi à l'unité)
② le côté opposé et l'hypoténuse	le sinus $\sin \widehat{RST} = \dfrac{RT}{ST}$ $\sin \widehat{RST} = \dfrac{7}{9}$	[Asn] ou [sin⁻¹] [(] [7] [÷] [9] [)] [=] ⇒ 51,05755873	$\widehat{RST} \approx 51°$ (arrondi à l'unité)
③ le côté opposé et le côté adjacent	la tangente $\tan \widehat{RST} = \dfrac{RT}{RS}$ $\tan \widehat{RST} = \dfrac{8}{5}$	[Atn] ou [tan⁻¹] [(] [8] [÷] [5] [)] [=] ⇒ 57,99461679	$\widehat{RST} \approx 58°$ (arrondi à l'unité)

- Le cosinus et le sinus d'un angle aigu sont des nombres compris entre 0 et 1, car l'hypoténuse d'un triangle rectangle est le plus long côté :

    dans le cas ① : $\dfrac{SR}{ST} < 1$, car $SR < ST$;   dans le cas ② : $\dfrac{RT}{ST} < 1$, car $RT < ST$.

- La tangente d'un angle aigu est un nombre positif qui peut être supérieur à 1 (dans le cas ③ $\dfrac{8}{5} > 1$).

METTRE EN PRATIQUE

Comment calculer une longueur à l'aide du sinus ?

Énoncé
Soit un triangle ABC rectangle en B tel que $AC = 7$ cm et $\widehat{BAC} = 40°$.
Calculer la longueur BC arrondie au dixième.

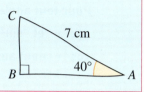

Solution
Dans le triangle ABC rectangle en B :
$\sin \widehat{BAC} = \dfrac{BC}{AC}$; soit $\sin 40° = \dfrac{BC}{7}$;
d'où $BC = 7 \times \sin 40°$.
$BC \approx 4{,}5$ cm .

Commentaires
On connaît $\widehat{BAC}$ et l'hypoténuse AC.
On cherche la longueur BC du côté opposé :
on peut utiliser le sinus de l'angle $\widehat{A}$.
On tape : 7   40 (ou).
En général, on n'obtient pas une valeur exacte.

Comment calculer une longueur à l'aide de la tangente ?

Énoncé
Soit un triangle DEF rectangle en D tel que $DF = 9$ cm et $\widehat{DEF} = 50°$.
Calculer les longueurs DE et EF arrondies au dixième.

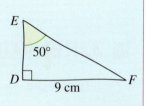

Solution
Dans le triangle DEF rectangle en D :
• $\tan \widehat{DEF} = \dfrac{DF}{DE}$; soit $\tan 50° = \dfrac{9}{DE}$;
d'où : $DE \times \tan 50° = 9$;
donc $DE = \dfrac{9}{\tan 50°}$; $DE \approx 7{,}6$ cm .
• $\sin \widehat{DEF} = \dfrac{DF}{EF}$; soit $\sin 50° = \dfrac{9}{EF}$;
d'où $EF \times \sin 50° = 9$ et $EF = \dfrac{9}{\sin 50°}$;
$EF \approx 11{,}7$ cm .

Commentaires
Dans le triangle rectangle DEF, on connaît l'angle $\widehat{E}$ et le côté opposé FD. On cherche le côté adjacent DE : on peut utiliser la tangente de l'angle $\widehat{E}$.
On tape : 9   50 (ou).
Pour calculer EF, on pourrait aussi utiliser le théorème de Pythagore :
$EF^2 = DE^2 + DF^2$, soit $EF^2 \approx 7{,}6^2 + 9^2$.
D'où $EF^2 \approx 138{,}76$ et $EF \approx \sqrt{138{,}76}$.
$EF \approx 11{,}8$ cm .
(L'arrondi obtenu n'est pas le même.)

RETENIR

■ 2. RELATION ENTRE COSINUS ET SINUS D'UN ANGLE AIGU

Théorème

Pour tout angle aigu x : $\cos^2 x + \sin^2 x = 1$.

$\cos^2 x$ et $\sin^2 x$ désignent respectivement les carrés du cosinus et du sinus de l'angle x.

$\cos^2 x$ peut aussi s'écrire $(\cos x)^2$ et $\sin^2 x$ s'écrire $(\sin x)^2$.

Démonstration

Soit un triangle ABC rectangle en A ; soit $x = \widehat{ABC}$.

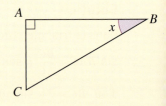

$(\cos x)^2 + (\sin x)^2 = \left(\dfrac{AB}{BC}\right)^2 + \left(\dfrac{AC}{BC}\right)^2$

$(\cos x)^2 + (\sin x)^2 = \dfrac{AB^2}{BC^2} + \dfrac{AC^2}{BC^2}$ *les deux fractions ont le même dénominateur : BC^2.*

$(\cos x)^2 + (\sin x)^2 = \dfrac{AB^2 + AC^2}{BC^2}$.

Or, d'après le théorème de Pythagore : $AB^2 + AC^2 = BC^2$. *le numérateur et le dénominateur sont égaux : la fraction est donc égale à 1.*

Par conséquent, $(\cos x)^2 + (\sin x)^2 = \dfrac{BC^2}{BC^2} = 1$.

■ 3. RELATION ENTRE COSINUS, SINUS ET TANGENTE

Théorème

Pour tout angle aigu x $(x < 90°)$: $\tan x = \dfrac{\sin x}{\cos x}$.

Démonstration

Soit un triangle DEF rectangle en D ; soit $x = \widehat{DEF}$.

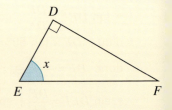

$\dfrac{\sin x}{\cos x} = \dfrac{\dfrac{DF}{EF}}{\dfrac{DE}{EF}} = \dfrac{DF}{EF} \times \dfrac{EF}{DE}$, donc $\dfrac{\sin x}{\cos x} = \dfrac{DF}{DE}$. *on a simplifié par EF, car $\dfrac{r}{s} \times \dfrac{s}{t} = \dfrac{r}{t}$ (s et t non nuls)*

$\dfrac{\dfrac{a}{b}}{\dfrac{c}{d}} = \dfrac{a}{b} \times \dfrac{d}{c}$ (b, c, d non nuls)

Or $\tan x = \dfrac{DF}{DE}$, par conséquent : $\tan x = \dfrac{\sin x}{\cos x}$.

METTRE EN PRATIQUE

Comment résoudre un problème par la trigonométrie ?

Énoncé

- [JK] est un diamètre du demi-cercle $\mathscr{C}$.
- $I \in \mathscr{C}$; $JK = 5$ cm ; $IJ = 1,4$ cm.

Calculer la mesure des angles $\widehat{J}$ et $\widehat{K}$, puis la valeur exacte de IK.

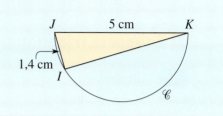

Solution

• I est sur le cercle de diamètre [JK], donc le triangle IJK est rectangle en I.

Par conséquent : $\cos \widehat{IJK} = \dfrac{IJ}{JK} = \dfrac{1,4}{5}$.

D'où $\boxed{\widehat{J} \approx 74°}$.

• Les angles aigus d'un triangle rectangle étant complémentaires : $\widehat{J} + \widehat{K} = 90°$ et $\widehat{K} = 90° - \widehat{J}$.

D'où $\boxed{\widehat{K} \approx 16°}$.

• Dans le triangle IJK, rectangle en I, on a :
$IJ^2 + IK^2 = JK^2$, d'où $IK^2 = JK^2 - IJ^2$,
soit $IK^2 = 5^2 - 1,4^2 = 23,04$ et :
$IK = \sqrt{23,04}$ cm ou $\boxed{IK = 4,8 \text{ cm}}$.

Commentaires

Avant d'utiliser la trigonométrie dans un triangle, il faut s'assurer (ou comme ici, démontrer) que le triangle est rectangle.

C'est une méthode simple, plus rapide que l'utilisation du sinus de l'angle $\widehat{K}$.

Le théorème de Pythagore permet ici d'obtenir la valeur exacte de IK ; cela ne serait pas le cas en utilisant, par exemple, la tangente de l'angle $\widehat{J}$.

Comment utiliser les relations trigonométriques ?

Énoncé

Calculer la valeur exacte de $\sin x$ et $\tan x$, sachant que $\cos x = \dfrac{4}{5}$ (x désigne un angle aigu).

Solution

• $\cos^2 x + \sin^2 x = 1$; d'où $\sin^2 x = 1 - \cos^2 x$;

$\sin^2 x = 1 - \left(\dfrac{4}{5}\right)^2$; $\sin^2 x = 1 - \dfrac{16}{25}$; $\sin^2 x = \dfrac{9}{25}$;

donc $\sin x = \sqrt{\dfrac{9}{25}}$, soit $\boxed{\sin x = \dfrac{3}{5}}$.

• $\tan x = \dfrac{\sin x}{\cos x}$, d'où $\tan x = \dfrac{\frac{3}{5}}{\frac{4}{5}} = \dfrac{3}{5} \times \dfrac{5}{4}$;

donc, $\boxed{\tan x = \dfrac{3}{4}}$.

Commentaire

Toute équation du type $y^2 = \dfrac{9}{25}$ a deux solutions : $\dfrac{3}{5}$ et $-\dfrac{3}{5}$; mais l'équation $\sin^2 x = \dfrac{9}{25}$ n'admet que la solution positive, car le sinus d'un angle aigu est positif.

APPLIQUER LE COURS

Dans tous les exercices, si l'unité de longueur n'est pas précisée, il s'agit du centimètre.
Donner les résultats arrondis au dixième.

● Rapports trigonométriques ●

1 Calculer $\sin x$, $\cos x$ et $\tan x$ pour :
a. $x = 35°$; **b.** $x = 72°$.

2 Dans chaque cas, donner la troncature au dixième de degré de l'angle x.

$\cos x = 0{,}7$	$\sin x = 0{,}4$	$\tan x = 4{,}3$
$\cos x = 10^{-2}$	$\sin x = \dfrac{4}{9}$	$\tan x = 512 \times 10^{-3}$

3 1. Pour chacun des angles suivants, préciser le triangle rectangle considéré, le côté adjacent et le côté opposé.

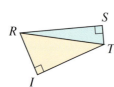

① $\widehat{SRT}$; ② $\widehat{IRT}$; ③ $\widehat{ITR}$; ④ $\widehat{STR}$.

2. **a.** Écrire sous forme fractionnaire le cosinus de chacun de ces angles.
b. Même consigne avec le sinus et la tangente de ces angles.

4 Voici trois égalités vraies concernant trois triangles rectangles :
• $\cos \widehat{R} = \dfrac{SR}{RT}$; • $\sin \widehat{J} = \dfrac{IU}{UJ}$; • $\tan \widehat{F} = \dfrac{DE}{FD}$.

Pour chaque triangle, retrouver l'hypoténuse et le sommet de l'angle droit.

5 1. Écrire de deux façons $\cos \widehat{S}$, $\sin \widehat{S}$ et $\tan \widehat{S}$ en utilisant les lettres de la figure.
2. Recommencer le **1.** avec $\cos \widehat{T}$, $\sin \widehat{T}$ et $\tan \widehat{T}$.

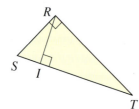

6 Soit a un angle aigu. Quelles sont, parmi les égalités ci-dessous, celles qui sont forcément fausses ? Pourquoi ?

$\cos a = 1{,}6$	$\tan a = 10^4$	$\sin a = \dfrac{9}{5}$	$\tan a = 10^{-3}$

7 On vient de construire un angle $\widehat{A}$ dont la tangente est égale à $\dfrac{3}{2}$.

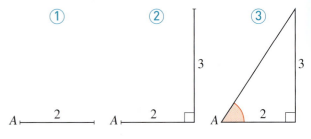

Construire de même :
a. un angle $\widehat{D}$ dont la tangente est égale à $\dfrac{4}{7}$.
b. un angle $\widehat{G}$ tel que $\sin \widehat{G} = \dfrac{2}{3}$.

● Calculs d'angles, de longueurs ●

8 **a.** Tracer un triangle ABE rectangle en E tel que $EA = 3$ cm et $EB = 4$ cm.
b. Calculer la valeur exacte de AB.
c. Exprimer sous forme de fraction :
• $\cos \widehat{EAB}$; • $\sin \widehat{EAB}$; • $\tan \widehat{EAB}$;
• $\cos \widehat{EBA}$; • $\sin \widehat{EBA}$; • $\tan \widehat{EBA}$.

Réponses en vrac :
$\dfrac{3}{4}$; $\dfrac{3}{5}$; $\dfrac{4}{5}$; $\dfrac{4}{3}$.

d. Indiquer les mesures des angles $\widehat{EAB}$ et $\widehat{EBA}$.

9 Résoudre les équations suivantes :
a. $\dfrac{x}{10} = 0{,}4281$; **b.** $\dfrac{x}{3} = 0{,}26$; **c.** $\dfrac{x}{6} = 0{,}14$;
d. $\dfrac{12}{x} = 0{,}6$; **e.** $\dfrac{4{,}8}{x} = 0{,}6$; **f.** $0{,}4 = \dfrac{2{,}8}{x}$.

10

1er cas : $AB = 5$; $AC = 12$ et $BC = 13$.
2nd cas : $AB = 7$; $AC = 11$ et $BC = 13$.

Dans un seul des deux cas ci-dessus, on peut calculer les mesures des angles du triangle ABC. Quel est ce cas ? Expliquer pourquoi.
Préciser alors les mesures des angles de ce triangle.

APPLIQUER LE COURS

11 Dans chaque cas, calculer la longueur inconnue.

$\dfrac{CD}{6} = \sin 28°$	$\tan 50° = \dfrac{AM}{15}$	$\dfrac{a}{12} = \cos 25°$
$\cos 70° = \dfrac{8}{AB}$	$\dfrac{5}{x} = \tan 70°$	$\dfrac{x}{6} = \sin 70°$

12 Soit un triangle EFG, rectangle en F. Dans chaque cas, réaliser un dessin à main levée en indiquant les données, puis calculer la distance demandée dans la première colonne du tableau.

	données
GF ?	$EG = 7$ cm et $\cos \widehat{EGF} = 0{,}4$
EG ?	$FG = 5$ cm et $\sin \widehat{FEG} = 0{,}45$
FG ?	$EG = 10$ cm et $\widehat{EGF} = 32°$
EG ?	$EF = 8$ cm et $\widehat{EGF} = 50°$
FG ?	$EF = 7$ cm et $\widehat{FEG} = 65°$

13 Quelles sont les coordonnées du point M arrondies au centième ?

14

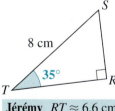

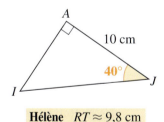

Jérémy $RT \approx 6{,}6$ cm ; $IJ \approx 7{,}7$ cm

Hélène $RT \approx 9{,}8$ cm ; $IJ \approx 13{,}1$ cm

a. Chaque élève a commis une erreur. Retrouver ces deux erreurs, *sans calcul*, en analysant les données.
b. Contrôler par calcul les deux autres réponses.

15 **1. a.** Tracer un cercle de centre I et de rayon 5 cm. Placer un point B sur le cercle.
b. Tracer la droite d tangente en B au cercle.
c. Placer un point A de d tel que $BA = 7$ cm.
2. Calculer la mesure de l'angle $\widehat{AIB}$.

Résolution de problèmes

16 Une échelle est appuyée contre un mur de 5 m de haut. L'échelle arrive exactement au sommet du mur et fait avec celui-ci un angle de 25°.
a. Quelle est la longueur de l'échelle ?
b. À quelle distance du mur le pied de l'échelle se trouve-t-il ?

17

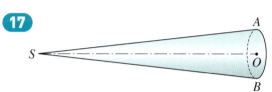

Le dessin ci-dessus représente un cône de révolution de hauteur $[SO]$.
a. On donne $\widehat{ASB} = 20°$ et $AB = 6$ cm. Calculer SA et SO.
b. On donne : $SO = 8$ cm et $AB = 6$ cm. Calculer la mesure de l'angle $\widehat{ASB}$.

18

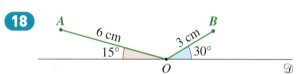

Quel est le point le plus proche de la droite $\mathcal{D}$: le point A ou le point B ? Justifier la réponse.

19

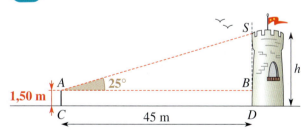

Quelle est la hauteur h de la tour ?

20 Dans chaque cas, calculer les longueurs ou les angles signalés par un point d'interrogation.

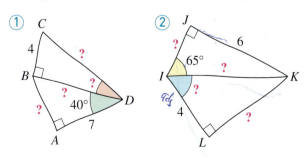

APPLIQUER LE COURS

21 a. Calculer les longueurs BC et BD.
b. Comparer les longueurs BC et CD.

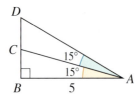

22
• $[AB]$ est un diamètre du demi-cercle de centre O ;
• C est un point de ce demi-cercle.

Calculer AB et BC.

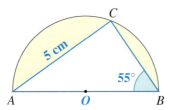

23 1. a. Tracer un cercle de rayon 4 cm, puis un diamètre $[EF]$.
b. Soit M un point du cercle tel que $EM = 5$ cm. Soit Δ la tangente en F au cercle et N le point d'intersection des droites Δ et (EM).
2. Calculer, en justifiant les réponses, la *valeur exacte* de $\cos\widehat{MEF}$, puis celle de la longueur EN.

24 Dans chacun des deux cas ci-dessous :
a. dessiner, à main levée, un triangle OAB isocèle en O, H étant le pied de la perpendiculaire menée de O à (AB) ;
b. calculer les mesures des angles inconnus et des côtés inconnus du triangle OAB.

1er cas :	$OA = 6$ cm et $\widehat{AOB} = 100°$.
2nd cas :	$OA = 5$ cm et $\widehat{OAB} = 35°$.

25 Soit un rectangle $ABCD$.
1. Dans chaque cas, calculer l'aire de $ABCD$.

1er cas : $\widehat{BDC} = 35°$ et $AB = 8$ cm ;

2nd cas : $\widehat{BDC} = 50°$ et $BD = 10$ cm.

2. Calculer la mesure de l'angle $\widehat{BDC}$ tel que :
$AB = 7$ cm et $AD = 3$ cm.

26 a. Tracer un losange $OELM$, de centre I ; les diagonales $[OL]$ et $[EM]$ de ce losange mesurent respectivement 8 cm et 6 cm.
b. Calculer les valeurs exactes de l'aire et du périmètre du losange $OELM$.
c. Calculer la mesure de l'angle $\widehat{IOE}$, puis celles des angles du losange.

Démontrer et rédiger

27 **Que calcule-t-on ?**
On considère le schéma ci-contre.
a. Quelles longueurs les symboles ♦ et ▲ représentent-ils ?

$♦ = \dfrac{150}{\cos 70°}$;

$▲ = ♦ - 100$.

b. Effectuer les calculs.

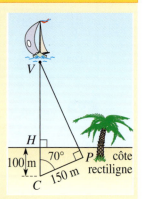

28 **Justifier une démarche**
On considère la figure ci-contre dans laquelle $[AB]$ est un diamètre du cercle, et M et N sont sur le cercle.
1. Justifier, puis terminer le calcul de Quentin, ci-dessous.

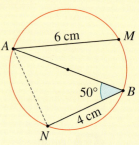

$\dfrac{AN}{BN} = \tan 50°$, d'où $AN = 4 \times \tan 50°$

précise le triangle considéré et pourquoi il est rectangle.

2. Que calcule-t-on lorsqu'on effectue :

$♥ = \dfrac{4}{\cos 50°}$? $♠^2 = ♥^2 - 6^2$? $♦ = \dfrac{6}{♥}$?

3. Démontrer que le périmètre du quadrilatère $MBNA$ est voisin de 16,5 cm.

29 **Retrouver le bon calcul**
On considère la figure à main levée ci-contre, dans laquelle la demi-droite $[KI)$ est la bissectrice de l'angle $\widehat{LKJ}$.

1. Relier chaque longueur de gauche au calcul qui lui correspond à droite. Justifier les réponses.

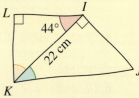

IJ	• 22 sin 44°
LK •	• 22 cos 44°
IL •	• 22 : sin 44°
JK •	• 22 : tan 44°

2. Effectuer les calculs correspondants.

APPLIQUER LE COURS

30 Calculer l'aire du rectangle $BCDE$. (Donner l'arrondi à 10^{-2} près du résultat.)

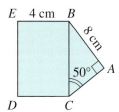

31 a. Tracer un triangle RST tel que :
$RT = 10$ cm, $ST = 8$ cm et $\widehat{RTS} = 37°$.
b. Faire une conjecture sur la nature de ce triangle.
c. Démontrer que cette conjecture est fausse.

32 1. Représenter en perspective cavalière une pyramide régulière de sommet S et ayant pour base un carré $ABCD$ de centre H.
2. On donne : $AB = 8$ cm et $SH = 10$ cm.
Calculer la valeur exacte de HD, puis la mesure de l'angle $\widehat{SDH}$ arrondie au degré.

33 Sur le schéma ci-dessous, quelle est la distance AB séparant les deux bateaux ?

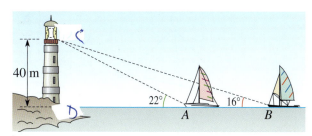

34 1. a. Tracer un triangle IJK rectangle en J tel que $IJ = 4,2$ cm et $IK = 7,2$ cm.
b. Tracer la hauteur $[JH]$.
2. a. Calculer la valeur exacte du cosinus de l'angle $\widehat{JIK}$ (donner le résultat sous la forme d'une fraction irréductible).
b. *Sans calculer la mesure de l'angle* $\widehat{JIK}$, calculer la valeur exacte de IH.

35 1. a. Réaliser un dessin à main levée représentant la situation suivante :
• ABC est un triangle d'aire 42 cm² ;
• $AB = BC = 12$ cm ;
• H est le pied de la hauteur issue de A.
b. Démontrer que $AH = 7$ cm.
c. Construire le triangle ABC en vraie grandeur.
2. Calculer les mesures des angles $\widehat{ABC}$ et $\widehat{ACB}$, puis les longueurs BH et CH.

Relations trigonométriques

36 1. a est un angle aigu. Montrer que :
• $(\cos a + \sin a)^2 = 1 + 2 \cos a \sin a$;
• $(\cos a - \sin a)^2 = 1 - 2 \cos a \sin a$.
2. $(\cos 57° - \sin 57°)^2 + (\cos 57° + \sin 57°)^2 = $ **?**.

37 1. Je suis un angle aigu a. Mon sinus vaut 0,8. Calculer mon cosinus, puis ma tangente.
2. Je suis un angle aigu b. Mon cosinus vaut $\dfrac{1}{3}$. Calculer mon sinus, puis ma tangente.
3. Je suis un angle aigu x et mon cosinus est égal à $\dfrac{8}{17}$. Vérifier que $\sin x = \dfrac{15}{17}$, puis calculer $\tan x$.

38 Soit un triangle ABC rectangle en A.
1. Justifier : $\cos \widehat{B} = \sin \widehat{C}$; $\cos \widehat{C} = \sin \widehat{B}$.
2. Recopier et compléter :
Si deux ... sont complémentaires, le cosinus de l'... est égal au ... de l'autre.
3. a. Recopier et compléter :
• $\cos 25° = \sin ...°$; • $\sin 64° = \cos ...°$.
b. Calculer, de tête : $A = \cos 1° - \sin 89°$.

39 Valeurs exactes

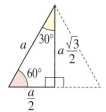
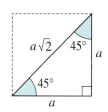

1. À l'aide des deux figures, démontrer que :
• $\sin 30° = \dfrac{1}{2}$;
• $\sin 60° = \dfrac{\sqrt{3}}{2}$;
• $\sin 45° = \dfrac{\sqrt{2}}{2}$.
2. Justifier les deux dernières lignes du tableau ci-contre.

x	30°	45°	60°
$\sin x$	$\dfrac{1}{2}$	$\dfrac{\sqrt{2}}{2}$	$\dfrac{\sqrt{3}}{2}$
$\cos x$	$\dfrac{\sqrt{3}}{2}$	$\dfrac{\sqrt{2}}{2}$	$\dfrac{1}{2}$
$\tan x$	$\dfrac{\sqrt{3}}{3}$	1	$\sqrt{3}$

40 Calculer les valeurs exactes de l'aire et du périmètre d'un triangle ABC rectangle en A tel que $BC = 8$ cm et $\widehat{ACB} = 30°$. (Voir ci-dessus.)

FAIRE LE POINT

Pour s'évaluer

Pour chacun des exercices 41 à 49, indiquer la (ou les) bonne(s) réponse(s) a, b, c ou d et justifier.

41 Dans un triangle DSK rectangle en D :
- **a.** $[SD]$ est le côté adjacent à l'angle $\hat{K}$;
- **b.** $[SD]$ est le côté opposé à l'angle $\hat{K}$;
- **c.** $[DK]$ est l'hypoténuse ;
- **d.** $[SD]$ est le côté opposé à l'angle $\hat{S}$.

42 Quelles sont les affirmations forcément fausses ? (Dans chaque cas, x désigne un angle aigu.)
- **a.** $\cos x = 1{,}34$;
- **b.** $\sin x = 3{,}5$;
- **c.** $\cos x = 10^{-4}$;
- **d.** $\tan x = 5000$.

43 D'après la figure ci-contre, quelles sont les égalités vraies ? ($B \in [AI]$.)
- **a.** $\cos \widehat{BIR} = \dfrac{BI}{IR}$;
- **b.** $\tan \widehat{RAI} = \dfrac{RI}{AI}$;
- **c.** $\sin \widehat{RAB} = \dfrac{RI}{AI}$;
- **d.** $\cos \widehat{IAR} = \dfrac{AI}{AR}$.

44 D'après la figure ci-contre, quelles sont les égalités vraies ? ($B \in [AI]$.)
- **a.** $\tan \widehat{IBR} = \dfrac{IA}{IR}$;
- **b.** $\sin \widehat{ARB} = \dfrac{AB}{AR}$;
- **c.** $\sin \widehat{IRB} = \dfrac{IB}{BR}$;
- **d.** $\tan \widehat{BAR} = \dfrac{RI}{AI}$.

45 Dans quel(s) cas a-t-on le droit d'utiliser la trigonométrie ?

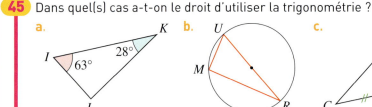
a.   b. 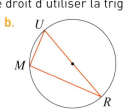   c. 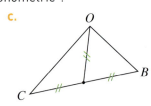   d.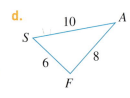

46 L'arrondi au dixième de degré de l'angle $\widehat{ICR}$ est égal à :
- **a.** $29{,}7°$;
- **b.** $29{,}8°$;
- **c.** $60{,}2°$;
- **d.** $60{,}3°$.

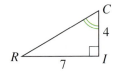

47 D'après la figure ci-contre, BI est égal à :
- **a.** $7 \times \cos 40°$;
- **b.** $\dfrac{7}{\sin 40°}$;
- **c.** $\dfrac{7}{\cos 40°}$;
- **d.** $7 \times \sin 40°$.

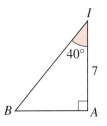

48 D'après la figure ci-contre, AB est égal à :
- **a.** $\dfrac{7}{\tan 40°}$;
- **b.** $BI \times \tan 40°$;
- **c.** $7 \times \tan 40°$;
- **d.** $7 \times \sin 40°$.

49 Quelles sont les affirmations forcément fausses (dans chaque cas, x désigne un angle aigu) ?
- **a.** $\cos x = 0{,}8$ et $\sin x = 0{,}2$;
- **b.** $\cos x = 0{,}8$ et $\sin x = 0{,}6$;
- **c.** $\cos x = \dfrac{7}{13}$ et $\sin x = \dfrac{11}{13}$;
- **d.** $\cos x = \dfrac{5}{13}$ et $\sin x = \dfrac{12}{13}$.

CONSOLIDER ET APPROFONDIR

Calculs d'angles et de longueurs

Démontrer et rédiger

50 **Chercher les erreurs**

1. Lucas, Suzanne, Pierre et Manon sont d'accord :

$$\tan \widehat{B} = \frac{\text{côté opposé à } \widehat{B}}{\text{côté adjacent à } \widehat{B}}.$$

Retrouver les élèves qui se trompent à propos de la figure réalisée à partir du triangle ABC.

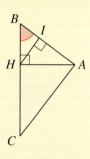

	Lucas	Suzanne	Pierre	Manon
$\tan \widehat{B}$	$\frac{AC}{AB}$	$\frac{IH}{IB}$	$\frac{AH}{BH}$	$\frac{IH}{BH}$

2. a. Démontrer que $\frac{IA}{AH} = \frac{AH}{AB}$.

b. En déduire que $AH^2 = AI \times AB$.

c. Calculer AI, sachant que $AH = 6$ et $AB = 9$.

51 **Retrouver le bon raisonnement**

On considère le triangle ABC ci-contre.

1. En tenant compte des annotations du professeur, rédiger correctement la réponse.

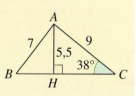

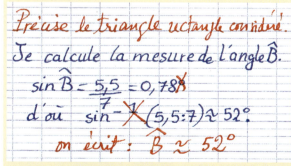

2. a. L'un des deux raisonnements suivants est incorrect ; lequel ? Pourquoi ?

Raisonnement 1	Raisonnement 2
$BC = 9 : \cos 38°$	$BC = BH + HC$
$BC \approx 11,4$ cm	$BC \approx 7 \cos 52° + 9 \cos 38°$
	$BC \approx 11,4$ cm

b. Rédiger, en justifiant, la solution correcte.

52 **Avec un quadrillage**

1. Prouver que :

$\tan \widehat{B} = \frac{5}{3}$ et $\tan \widehat{C} = 5$.

2. En déduire les mesures arrondies au degré des angles $\widehat{B}$, $\widehat{C}$ et $\widehat{A}$.

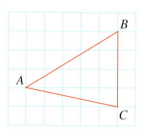

53 1. Calculer l'aire d'un rectangle $ABCD$ de centre I ; ses diagonales mesurent 8 cm et forment un angle aigu de 36°.

2. Calculer l'angle aigu formé par les diagonales d'un rectangle de longueur 12 cm et de largeur 5 cm.

54 a. Tracer un cercle de centre O et de rayon 6 cm. Placer deux points A et B du cercle tels que $AB = 5$ cm.

b. Calculer la mesure de l'angle $\widehat{AOB}$, puis la longueur du petit arc de cercle $\overset{\frown}{AB}$.

Coup de pouce : soit I le milieu de $[AB]$.

55 Calculer la hauteur h de l'immeuble.

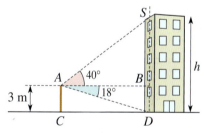

56 1. Tracer un triangle LMN, isocèle en L, tel que $LM = 6$ cm et $MN = 5$ cm. Soit P le symétrique du point M par rapport au point L.

2. Préciser, en justifiant la réponse, la nature du triangle MPN.

3. Calculer MP, puis les mesures de tous les angles du triangle LPN.

57

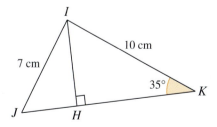

a. Calculer les longueurs IH, HK et la mesure de l'angle $\widehat{IJK}$. Arrondir les résultats au centième.

b. Le triangle IJK est-il rectangle ?

CONSOLIDER ET APPROFONDIR

58 1. a. Marquer trois points A, B et C tels que :
$$AC = 4 \text{ cm}, \quad AB = 6 \text{ cm} \quad \text{et} \quad \widehat{BAC} = 110°.$$
b. Construire le point D, image du point C par la translation qui transforme A en B.

2. a. Préciser, en justifiant la réponse, la nature du quadrilatère $ABDC$.
b. Calculer son aire.

59 Dans la vie de tous les jours

> La pente d'une route est la tangente de l'angle qu'elle fait avec l'horizontale.
> La pente de la route représentée ci-contre est la tangente de l'angle a.

1. On suppose qu'une route de montagne rectiligne de 5 km de long s'élève (régulièrement) de 450 mètres.
a. Calculer le sinus de l'angle a, puis la mesure de a arrondie au centième.
b. En déduire la pente de la route.
c. Exprimer cette pente en pourcentage.
2. Au cours d'un trajet en voiture, on aperçoit le panneau routier ci-contre.
Calculer l'angle que fait la route avec l'horizontale.

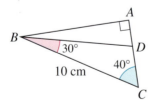

60 Calculer le périmètre du triangle ABD.

61 Troisième dimension
Voici un cube.
Mais quel est donc le cosinus de l'angle $\widehat{CAF}$?

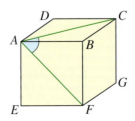

Résoudre des problèmes

62 Relations trigonométriques
1. Montrer qu'il est impossible de trouver un angle aigu x tel que :
$$\cos x = \frac{1}{2} \quad \text{et} \quad \sin x = \frac{5}{6}.$$
2. Calculer $\sin y$ de deux façons, sachant que $\cos y = 0{,}6$ et $\tan y = \frac{4}{3}$ (y désigne un angle aigu).

63 1. a. Tracer un demi-cercle de diamètre $[AB]$ et de rayon 4 cm.
b. Placer le point C du demi-cercle tel que $AC = 2$ cm et le point D du demi-cercle tel que $BD = 5$ cm.
2. Calculer la mesure de l'angle $\widehat{CAD}$.

64 1. a. Tracer un triangle ABC tel que :
$$AB = 4{,}8 \text{ cm}, \quad BC = 6{,}4 \text{ cm} \quad \text{et} \quad AC = 8 \text{ cm}.$$
b. Démontrer que le triangle ABC est rectangle.
c. Calculer les mesures (arrondies au degré) de ses angles aigus.
2. a. Placer le point D du côté $[AC]$ tel que $CD = 2$ cm.
b. Tracer la perpendiculaire à la droite (AB) passant par D : elle coupe (AB) en E.
3. Calculer :
a. les valeurs exactes des longueurs ED et BE ;
b. la longueur EC arrondie au dixième.

65 Pour gravir un couloir de glace dont l'inclinaison constante est de 60°, un alpiniste, qui progresse à vitesse constante, s'élève de 150 m par heure.

1. Sachant qu'il parvient au sommet en 6 h 45 min, quelle distance a-t-il parcourue ?
2. Exprimer en pourcentage la pente de ce couloir de glace. (*Voir l'exercice 59.*)

CONSOLIDER ET APPROFONDIR

Pour débattre en classe

66 Répondre par VRAI ou FAUX à chacune des affirmations suivantes et justifier la réponse.

a) $\cos \widehat{RST} = \dfrac{7}{8}$.

b) $\sin \widehat{RST} = \dfrac{8}{7}$.

c) $\tan \widehat{RST} = \dfrac{\sqrt{15}}{7}$.

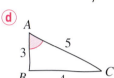

d)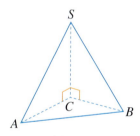

$\tan \widehat{BAC} = \dfrac{4}{3}$ et $\tan \widehat{EDF} = \dfrac{5}{4}$.

e) Quel que soit l'angle aigu a, les nombres $\cos a$, $\sin a$ et $\tan a$ sont plus petits que 1.

f) $\dfrac{OB}{OA} = \dfrac{OC}{OB}$.

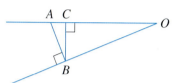

g) $\sin 70° = \sin 40° + \sin 30°$.

h) $\cos 68° = 2 \times \cos 34°$.

i) $\tan x = \dfrac{4}{7}$, alors $\sin x = 4$ et $\cos x = 7$.

j) Pour tout angle a aigu : $(\cos a + \sin a)^2 = 1$.

k) Pour tout angle a aigu :
$(\tan a) \times (\sin a) = \cos a$.

---

67 $SABC$ est un tétraèdre dont la base est un triangle rectangle et isocèle en C.

La hauteur est l'arête $[SC]$; $SC = 3$ cm, $CA = CB = 4$ cm.

1. Calculer le volume de cette pyramide.
2. Calculer la longueur SA.
3. Réaliser un patron de cette pyramide.
4. Calculer l'angle $\widehat{SAC}$ à 1 degré près.

68 On considère le triangle ABC tel que :
$AC = 4,8$ cm, $AB = 6,4$ cm, $BC = 8$ cm.
1. Construire le triangle ABC.
2. Démontrer que le triangle ABC est rectangle en A.
3. Tracer la droite (d) perpendiculaire en C à la droite (BC) ; cette droite (d) coupe la droite (AB) en un point E.
4. **a.** Exprimer de deux façons différentes $\tan \widehat{B}$: dans le triangle ABC, puis dans le triangle BCE.
b. En déduire que $EC = 6$ cm.
5. Sur le segment $[CE]$, on marque le point M tel que $CM = 4,2$ cm. La parallèle à (BE) passant par M coupe $[BC]$ en N. Calculer les longueurs CN et MN.
6. Déterminer, arrondie au degré près, une mesure de l'angle $\widehat{ACE}$.

69 **A.** 1. Tracer un segment $[AB]$ tel que $AB = 12$ cm et placer le point H du segment $[AB]$ tel que $AH = 1$ cm.
Tracer un demi-cercle de diamètre $[AB]$ et la perpendiculaire en H à la droite (AB).
On désigne par C leur point d'intersection.
2. Quelle est la nature du triangle ABC ?
3. Exprimer, de deux façons, le cosinus de l'angle $\widehat{BAC}$ et en déduire que $AC = 2\sqrt{3}$ cm. Donner la mesure arrondie au degré de l'angle $\widehat{BAC}$.

B. 1. **a.** Placer le point D de la droite (BC) tel que B, C et D soient dans cet ordre et que $CD = 6$ cm.
b. Calculer la mesure, en degrés, de l'angle $\widehat{ADC}$ et la valeur exacte de la longueur AD.
2. **a.** Placer le point E du segment $[AD]$ tel que $AE = 2$ cm et le point F du segment $[AC]$ tel que $\widehat{AEF} = 30°$.
b. Démontrer que les droites (EF) et (DC) sont parallèles. Calculer la longueur AF.
3. La droite (EF) coupe la droite (CH) en K. Démontrer que le point K appartient à la bissectrice de l'angle $\widehat{CAB}$.

MATHS-MAGAZINE

DES CARTES... SANS PUCES

Se repérer, représenter le monde, élaborer des cartes (*doc.* 1), donc mesurer la Terre, voilà que la géométrie prend tout son sens, et que l'apport de la trigonométrie est décisif.
Effectuer des relevés topographiques, puis utiliser la **méthode de triangulation** (définie en 1533 par Gemma Frisius, mais utilisée surtout à partir de la deuxième moitié du XVIIe siècle) permet de déterminer des distances et de situer des points sur une carte (*doc.* 2).

De nos jours, cette méthode est toujours utilisée (*doc.* 3). Mais ces mesures sont associées à des photographies aériennes, des clichés satellites, et tout est traité par ordinateur.

1. Atlas d'Ortelius (XVIe siècle).

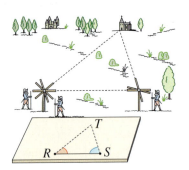

2. *À partir de points connus R et S dont on connaît déjà la distance à vol d'oiseau, on vise un point précis T. On mesure alors les angles du triangle RST, ce qui permet de déterminer les distances avec une approximation satisfaisante, car :*

3. *Un géomètre effectuant des mesures de distances dans le désert d'Arabie Saoudite.*

$RT = RS \dfrac{\sin \widehat{S}}{\sin \widehat{T}}$ et $ST = RS \dfrac{\sin \widehat{R}}{\sin \widehat{T}}$. Il reste ensuite à tenir compte du relief et de la courbure de la Terre pour de grandes distances.

VOUS AVEZ DIT THÉODOLITE ? et puis quoi encore ?

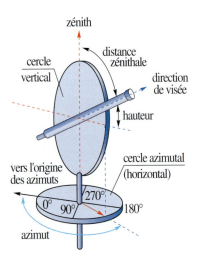

Cet instrument de visée, constitué en fait de deux rapporteurs (l'un horizontal et l'autre vertical comme l'indique la figure ci-contre), permet de mesurer des angles dans une direction donnée.
Il est utilisé depuis l'Antiquité pour des mesures astronomiques.
Une fois la direction identifiée, il suffit de pointer la cible (astre, sommet d'arbre ou autre) dans le prolongement de l'axe de visée, on mesure alors sa « hauteur », qui est, en réalité, un angle.
Il n'y a que pour la mesure de la « hauteur » du Soleil (difficile de le regarder en face !) que le théodolite n'est pas utilisé. On procède alors de la façon suivante : à midi (heure solaire), lorsque cet astre est, au plus haut dans le ciel, on mesure la hauteur d'un objet vertical et la longueur de son ombre.

AVEC DES COORDONNÉES

CHAPITRE 12

Ces murets en pierre dans une amandaie (plantation d'amandiers) des îles Baléares suggèrent deux axes perpendiculaires.

QCM

Pour chaque question, indiquer la réponse exacte (ou les réponses exactes).

		A	B	C	D
1		$x_A = 3$ et $y_A = -1$	A a pour : • abscisse 1 • ordonnée 3	A a pour coordonnées : $(3\,;-1)$	A a pour coordonnées : $(-1\,;3)$
2		$a^2 + c^2 = b^2$	$a = \sqrt{b^2 - c^2}$	$a^2 + b^2 = c^2$	$c = \sqrt{a^2 + b^2}$
3	Ces triangles sont semblables :	*BCD* et *CFD*	*ABD* et *ACE*	*ABD* et *DEF*	*DEF* et *ACE*
4	L'équation $3x + 3y - 6 = 0$ peut s'écrire :	$y = -x + 6$	$y = -x + 2$	$y = 6 - 3x$	$y = x + y - 2 = 0$

DE QUOI S'AGIT-IL ?

Comment calculer la distance de deux points sur une droite graduée ?
Comment calculer les coordonnées du milieu d'un segment sur une droite graduée ?

1. Distance sur une droite graduée

Sur une droite graduée d'origine O, on a placé les points A, B, C, D et E.

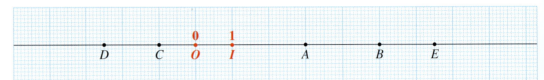

1. Indiquer les abscisses des points A, B, C, D, E, O et I. (On désignera l'abscisse du point A par x_A et on écrira : $x_A = \ldots$, etc.)

2. a. Déterminer les distances AB, AC et CD.

b. Exprimer la distance entre deux points de cette droite graduée en fonction des abscisses de ces deux points.
(*Conseil* : une distance est toujours un nombre positif.)

c. Calculer les distances IE, CE, OD, AD et IO. Contrôler graphiquement.

2. Loi du milieu sur une droite graduée

1re partie • Conjecture

Sur une droite graduée d'origine O, on a placé les points A, B, C et D.

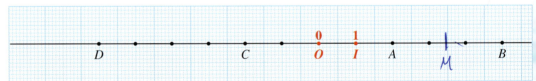

1. Placer le point M, milieu de $[AB]$. Justifier.

(*Aide* : $AB = 3$ donc $\dfrac{AB}{2} = 1{,}5$.)

2. a. Comment déterminer l'abscisse de M, milieu de $[AB]$, en fonction des abscisses de A et de B ?

b. Conjecturer, tester avec N milieu de $[CD]$ et P milieu de $[AD]$.

2de partie • Preuve

Soit deux points A et B d'une droite graduée d'abscisses x_A et x_B.
Supposons $x_A < x_B$.

Si le point M est le milieu de $[AB]$, alors $AM = \dfrac{1}{2} A\bullet$.

Ce qui s'écrit en termes d'abscisses $x_M - x_\bullet = \dfrac{1}{2}(x_\bullet - x_\bullet)$.

D'où $x_M = \dfrac{1}{2}(x_\bullet - x_\bullet) + x_\bullet$ et $x_M = \dfrac{x_\bullet + x_\bullet}{2}$.

DE QUOI S'AGIT-IL ?

Comment calculer les coordonnées du milieu d'un segment dans un plan ?

3. Repère (rappels)

1. a. Reproduire la figure ci-contre.

Note : on dit que le repère (O, I, J) est orthogonal, car l'axe des abscisses et l'axe des ordonnées sont perpendiculaires. (Ici, ces deux axes ne sont pas gradués avec la même unité de longueur.)

b. Que signifie l'écriture $A(2\,;3)$?

c. Indiquer les coordonnées des points O, I et J.

2. a. Placer les points :
$B(3\,;2)$ et $C(3\,;-4)$.

b. Tracer en rouge l'ensemble de tous les points dont l'abscisse est égale à 3.

3. Tracer en vert l'ensemble de tous les points dont l'ordonnée est égale à -4.

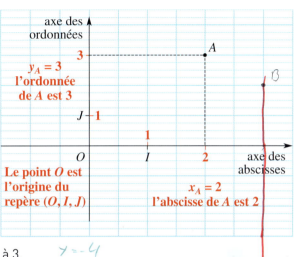

4. Loi du milieu dans le plan

1re partie • Conjecture

1. Dans les deux cas, lire les coordonnées des points A, B et du milieu M de $[AB]$.

2. Rechercher un moyen pour trouver les coordonnées du milieu d'un segment en fonction des coordonnées des extrémités de ce segment.

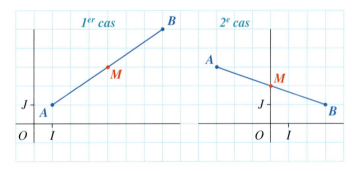

2de partie • Vers le cas général

Soit deux points $A(x_A\,;y_A)$ et $B(x_B\,;y_B)$.
Dans la figure ci-contre, on a $x_A < x_B$ et $y_A < y_B$.
Recopier et compléter.
Les droites (AC), (MD) et $(\bullet\bullet)$ sont ....
Les droites (AF), $(\bullet\bullet)$ et $(\bullet\bullet)$ sont ....
Si le point M est le milieu du segment $[AB]$, alors D est le milieu de $[\bullet\bullet]$ et $\bullet$ est le milieu de $[FH]$. Énoncer la propriété utilisée.

Par conséquent : $x_M = x_\bullet = \dfrac{x_C + x_\bullet}{\bullet} = \dfrac{x_\bullet + x_\bullet}{\bullet}$.
De manière analogue, on démontre que
$y_M = \dfrac{y_\bullet + y_\bullet}{\bullet}$.

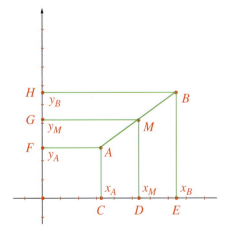

DE QUOI S'AGIT-IL ?

Comment calculer la distance de deux points dans un plan ?

5. Repère orthonormé obligatoire

Vocabulaire

Un repère est orthonormé (ou orthonormal) si l'axe des abscisses et l'axe des ordonnées sont perpendiculaires et s'il sont gradués avec la même unité de longueur.
Le repère (O, I, J) ci-contre est orthonormé, car :

$$(OI) \perp (OJ) \text{ et } OI = OJ.$$

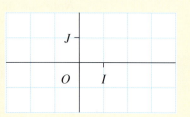

1re partie • Exemple

1. Par lecture graphique, indiquer :

a. les coordonnées des points D, E et F ;

b. les distances DE et EF.

2. Démontrer que $DF = 2\sqrt{5}$.

3. Que calcule-t-on lorsqu'on effectue :

- $x_F - x_D$;
- $y_F - y_D$;
- $(x_F - x_D)^2 + (y_F - y_D)^2$;
- $\sqrt{(x_F - x_D)^2 + (y_F - y_D)^2}$?

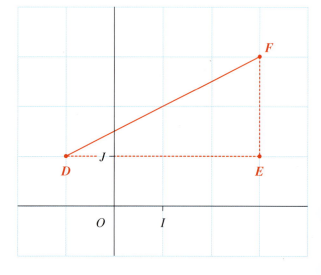

2de partie • Vers le cas général

a. Dans la figure ci-contre, on a :

$$x_A < x_B \text{ et } y_A < y_B.$$

1. Recopier et compléter avec x_A, y_A, x_B et y_B.

- $AC = x_\bullet - x_\bullet$;
- $BC = y_\bullet - y_\bullet$.

2. En déduire l'égalité :

$$AB^2 = (x_B - x_A)^2 + (y_B - y_A)^2.$$

3. Exprimer la distance AB en fonction de x_A, y_A, x_B et y_B.

b. Refaire la démonstration dans les autres cas de figure.

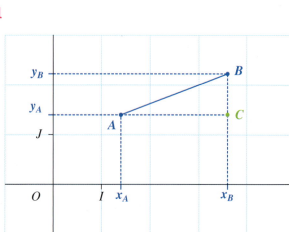

DE QUOI S'AGIT-IL ?

Comment utiliser des coordonnées dans des problèmes ?

6. Résolution de problèmes

1er problème

a. Lire les coordonnées des points A, B, C et D.

b. Calculer les coordonnées des translations qui appliquent A sur B et C sur D.

c. Déduire du **b.** la nature du quadrilatère $ABDC$.

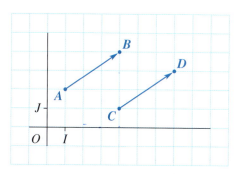

2e problème

d. Dans un repère (O, I, J), placer les points :
$$R(-1\,;2), \quad S(5\,;4) \quad \text{et} \quad T(-3\,;-1).$$

e. Placer le point U tel que U est l'image du point T pour la translation qui applique R sur S. Calculer les coordonnées de la translation $t_{\overrightarrow{RS}}$.

f. Soit x et y les coordonnées du point U.
Exprimer les coordonnées de la translation $t_{\overrightarrow{TU}}$ en fonction de x et de y.

g. En déduire que $x + 3 = 6$ et que $y + 1 = 2$.

h. Calculer les coordonnées du point U. Contrôler graphiquement la réponse.

3e problème

1. Dans un repère (O, I, J), placer les points :
$$R(-4\,;1), \quad S(3\,;2), \quad T(6\,;-1) \quad \text{et} \quad U(-1\,;-2).$$

2. Démontrer par deux méthodes différentes que $RSTU$ est un parallélogramme.

4e problème

1. Dans un repère (O, I, J), placer les points $A(-5\,;-2)$ et $E(2\,;4)$.

2. Placer le point B symétrique du point A par rapport au point E.

3. Calculer par deux méthodes différentes les coordonnées du point B.

5e problème

1. Dans un repère (O, I, J), placer les points :
$$E(-5\,;2), \quad F(-2\,;-3) \quad \text{et} \quad G(4\,;2).$$

2. Placer le point H tel que le quadrilatère $EFGH$ soit un parallélogramme.

3. Calculer les coordonnées du point H et celles du centre M de $EFGH$.

DE QUOI S'AGIT-IL ?
Comment déterminer l'équation réduite d'une droite ?

7. Équation d'une droite – théorème direct

Soit deux points distincts $A(x_A\,;\,y_A)$ et $B(x_B\,;\,y_B)$ d'une droite d et $M(x\,;\,y)$ un point quelconque de la droite d.
On trace les parallèles aux axes passant par les points A, B et M pour former les triangles ABC et AMD.

1. Démontrer que les triangles ABC et AMD sont semblables.

2. En déduire que $\dfrac{AC}{AD} = \dfrac{BC}{MD}$.

3. De cette égalité, on obtient $AC \times MD = AD \times BC$. Justifier.

4. Écrire cette égalité en utilisant x_A, y_A, x_B, y_B, x et y.
Conseil : $AC = (x_B - x_A)$.

5. *1er cas* Si $x_A \neq x_B$, l'égalité obtenue au point 4 peut s'écrire $y - y_A = \dfrac{y_B - y_A}{x_B - x_A}(x - x_A)$.

a. Recopier et compléter :
  Isolons y, on obtient $y = \ldots$.
  Posons $m = \dfrac{y_B - y_A}{x_B - x_A}$, on a alors $y = m(\ldots$
  et $y = mx - \ldots$.
  Posons $p = y_A - m x_A$, donc $y = mx + p \,(*)$.

b. L'égalité (*) exprime une relation entre l'abscisse et l'ordonnée du point M de la droite d. Cette égalité est **l'équation réduite** de la droite d.

6. *2nd cas* Si $x_A = x_B = c$, alors l'égalité obtenue au point 4 se réduit à :
$$(y_B - y_A)(x - x_A) = 0.$$

a. En déduire que $x = x_A$. (Piste : A et B sont deux points distincts.)

b. Dans ce cas l'équation de la droite d est de la forme $x = c$.

8. Caractérisation – théorème réciproque

On donne les points $A(0\,;\,1)$, $B(1\,;\,3)$ et $C(2\,;\,5)$.

1. Ces points vérifient-ils l'équation $y = 2x + 1$?

2. Prouver que ces points sont alignés en utilisant les triangles semblables.

a. Que connaît-on des triangles ABD et ACE ? (mesure des côtés et angles)

b. Comment prouver que les triangles ABD et ACE sont semblables ?

c. Comment sont les angles $\widehat{BAD}$ et $\widehat{CAE}$?

d. Conclure.

On admet que l'ensemble de tous les points du plan vérifiant l'équation $y = 2x + 1$ est une droite.

DE QUOI S'AGIT-IL ?

Quels sont les critères pour obtenir des droites parallèles ? Perpendiculaires ? Quelle est l'équation générale d'une droite ?

9. Critères de parallélisme et de perpendicularité

a. Lire les coordonnées des points A, B, C et D.

b. Déterminer et justifier la nature du quadrilatère $ABCD$ (aide : mesure des côtés, angles droits, Pythagore).

c. Déterminer l'équation réduite des droites (AB), (BC), (CD) et (AD).

d. Quelle est la position relative des droites (AB) et (CD) ?
Observer les coefficients de direction et conjecturer.

e. Quelle est la position relative des droites (AB) et (BC) ?
Des droites (BC) et (CD) ? Des droites (CD) et (AD) ?
Observer les coefficients de direction et conjecturer.

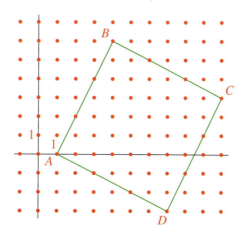

10. Équation générale d'une droite

On donne : $3x + 2y - 6 = 0$
Rechercher quelques couples $(x\,;\,y)$ qui rendent cette égalité vraie.

Que vaut y si x vaut 0 ? Que vaut x si y vaut 0 ? Que vaut y si $x = \dfrac{3}{2}$?

Représenter les couples trouvés dans un repère orthonormé. Conjecturer leur position.
Écrire l'égalité $3x + 2y - 6 = 0$ en exprimant y en fonction de x.
On obtient l'équation d'une ... et donc les points sont ... .
On dit que $3x + 2y - 6 = 0$ est une **équation générale** de cette droite.
L'équation générale d'une droite est $ax + by + c = 0$.
Écrire sous forme d'une équation générale les équations de droites suivantes :

a. $x = k$.

b. $y = k$.

c. $y = mx + p$.

DE QUOI S'AGIT-IL ?

Qu'est-ce qu'un système de deux équations à deux inconnues ? Comment le résoudre ?

11. Histoire de deux inconnues

1re partie • Dialogue

1. Axel pose le problème suivant à Leïla :

« *Si j'ajoute l'âge de ma petite sœur et le double de l'âge de mon petit frère, je trouve 10. Devine l'âge de ma petite sœur et celui de mon petit frère.* »

Après hésitation, Leïla répond à Axel :

« *Je trouve plusieurs réponses possibles.* »
Leïla a-t-elle raison ? Justifier la réponse.

2. Axel, ennuyé, dit à Leïla :

« *J'ai oublié de te dire que si je retranche l'âge de mon petit frère au double de l'âge de ma petite sœur, je trouve* 5. »
Leïla, ravie, dit à Axel : « *Facile, j'ai trouvé.* »
Quels sont les âges trouvés par Leïla ?

2e partie • Mathématisation

Désignons par x l'âge de la petite sœur d'Axel et par y l'âge de son petit frère.

1. Traduire la première information d'Axel par une équation et numéroter (1) cette équation.

2. Traduire la seconde information d'Axel par une équation et numéroter (2) cette équation.

On retiendra que les deux équations obtenues ci-dessus constituent ce qu'on appelle un **système de deux équations à deux inconnues**, x et y.

3e partie • Résolution algébrique

Méthode 1 (par substitution)

a. En utilisant l'équation (2) ci-dessus, exprimer y en fonction de x.

b. Expliquer comment on obtient l'équation : $x + 2(2x - 5) = 10$.

c. Résoudre cette équation, puis trouver la valeur de y.

Méthode 2 (par combinaison)

a. Multiplier les deux membres de l'équation (2) par 2, puis additionner membre à membre avec l'équation (1) afin que l'une des inconnues « disparaisse ».

b. Trouver alors la valeur de x et la valeur de y.

On retiendra qu'il existe deux méthodes algébriques pour résoudre un système de deux équations à deux inconnues : **par substitution** et **par combinaison**.

DE QUOI S'AGIT-IL ?

Comment interpréter graphiquement la résolution d'un système ?

12. Histoire d'intersection de deux droites

On considère les deux fonctions affines $f : x \mapsto -\frac{1}{2}x + 5$ et $g : x \mapsto 2x - 5$.

1. Représenter graphiquement ces deux fonctions dans un même repère.

2. Donner les équations des deux droites ainsi représentées.

3. Lire les coordonnées du point d'intersection de ces deux droites.

4. Quel rapprochement peut-on faire avec le problème posé par Axel (à la page 136) ?

> On retiendra que la résolution d'un système de deux équations à deux inconnues peut s'interpréter graphiquement par les **coordonnées du point d'intersection de deux droites**.

13. Pour s'entraîner

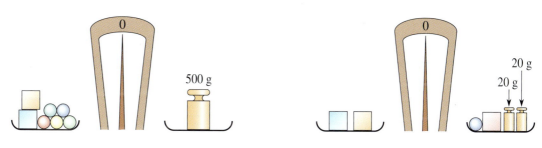

Les deux schémas ci-dessus représentent deux équilibres.
Sur les plateaux, on trouve des boules de même masse, des cubes de même masse et des masses marquées.

1. Écrire deux équations correspondant à ces équilibres.

2. Résoudre le système obtenu en utilisant la *méthode 1* ou la *méthode 2* (voir à la page 136).
Donner la masse d'un cube et celle d'une boule.

3. Interpréter graphiquement la résolution du système précédent en traçant deux droites dans un même repère (voir ci-contre) et en lisant les coordonnées du point d'intersection.

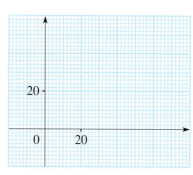

RETENIR

■ 1. COORDONNÉES DU MILIEU D'UN SEGMENT

Théorème

Dans le plan muni d'un repère (O, I, J), soit deux points A et B de coordonnées respectives $(x_A\,;\,y_A)$ et $(x_B\,;\,y_B)$.
Les coordonnées du milieu M du segment $[AB]$ sont égales à :

$x_M = \dfrac{x_A + x_B}{2}$ (demi-somme des abscisses des extrémités)

$y_M = \dfrac{y_A + y_B}{2}$ (demi-somme des ordonnées des extrémités).

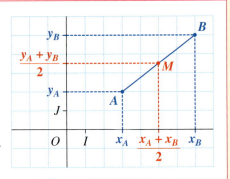

Exemple

Soit $A(2\,;\,3)$ et $B(-5\,;\,1)$ et M le milieu de $[AB]$.

$$x_M = \dfrac{2 + (-5)}{2} = -\dfrac{3}{2}\,; \qquad y_M = \dfrac{3+1}{2} = \dfrac{4}{2} = 2\,; \qquad \text{donc : } M\left(-\dfrac{3}{2}\,;\,2\right).$$

■ 2. DISTANCE DE DEUX POINTS DANS UN REPÈRE ORTHONORMÉ

Définition

Un repère est orthonormé si :
- l'axe des abscisses et l'axe des ordonnées sont perpendiculaires ;
- et si ces deux axes sont gradués avec la même unité de longueur.

Théorème

Dans un repère orthonormé, si les points A et B ont pour coordonnées $(x_A\,;\,y_A)$ et $(x_B\,;\,y_B)$, alors :

$$AB^2 = (x_B - x_A)^2 + (y_B - y_A)^2,\ \text{d'où : } AB = \sqrt{(x_B - x_A)^2 + (y_B - y_A)^2}.$$

Exemple

- Le repère (O, I, J) est orthonormé.
- Le point A a pour coordonnées $(8\,;\,-2)$.
- Le point B a pour coordonnées $(1\,;\,3)$.

$AB^2 = (1-8)^2 + (3-(-2))^2$
$AB^2 = (-7)^2 + 5^2 = 49 + 25 = 74$.
Donc : $AB = \sqrt{74}$.

longueur du segment $[AB]$ (ou distance des points A et B)

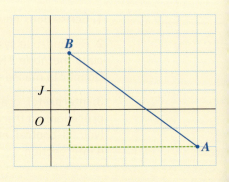

METTRE EN PRATIQUE

Comment calculer les coordonnées du milieu d'un segment ?

Énoncé

Soit deux points $C(3\,;-1)$ et $D(-5\,;4)$.
Calculer les coordonnées du milieu M du segment $[CD]$.

Solution

- $x_M = \dfrac{x_C + x_D}{2}$, soit $x_M = \dfrac{3 + (-5)}{2} = \dfrac{-2}{2} = -1$.
- $y_M = \dfrac{y_C + y_D}{2}$, soit $y_M = \dfrac{-1 + 4}{2} = \dfrac{3}{2}$.

Le point M a pour coordonnées :  .

Commentaires

On rappelle les formules, puis on utilise les coordonnées connues.

Conseil : faire un dessin et contrôler graphiquement la réponse.

Comment calculer des distances dans un repère orthonormé ?

Énoncé

Dans un repère orthonormé, placer les points $C(-4\,;1)$, $D(-2\,;-3)$ et $E(8\,;2)$.
Calculer CD^2, DE^2 et CE^2. Démontrer que le triangle CDE est rectangle en D.

Solution

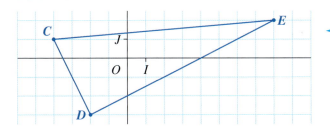

$CD^2 = (x_D - x_C)^2 + (y_D - y_C)^2$.
$CD^2 = (-2 - (-4))^2 + (-3 - 1)^2 = 2^2 + (-4)^2 = \boxed{20}$.
$DE^2 = (8 - (-2))^2 + (2 - (-3))^2 = 10^2 + 5^2 = \boxed{125}$.
$CE^2 = (8 - (-4))^2 + (2 - 1)^2 = 12^2 + 1^2 = \boxed{145}$.
On remarque que $CD^2 + DE^2 = 20 + 125 = 145$, donc $CE^2 = CD^2 + DE^2$; le triangle CDE est rectangle en D, d'après la réciproque du théorème de Pythagore.

Commentaires

En observant le dessin, on conjecture que le triangle CDE est rectangle.

On rappelle la formule.
On fait attention aux signes « – ».

Pour utiliser la réciproque du théorème de Pythagore, on n'a pas besoin de connaître les longueurs CD, DE et CE : il suffit de connaître leurs carrés.

3. THÉORÈME DIRECT

Dans un plan muni d'un repère,
- si une droite d est parallèle à l'axe des ordonnées, alors elle admet une équation du type $x = a$;
- si une droite d est non parallèle à l'axe des ordonnées, alors elle admet une équation du type $y = mx + p$.

m est le coefficient de direction de la droite d. p est l'ordonnée à l'origine de la droite d.

4. THÉORÈME RÉCIPROQUE

- L'ensemble des points $M(x\,;\,y)$ du plan vérifiant l'équation $y = mx + p$ est une droite coupant l'axe des ordonnées au point P de coordonnées $(0\,;\,p)$.
- L'ensemble des points $M(x\,;\,y)$ du plan vérifiant l'équation $x = c$ est une droite parallèle à l'axe des ordonnées.

5. DROITES PARALLÈLES - DROITES PERPENDICULAIRES

Théorème 1

La droite d d'équation $y = mx + p$ et la droite d' d'équation $y = m'x + p'$ sont parallèles si, et seulement si, elles ont même coefficient de direction.
$$d \,//\, d' \iff m = m'.$$

Théorème 2

La droite d d'équation $y = mx + p$ et la droite d' d'équation $y = m'x + p'$ sont perpendiculaires si, et seulement si, le coefficient de direction de l'une est l'opposé de l'inverse du coefficient de direction de l'autre. $d \perp d' \iff m \times m' = 1$.

6. FORME GÉNÉRALE

a ou b étant non nuls,
l'équation $ax + by + c = 0$ est l'équation générale d'une droite.

$ax + by + c = 0$ donc $by = -ax - c$ et $y = \dfrac{-a}{b}x - \dfrac{c}{b}$ avec $\dfrac{-a}{b} = m$ et $\dfrac{-c}{b} = p$

L'équation $y = mx + p$ est l'équation réduite d'une droite.

Remarques :

Équations de la droite passant par le point $A(x_A\,;\,y_A)$ et de coefficient de direction m :
$$y = m(x - x_A) + y_A \text{ ou } y = mx + (y_A - mx_A) \text{ ou } y - y_A = m(x - x_A).$$

Équation de la droite passant par les points $A(x_A\,;\,y_A)$ et $B(x_B\,;\,y_B)$ avec $x_A \neq x_B$:
$$y = \dfrac{y_B - y_A}{x_B - x_A}(x - x_A) + y_A.$$

METTRE EN PRATIQUE

Comment lire graphiquement l'équation réduite d'une droite ?

Énoncé Donner l'équation de d représentée sur le graphique ci-contre :

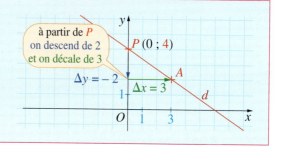

Solution

La droite d coupe l'axe des ordonnées en $P(0\,;\,4)$:
$$m = \frac{\Delta y}{\Delta x} = \frac{-2}{3}.$$
D'où l'équation réduite de la droite :
$$y = \frac{-2}{3}x + 4.$$

Méthode

- Si l'ordonnée à l'origine est facile à lire :
$y = mx + p$ avec p l'ordonnée à l'origine et
$$m = \frac{\Delta y}{\Delta x} = \frac{\text{accroissement des ordonnées}}{\text{accroissement des abscisses}}$$
- Sinon, on lit le coefficient de direction et un point $A(x_A\,;\,y_A)$, et on applique :
$$y = m(x - x_A) + y_A.$$

Comment déterminer une équation de droite ?

Énoncé

1. Déterminer une équation de la droite d passant par les points :
$$A(2\,;\,3) \quad \text{et} \quad B(6\,;\,5).$$

2. Déterminer l'équation réduite de la droite d_1 passant par le point $A(2\,;\,-1)$ et parallèle à la droite d' d'équation $y = -3x + 2$.

3. Déterminer l'équation réduite de la droite d_2 passant par le point $A(2\,;\,-1)$ et perpendiculaire à la droite d' d'équation $y = -3x + 2$.

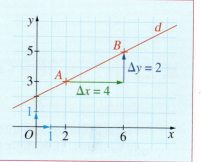

Solution

1. Calcul du coefficient de direction :
$$m = \frac{y_B - y_A}{x_B - x_A} = \frac{5 - 3}{6 - 2} = \frac{1}{2};$$
d'où l'équation réduite en utilisant le point $A(2\,;\,3)$:
$$y = \frac{1}{2}(x - 2) + 3 \Longleftrightarrow y = \frac{1}{2}x + 2.$$
On remarque qu'une droite a une infinité d'équations, toutes équivalentes.

2. Les droites parallèles d_1 et d' ont même coefficient de direction : -3 ; donc l'équation réduite de la droite d_1 est :
$$y = -3(x + 2) + 1, \text{ soit } y = -3x - 5.$$

3. Le coefficient de direction de la droite d' est -3, donc celui de la droite d_2 est $\frac{1}{3}$ car $\frac{1}{3} \times (-3) = -1$.
L'équation réduite de la droite d_2 est :
$$y = \frac{1}{3}(x + 2) + 1 \text{ ou } y = \frac{1}{3}x + \frac{5}{3}.$$

Méthode

1. Équation de la droite passant par les points :
$$A(x_A\,;\,y_A) \quad \text{et} \quad B(x_B\,;\,y_B).$$
Les abscisses x_A et x_B sont distinctes.

On calcule le coefficient de direction : $m = \dfrac{y_B - y_A}{x_B - x_A}$,

puis on remplace dans l'équation :
$$y = m(x - x_A) + y_A.$$

Deux droites parallèles ont même coefficient de direction.

Deux droites sont perpendiculaires si le coefficient de direction de l'une est l'opposé de l'inverse du coefficient de direction de l'autre.

RETENIR

■ 7. SYSTÈME DE DEUX ÉQUATIONS À DEUX INCONNUES

Exemple

$\begin{cases} x + 2y = 8 \\ 2x - y = 1 \end{cases}$ Ce système est constitué de deux équations simultanées à deux inconnues x et y au premier degré.

Résolution du système

Définition

> Résoudre un système, c'est trouver toutes les solutions communes aux deux équations, c'est-à-dire trouver tous les couples $(x\,;\,y)$ pour lesquels les deux égalités sont vraies simultanément.

On distingue deux méthodes : – la méthode dite par substitution (voir la page 143) ;
– la méthode dite par combinaison (voir la page 144).

■ 8. INTERPRÉTATION GRAPHIQUE D'UN SYSTÈME

Définition et propriété

> • Interpréter graphiquement un système consiste à associer une droite à chacune des équations du système. (Les deux droites représentent les deux fonctions affines associées au système.)
>
> • Les coordonnées du point d'intersection de ces deux droites, si ce point existe, constituent alors la solution du système.

Exemple

$\begin{cases} x + 2y = 8 \\ 2x - y = 1 \end{cases}$ $\begin{cases} y = -\dfrac{1}{2}x + 4 \quad (d_1) \\ y = 2x - 1 \quad (d_2) \end{cases}$

équations des deux droites associées au système

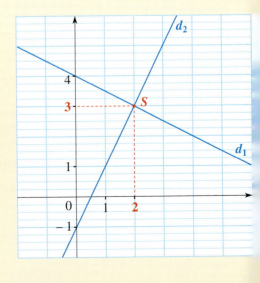

Graphiquement, les coordonnées $(2\,;\,3)$ du point S constituent la solution du système.

Remarque : cette interprétation graphique de la solution du système (solution qui est souvent *approximative*), permet cependant de contrôler les résultats obtenus par le calcul.

METTRE EN PRATIQUE

Comment résoudre un système par substitution ?

Énoncé
Résoudre, par la **méthode de substitution**, le système suivant : $\begin{cases} x + 2y = 8 \\ 2x - y = 1 \end{cases}$.

Solution

$\begin{cases} x + 2y = 8 \quad (1) \\ 2x - y = 1 \quad (2) \end{cases}$

De (1), on trouve : $x = 8 - 2y \quad (1')$

On remplace x par $8 - 2y$ dans l'équation (2) :

$$2(8 - 2y) - y = 1$$
$$16 - 4y - y = 1$$
$$16 - 5y = 1$$
$$5y = 15$$
$$y = 3.$$

On remplace y par 3 dans l'équation $(1')$:

$$x = 8 - 2 \times 3$$
$$x = 2.$$

La solution du système est le couple (2 ; 3).

Vérification : $\begin{cases} \text{dans } (1) : 2 + 2 \times 3 = 8 \text{ ;} \\ \text{dans } (2) : 2 \times 2 - 3 = 1. \end{cases}$

De (2), on trouve : $y = 2x - 1 \quad (2')$
On reporte dans (1) : $x + 2(2x - 1) = 8$
$$x + 4x - 2 = 8$$
$$5x = 10$$
$$x = 2.$$

On reporte dans $(2')$: $y = 2 \times 2 - 1 = 3$.
D'où le couple solution $(2 ; 3)$.

Commentaires

On numérote chaque équation du système.

À l'aide d'une équation, on exprime une inconnue en fonction de l'autre (ici x en fonction de y).

On remplace (on substitue) le résultat obtenu dans l'autre équation.

On détermine ainsi une inconnue.

On détermine l'autre inconnue et finalement la solution du système.

On vérifie la solution trouvée.

Remarque :
Pour résoudre le système précédent par substitution, on peut aussi exprimer y en fonction de x.

On retrouve bien sûr le résultat précédent !

Méthode

Dans la **méthode par substitution**, on exprime une des deux inconnues en fonction de l'autre à l'aide d'une des équations.
On reporte (on substitue) ensuite le résultat obtenu dans l'équation restante.
Parmi les quatre possibilités pour exprimer une inconnue en fonction de l'autre, on choisit celle qui facilite le plus les calculs.

METTRE EN PRATIQUE

Comment résoudre un système par combinaison ?

Énoncé

Résoudre, par la **méthode de combinaison**, les systèmes suivants :

a. $\begin{cases} x + 2y = 8 \\ 2x - y = 1 \end{cases}$; **b.** $\begin{cases} 5x + 4y = 11 \\ 2x + 3y = 10 \end{cases}$.

Solution

a. $\begin{cases} x + 2y = 8 \\ 2x - y = 1 \end{cases} \Big| \times 2$; d'où $\begin{cases} x + 2y = 8 \\ 4x - 2y = 2 \end{cases}$;

$$x + 4x = 8 + 2$$
$$5x = 10$$
$$x = 2.$$

Pour $x = 2$, $x + 2y = 8$ donne $2 + 2y = 8$; d'où $2y = 6$; $y = 3$.

La solution du système est le couple $(2 ; 3)$.

b. $\begin{cases} 5x + 4y = 11 \\ 2x + 3y = 10 \end{cases} \Big| \begin{array}{c} \times 2 \\ \times 5 \end{array}$; d'où $\begin{cases} 10x + 8y = 22 \\ 10x + 15y = 50 \end{cases}$;

$$8y - 15y = 22 - 50$$
$$-7y = -28$$
$$y = 4.$$

Pour $y = 4$, $5x + 4y = 11$ donne $5x + 4 \times 4 = 11$; d'où $5x = -5$; $x = -1$.

La solution du système est le couple $(-1 ; 4)$.

$\begin{cases} 5 \times (-1) + 4 \times 4 = 11 \\ 2 \times (-1) + 3 \times 4 = 10 \end{cases}$.

Commentaires

On multiplie les deux membres de la seconde équation par 2 pour éliminer ensuite y en additionnant membre à membre.
On **additionne membre à membre** les deux équations du système ainsi obtenu.

On détermine ensuite y en reportant la valeur de x dans l'une des deux équations.
On retrouve bien la solution de la page 143.

On multiplie les deux membres de la première équation par 2 et ceux de la seconde par 5 pour éliminer ensuite x en soustrayant membre à membre.
On **soustrait membre à membre** les deux équations du système ainsi obtenu.

On détermine ensuite x en reportant la valeur de y dans une des deux équations.

On vérifie la solution trouvée.

Méthode

Dans la **méthode par combinaison**, on multiplie l'une des équations (ou les deux) par des nombres convenablement choisis de telle manière que l'une des inconnues disparaisse par addition (ou par soustraction) membre à membre des deux équations.

METTRE EN PRATIQUE

Comment résoudre un problème avec mise en système d'équations ?

Énoncé Dans un grand magasin, le prix des CD est unique, ainsi que celui des BD. Laurie achète deux CD et trois BD pour 53 €. Tristan achète quatre CD et une BD pour 66 €. Calculer le prix d'un CD et le prix d'une BD.

Solution

Désignons par x le prix d'un CD et par y le prix d'une BD.

1er *renseignement*
Achat de Laurie : $2x + 3y = 53$.

2nd *renseignement*
Achat de Tristan : $4x + y = 66$.

D'où le système : $\begin{cases} 2x + 3y = 53 & (1) \\ 4x + y = 66 & (2) \end{cases}$

Résolution par substitution.
De (2), on trouve : $y = 66 - 4x$ (2').
On reporte dans (1) : $2x + 3(66 - 4x) = 53$.
$$2x + 198 - 12x = 53$$
$$-10x = -145$$
$$x = 14,5.$$
On reporte dans (2') : $y = 66 - 4 \times 14,5$
$$y = 66 - 58$$
$$y = 8.$$
La solution du système est le couple $(14,5 \,;\, 8)$.

Le prix d'un compact disque est 14,50 €
Le prix d'une bande dessinée est 8 €

Méthode

On retrouve les quatre étapes pour résoudre un problème à l'aide de sa mise en système d'équations :

❶ choix des inconnues ;

❷ mise en système d'équations du problème ;

❸ résolution du système ;

❹ interprétation du résultat.

Une vérification des montants des achats de Laurie et Tristan donne effectivement 53 € et 66 €.

Que sont des systèmes « impossible » ou « indéterminé » ?

Énoncé Résoudre les deux systèmes suivants : **a.** $\begin{cases} -x + 3y = 1 \\ 2x - 6y = -3 \end{cases}$; **b.** $\begin{cases} 2x - 3y = -1 \\ -6y + 2 = -4x \end{cases}$.

Solution

a. $\begin{cases} -x + 3y = 1 \\ 2x - 6y = -3 \end{cases} \Big| \times (-2)$; d'où $\begin{cases} 2x - 6y = -2 \\ 2x - 6y = -3 \end{cases}$.

Le système est impossible et n'admet pas de solution.

b. $\begin{cases} 2x - 3y = -1 \\ -6y + 2 = -4x \end{cases}$ d'où $\begin{cases} 2x - 3y = -1 & (1) \\ 4x - 6y = -2 & (2) \end{cases}$

Les équations (1) et (2) sont deux équations d'une même droite. Le système est indéterminé. Il admet une infinité de solutions : tous les couples de coordonnées des points de la droite d'équation $2x - 3y + 1 = 0$.

APPLIQUER LE COURS

Milieu et coordonnées

1 Dans chaque cas, calculer les coordonnées du milieu M du segment $[EF]$.

	1er cas	2e cas	3e cas	4e cas
E	$(35\,;\,0)$	$(-4\,;\,0)$	$\left(\dfrac{1}{4}\,;\,\dfrac{1}{5}\right)$	$\left(\dfrac{2}{3}\,;\,-\dfrac{1}{2}\right)$
F	$(3\,;\,2)$	$(2\,;\,2)$	$(-0{,}25\,;\,-0{,}2)$	$\left(\dfrac{4}{3}\,;\,-\dfrac{3}{2}\right)$

2 **a.** Placer les points :
$A(2\,;\,1)$, $B(-2\,;\,-2)$, $C(1\,;\,-4)$, $D(5\,;\,-1)$.
b. Calculer les coordonnées :
• du milieu R de $[AC]$; • du milieu S de $[BD]$.
c. Que peut-on conclure des résultats du **b.** ?
d. Démontrer, d'une autre manière, la conclusion précédente.

3 **1. a.** Placer les points :
$A\left(\dfrac{2}{3}\,;\,\dfrac{3}{4}\right)$, $B\left(3\,;\,\dfrac{1}{2}\right)$ et $C\left(\dfrac{11}{6}\,;\,\dfrac{5}{8}\right)$.
b. Déterminer le couple qui caractérise la translation appliquant A sur C. Quelle est l'image du point C par cette translation ?
c. Que peut-on en déduire pour le point C ?
2. Contrôler la réponse précédente en utilisant une autre méthode.

4 On sait seulement que $EFHG$ est un parallélogramme :
$F(3\,;\,7)$ et $G(-4\,;\,1)$.
On demande pourtant de calculer les coordonnées du milieu T du segment $[EH]$. Justifier la réponse.

Distance

Le repère (O, I, J) est orthonormé.

5 **1.** Dans chaque cas, calculer EF^2, puis EF.

	1er cas	2e cas	3e cas	4e cas
E	$(0\,;\,3)$	$(3\,;\,2)$	$(-1\,;\,1)$	$(-4\,;\,-3)$
F	$(4\,;\,0)$	$(5\,;\,4)$	$(1\,;\,-1)$	$(-2\,;\,0)$

2. Calculer mentalement RS, sachant que :
$R(3000\,;\,2999)$ et $S(2999\,;\,3000)$.

6 Dans chaque cas, calculer la valeur exacte de la distance MN.

	1er cas	2e cas	3e cas	4e cas
M	$(3\,;\,4)$	$(2\,;\,-1)$	$(-3\,;\,4)$	$(-4\,;\,-5)$
N	$(6\,;\,8)$	$(4\,;\,5)$	$(0\,;\,-3)$	$(-7\,;\,-11)$

7 Dans chaque cas, calculer l'arrondi au dixième de la distance MN.

	1er cas	2e cas	3e cas
M	$(85{,}25\,;\,53{,}2)$	$(-5{,}87\,;\,-6{,}9)$	$(-0{,}98\,;\,8{,}19)$
N	$(52{,}8\,;\,7{,}7)$	$(-7{,}98\,;\,-98)$	$(53{,}6\,;\,-19{,}3)$

8 Calculer les longueurs des côtés du triangle ABC sachant que :
$A(2\,;\,3)$, $B(3\,;\,4)$ et $C(5\,;\,7)$.

9 Calculer le périmètre du triangle LMN sachant que : $L\left(\dfrac{5}{6}\,;\,\dfrac{1}{2}\right)$, $M\left(-\dfrac{1}{2}\,;\,\dfrac{1}{2}\right)$ et $N\left(\dfrac{1}{6}\,;\,\dfrac{7}{6}\right)$.

10 **1.** Dans chacun des quatre cas ci-dessous :
a. faire un dessin ;
b. calculer AB^2, AC^2 et BC^2 ;
c. indiquer, *si possible*, la nature la plus précise du triangle ABC.

	1er cas	2e cas	3e cas	4e cas
A	$(-1\,;\,0)$	$(5\,;\,-1)$	$(0\,;\,5)$	$(5\,;\,9)$
B	$(6\,;\,1)$	$(3\,;\,1)$	$(-6\,;\,2)$	$(0\,;\,1)$
C	$(0\,;\,3)$	$(7\,;\,3)$	$(4\,;\,-3)$	$(8\,;\,0)$

2. Dans les deux premiers cas, calculer la mesure de l'angle $\widehat{B}$ arrondie au degré.

11 **1.** Démontrer que « si M a pour coordonnées $(x\,;\,y)$, alors $OM^2 = x^2 + y^2$ ».
2. Parmi les points suivants, indiquer ceux qui sont sur le cercle de centre O et de rayon 5.
(*Il suffit de calculer* OD^2, OE^2, …)

• $D(3\,;\,4)$; • $E(\sqrt{3}\,;\,\sqrt{2})$; • $F(4\,;\,1)$;
• $G(1\,;\,4{,}9)$; • $H(\sqrt{5}\,;\,2\sqrt{5})$; • $K(-4\,;\,-3)$.

APPLIQUER LE COURS

12 1. Indiquer les coordonnées des points O, E, L et M.
2. Démontrer que le quadrilatère $OELM$ est un losange.

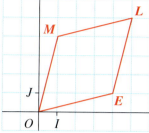

13 1. a. Placer les points :
$$E(-3\,;-2)\,,\ F(1\,;2)\ \text{et}\ G(-5\,;4)\,.$$
b. Démontrer que le point G appartient à la médiatrice du segment $[EF]$.
2. a. Placer les points :
$$R(-1\,;2)\,,\ S(0\,;3)\,,\ T(-1\,;3)\ \text{et}\ U(4\,;-2)\,.$$
b. Démontrer que la droite (TU) est la médiatrice du segment $[RS]$.

14 Soit les points :
$$E(-3\,;6)\,,\ F(4\,;2)\ \text{et}\ G(-4\,;-2)\,.$$
1. Calculer les valeurs exactes de EF et EG.
2. a. Construire le point H, image du point G par la translation qui applique E sur F.
b. Quelle est la nature de $EFHG$? Justifier.
c. Calculer les coordonnées du point H.

Lire, comprendre, rédiger

15 **Cas particuliers**
1. Expliquer pourquoi il serait maladroit, pour calculer la distance CB, d'utiliser la formule suivante :
$CB^2 = (x_B - x_C)^2 + (y_B - y_C)^2$.

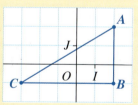

2. Recopier et compléter :
Les points B et C ont la même ... : ils sont donc sur une droite parallèle à l'axe des ... .
D'où $BC = x_B - x_\bullet = ... - ... = 5$.
Les points B et A ont la même ... : ils sont donc sur une droite ... à l'axe des ... .
D'où $BA = y_A - y_\bullet = ... - ... = ...$.
Rappel : A et B étant deux points d'une droite graduée,
$$AB = BA = |x_A - x_B|\,.$$
3. Calculer la distance AC.

Résolution de problèmes

16 1. a. Placer les points :
$$A(-2\,;3)\,,\ B(3\,;4)\ \text{et}\ C(6\,;0)\,.$$
b. Construire le point D, image du point C par la translation qui applique B sur A.
2. a. Calculer les coordonnées du point D.
b. Préciser la nature du quadrilatère $ABCD$.
c. Calculer les coordonnées de son centre L.

17 1. Placer les deux points :
$$A(2\,;5)\ \text{et}\ B(4\,;1)\,.$$
2. Calculer les coordonnées du point C symétrique du point A par rapport au point B.
Envisager deux méthodes.

18 1. Placer les points :
$$A(-4\,;1)\,,\ B(-1\,;3)\ \text{et}\ C(4\,;5)\,.$$
2. Calculer les coordonnées :
• du point M, milieu du segment $[AC]$;
• du point D, symétrique du point B par rapport au point M.

19 1. Placer les points :
$$R(3\,;-1)\ \text{et}\ S(-4\,;5)\,.$$
2. Calculer les coordonnées du milieu M de $[RS]$.
3. Calculer les coordonnées du point T tel que le point S soit le milieu du segment $[RT]$.
4. Contrôler la réponse au 3. en utilisant une autre méthode.

20 1. a. Placer les points :
$$A(-5\,;2)\,,\ B(-2\,;-1)\ \text{et}\ C(4\,;5)\,.$$
b. Démontrer que le triangle ABC est rectangle.
2. a. Calculer les coordonnées du milieu D du segment $[BC]$.
b. Soit E le symétrique du point A par rapport au point D. Calculer les coordonnées du point E.
c. Quelle est la nature du quadrilatère $ABEC$? Justifier la réponse.
d. Calculer l'aire de ce quadrilatère.

21 1. Placer les points :
$$E(-3\,;-3)\,,\ F(0\,;-2)\,,\ G(-6\,;-4)\ \text{et}\ H(-2\,;-6)\,.$$
2. Démontrer que le segment $[FG]$ est un diamètre du cercle de centre E passant par le point H.

APPLIQUER LE COURS

22 **1.** Placer les points :
$D(0 ; -2)$; $A(2 ; 0)$ et $B(4 ; 2)$.
2. Écrire sous la forme $a\sqrt{2}$ les distances DA, AB et DB.
3. Déduire du **1.** que A est le milieu de $[DB]$.
4. Retrouver le résultat précédent en utilisant *deux* autres méthodes.

23 **1. a.** Placer les points :
$A(0 ; 1)$; $B(3 ; -2)$; $C(2 ; 0)$ et $D(-2 ; -4)$.
b. Démontrer que le point C appartient à la médiatrice du segment $[AB]$.
2. Soit E le point d'intersection des droites (AB) et (CD). Montrer que E est le milieu de $[AB]$.

24 **1. a.** Placer les points :
$A(-1 ; 4)$; $B(3 ; 7)$ et $C(4 ; 4)$.
b. Démontrer que le triangle ABC est isocèle.
2. a. Tracer par A la perpendiculaire à la droite (BC) ; cette perpendiculaire coupe (BC) en E.
b. Calculer les coordonnées du point E.
c. Calculer la longueur AE de *deux* manières différentes.

25 **1.** Placer les points :
$E(-2 ; 2)$; $F(3 ; 3)$, $G(4 ; -2)$ et $H(1 ; 0)$.
2. Démontrer que le point H est le centre du cercle circonscrit au triangle EFG.
3. Calculer la valeur exacte du rayon de ce cercle.

26 **1. a.** Placer les points :
$A(1 ; 2)$; $B(2 ; -2)$; $C(-2 ; -1)$ et $D(-3 ; 3)$.
b. Démontrer que le quadrilatère $ABCD$ est un losange.
2. a. Placer le point $M\left(-\dfrac{1}{2} ; \dfrac{1}{2}\right)$.
b. *Sans calculer de distances*, démontrer que le triangle BMC est rectangle en M.

27 **1. a.** Placer les points :
$D(-3 ; 2)$; $E(0 ; 4)$ et $F(2 ; -4)$.
b. Calculer les coordonnées du milieu M du segment $[DE]$ et celles du milieu N du segment $[EF]$.
2. a. À l'aide des coordonnées des points M, N, D et F, calculer les longueurs MN et DF.
b. Comparer ces deux distances.
c. Pouvait-on prévoir le résultat observé au **b.** ?

28 **1.** Placer les points :
$R(2 ; 5)$; $S(-4 ; -1)$; $T(5 ; 1)$ et $U(-1 ; 2)$.
2. Tracer la parallèle à la droite (ST) passant par le point U ; elle coupe la droite (RT) en A.
3. Démontrer que A est le milieu de $[RT]$.

29 **1.** Démontrer que la droite (AB) est tangente en A au cercle de centre R.
2. La droite (CD) est-elle tangente en D à ce cercle ?

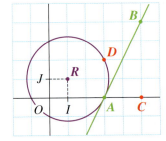

30 Soit $R(-2 ; 2)$; $S(1 ; 4)$ et $T(5 ; -2)$.
1. a. Démontrer que le triangle RST est rectangle.
b. Placer le point U tel que $RSTU$ soit un parallélogramme.
2. a. Quelle est la nature du quadrilatère $RSTU$?
b. Démontrer que son centre appartient à l'axe des abscisses.

Comprendre et démontrer

31 **Que calcule-t-on ?**
1. a. Placer les points :
$E(-4 ; 1)$; $F(2 ; 5)$; $G(4 ; 2)$ et $H(-2 ; -2)$.
b. Que calcule-t-on lorsqu'on effectue :

♣ $= \dfrac{-4+4}{2}$; ♦ $= \dfrac{1+2}{2}$; ♥ $= \dfrac{2-2}{2}$; ♠ $= \dfrac{5-2}{2}$?

★ $= (4-(-4))^2 + (2-1)^2 = 8^2 + 1^2 = 65$?

✚ $= (-2-2)^2 + (-2-5)^2 = (-4)^2 + (-7)^2 = 65$?

2. a. Déduire des calculs précédents la nature du quadrilatère $EFGH$.
b. Utiliser une autre méthode pour démontrer le résultat établi au **a.**

3. Soit M et N les symétriques respectifs des points F et H par rapport au point G.
a. Quelle est la nature du quadrilatère $FNMH$?
b. Recopier, compléter et justifier :
$x_\bullet - 4 = 4 - (-2)$; $\qquad y_\bullet - 2 = 2 - (-2)$;
$x_\bullet - 4 = 4 - 2$; $\qquad y_\bullet - 2 = 2 - 5$.
c. Effectuer les calculs précédents. Contrôler graphiquement.

APPLIQUER LE COURS

32 Écrire chacune des relations suivantes sous la forme $y = mx + p$:
a. $x + y = 0$; **b.** $5x - 3y = 6$; **c.** $x + 5y = 15$;
d. $\frac{4}{3}x - \frac{5}{2}y = \frac{15}{4}$; **e.** $-\frac{5}{6}x + \frac{4}{3}y = \frac{20}{3}$.

33 Isoler y et rendre les coefficients irréductibles :
a. $75x - 125y = 1\,025$; **b.** $-350x + 500y = 100$;
c. $0,03x + 4,5y = 2,7$; **d.** $-3,5x + 0,07y = 0,49$.

Lectures graphiques

34 Pour chacune des droites tracées :
1. donner pour quelles valeurs de l'abscisse, l'ordonnée est positive (ou nulle) ;
2. donner le coefficient de direction.

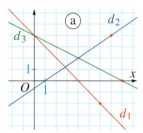

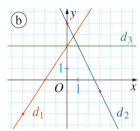

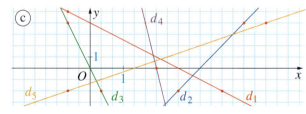

35 Pour chacune des équations données, donner la nature de la droite correspondante : coupant l'axe des ordonnées ou parallèle à l'axe des ordonnées.
Indiquer le coefficient de direction, s'il existe.
a. $y = \frac{5x - 3}{2}$; **b.** $y = 3(x - 1) + 4$;
c. $y = -\frac{2}{5}(x + 2)$; **d.** $3x - y = 5$;
e. $4x - 3 = 0$; **f.** $x + 3y - 6 = 0$.

36 Par lecture graphique, donner l'équation réduite des droites tracées :

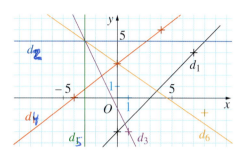

37 Lire l'équation réduite de chaque droite tracée :

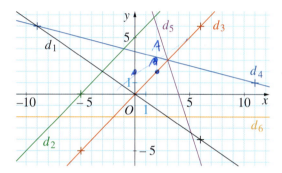

38 Donner l'équation générale des droites (AB) données.
a. $A(2\,;\,3)$ et $B(0\,;\,2)$; **b.** $A(1\,;\,4)$ et $B(-3\,;\,1)$;
c. $A(-1\,;\,-2)$ et $B(5\,;\,1)$; **d.** $A\left(\frac{1}{2}\,;\,-\frac{3}{4}\right)$ et $B\left(1\,;\,\frac{1}{4}\right)$.

39 On se donne une droite d d'équation $y = 3x - 2$.
Déterminer :
a. une équation d'une droite d_1 parallèle à la droite d ;
b. une équation d'une droite d_1 perpendiculaire à la droite d.

40 Quelle est l'équation de la droite ayant pour coefficient de direction 2 et pour ordonnée à l'origine -3 ?
a. $y = 2x - 12$; **b.** $y = \frac{1}{2}x - 3$; **c.** $y = -3x + 2$;
d. $y = 2x - 3$.

41 Déterminer l'équation de la droite dont le coefficient de direction est -3 et passant par le point $A(-1\,;\,-1)$.

42 Quelle est l'équation de la droite passant par le point $A(2\,;\,-2)$ et dont l'ordonnée à l'origine est 1 ?

APPLIQUER LE COURS

Systèmes d'équations

43 **1.** On suppose que $2x - y = 6$. Exprimer x en fonction de y, puis y en fonction de x.
2. Même question avec $-5x + 2y = 10$.

44 Préciser, dans chaque cas, si le couple $(4\ ;-1)$ est solution du système.

a. $\begin{cases} 2x + 3y = 5 \\ 5x + 4y = 16 \end{cases}$ **b.** $\begin{cases} a - 2b = 6 \\ 3a + 8b = 20 \end{cases}$

Calcul mental

45 Résoudre mentalement chaque système.

a. $\begin{cases} x = 4 \\ 2x + y = 9 \end{cases}$ **b.** $\begin{cases} a + b = 11 \\ a - 3 = 0 \end{cases}$ **c.** $\begin{cases} x - y = 1 \\ y - 2 = 0 \end{cases}$

Exercices 46 et 47.
Résoudre chaque système en utilisant une méthode de calcul par substitution.

46 **a.** $\begin{cases} x - y = 0 \\ 7x + 3y = 5 \end{cases}$ **b.** $\begin{cases} 2x - 7y = -1 \\ x - 2y = 0 \end{cases}$

47 **a.** $\begin{cases} 4x + y = 10 \\ 5x + 3y = 9 \end{cases}$ **b.** $\begin{cases} 2a + b = 7 \\ -6a + b = 1 \end{cases}$

Exercices 48 et 49.
Résoudre chaque système en utilisant une méthode de calcul par combinaison.

48 **a.** $\begin{cases} 4x + 2y = 5 \\ 3x - 2y = 2 \end{cases}$ **b.** $\begin{cases} 4x - 5y = -2 \\ 3x + y = 8 \end{cases}$

49 **a.** $\begin{cases} 3x + 2y = 0 \\ 6x + y = -18 \end{cases}$ **b.** $\begin{cases} 4n - 3p = 1 \\ 5n + 2p = 7 \end{cases}$

Exercices 50 et 51.
Résoudre chaque système par la méthode de calcul de votre choix, puis vérifier graphiquement.

50 **a.** $\begin{cases} 7x - y = 4 \\ -2x + y = 1 \end{cases}$ **b.** $\begin{cases} x - 2y = -6 \\ x + y = 0 \end{cases}$

51 **a.** $\begin{cases} x - y = 2 \\ 3x - \dfrac{y}{2} = 1 \end{cases}$ **b.** $\begin{cases} \dfrac{x}{6} - y = -1 \\ 3x - 2y = 6 \end{cases}$

Mise en systèmes d'équations

52 **1.** Trouver deux nombres dont la somme est 100 et la différence 50.
2. Refaire le même problème avec une somme de 50 et une différence de 31.

53 La différence de deux entiers est 13. Si l'on ajoute 10 à chacun de ces deux entiers, on obtient deux nouveaux nombres dont le plus grand est le double du plus petit.
Quels sont les deux entiers choisis au départ ?

54 Trois jus d'orange et une limonade coûtent 10,80 €. Sept jus d'orange et cinq limonades coûtent 30 €.
Quel est le prix d'un jus d'orange ? d'une limonade ?

55 Cinq classeurs et trois chemises coûtent 22 €. Deux classeurs et six chemises coûtent 16 €. Quel est le prix d'un classeur ? d'une chemise ?

56 **1.** Résoudre le système suivant :
$\begin{cases} x + y = 30 \\ 12x + 20y = 432 \end{cases}$

2. Pour un concert, les places valent 12 € ou 20 €. Une association a acheté 30 places pour un montant de 432 €. Combien de places de chaque sorte l'association a-t-elle achetées ?

Lire, comprendre, justifier

57 **Ressemblances**
Pourquoi les mathématiques permettent-elles d'affirmer que ces deux problèmes se « ressemblent » ?
Problème 1
Léa a cinq ans de moins que Léo. Le double de la somme de leurs âges est trente-quatre ans.
Quels sont les âges de Léa et de Léo ?
Problème 2
Un rectangle a pour périmètre 34 cm. Sa longueur mesure 5 cm de plus que sa largeur.
Quelles sont les deux dimensions (longueur et largeur) du rectangle ?

FAIRE LE POINT

Pour s'évaluer

Pour chacun des exercices 58 à 67, indiquer la (ou les) bonne(s) réponse(s) a, b, c ou d et justifier.

58 Soit deux points $E(-3 ; 2)$ et $F(5 ; 4)$. Alors le milieu M de $[EF]$ a pour coordonnées :
   a. $(-8 ; -2)$;   **b.** $(8 ; 2)$;   **c.** $(2 ; 6)$;   **d.** $(1 ; 3)$.

59 Soit deux points $A(x_A ; y_A)$ et $B(x_B ; y_B)$. Alors le milieu K du segment $[AB]$ a pour abscisse :
   a. $x_B - x_A$;   **b.** $\dfrac{x_B - x_A}{2}$;   **c.** $\dfrac{x_A}{2} + \dfrac{x_B}{2}$;   **d.** $\dfrac{x_A + y_A}{2}$.

60 Dans un repère orthonormé, soit deux points $R(-3 ; 2)$ et $S(5 ; -3)$. Alors :
   a. $RS = \sqrt{29}$;   **b.** $RS = \sqrt{89}$;   **c.** $RS = \sqrt{5}$;   **d.** $RS = \sqrt{65}$.

61 Dans un repère orthonormé, soit deux points $A(x_A ; y_A)$ et $B(x_B ; y_B)$. Alors AB^2 est égal à :
   a. $(x_A - x_B)^2 + (y_A - y_B)^2$;   **b.** $(y_A - x_A)^2 + (y_B - x_B)^2$;
   c. $(x_B - x_A)^2 + (y_B - y_A)^2$;   **d.** $[(x_B - x_A) + (y_B - y_A)]^2$.

62 Le coefficient de direction de la droite d'équation $y = \dfrac{3x - 1}{4}$ est :
   a. 3 ;   **b.** $\dfrac{3}{4}$;   **c.** $-\dfrac{1}{4}$.

63 Le coefficient de direction de la droite d'équation $y = x - \dfrac{3,2}{100}x$ est :
   a. 1 ;   **b.** $-\dfrac{3,2}{100}$;   **c.** $0{,}968$.

64 L'équation de la droite d parallèle à l'axe des ordonnées et passant par le point $A(-2 ; 5)$ est :
   a. $y = 5x$;   **b.** $y = 5$;   **c.** $x = -2$;   **d.** $y = -2x + 5$.

65 La droite d d'équation $2x - 3y + 4 = 0$ a pour équation réduite :
   a. $y = -\dfrac{2}{3}x + 4$;   **b.** $y = \dfrac{2}{3}x + 4$;   **c.** $y = \dfrac{2}{3}x + \dfrac{4}{3}$;   **d.** $y = \dfrac{-2}{3}x - \dfrac{4}{3}$.

66 La droite d_1 perpendiculaire à la droite d d'équation $3x - 2y + 1 = 0$ a pour coefficient de direction :
   a. $\dfrac{3}{2}$;   **b.** $\dfrac{2}{3}$;   **c.** $\dfrac{-2}{3}$;   **d.** $-\dfrac{3}{2}$.

67 Le système $\begin{cases} 3x - 2y = -4 \\ 2x + 3y = 3 \end{cases}$ admet comme solution :
   a. $\left(\dfrac{12}{26} ; \dfrac{17}{13}\right)$;   **b.** $\left(\dfrac{12}{26} ; \dfrac{-17}{13}\right)$;   **c.** $\left(\dfrac{-12}{26} ; \dfrac{-17}{13}\right)$;   **d.** $\left(\dfrac{-12}{26} ; \dfrac{17}{13}\right)$.

CONSOLIDER ET APPROFONDIR

Milieu et coordonnées

Le plan est muni d'un repère (O, I, J).

68 Dans chaque cas, écrire, *le plus simplement possible* :
a. les coordonnées du point M milieu du segment $[AB]$;
b. le couple qui détermine la translation qui applique A sur B.

	1er cas	2e cas	3e cas
A	$(\sqrt{20} ; \sqrt{27})$	$\left(\dfrac{1}{2} ; \dfrac{1}{3}\right)$	$(1 - 3\sqrt{6} ; \sqrt{100} - \sqrt{35})$
B	$(6\sqrt{5} ; \sqrt{3})$	$\left(\dfrac{1}{3} ; \dfrac{1}{2}\right)$	$(-1 + 3\sqrt{6} ; 10 + \sqrt{35})$

69 **1.** Placer les points :
$A(-3 ; 1)$, $B(2 ; 3)$, $C(4 ; 0)$ et $D(-1 ; -2)$.
2. Pierre a fait au brouillon les calculs suivants, qui sont exacts :

$-1 - (-3) = -1 + 3 = 2$ et $4 - 2 = 2$
$-2 - 1 = -3$ et $0 - 3 = -3$

a. Indiquer ce que Pierre a calculé.
b. Que peut-on conclure de ces calculs pour le quadrilatère $ABCD$?
3. a. Placer le milieu K du segment $[AC]$.
b. Calculer les coordonnées du point K.
c. Sans aucun calcul, déduire du **b.** les coordonnées du milieu du segment $[BD]$.
d. Grâce à deux calculs, contrôler la réponse du **c.**

70 Démontrer que le quadrilatère $EFGH$ est un parallélogramme.
- $E(\sqrt{2} ; \sqrt{3})$;
- $F(\sqrt{8} ; 3\sqrt{3})$;
- $G(3\sqrt{2} ; \sqrt{27})$;
- $H(2\sqrt{2} ; \sqrt{3})$.

71 **1.** Placer les points :
- $A(2 ; 1)$;
- $B\left(-\dfrac{1}{2} ; -3\right)$;
- $C(-3 ; 2)$.
- D tel que $ABCD$ soit un parallélogramme ;
- E, image de C par la translation qui applique A sur B.

2. Démontrer que le point C est le milieu du segment $[DE]$.
3. Calculer les coordonnées des points D et E.

Distance

Le repère (O, I, J) est orthonormal.

72 Dans chaque cas, exprimer AB^2 en fonction de x.

	1er cas	2e cas	3e cas	4e cas
A	$(x ; 0)$	$(1 ; 0)$	$(-1 ; x)$	$(x + 1 ; -x)$
B	$(2x ; 4x)$	$(x ; 2x)$	$(x ; -1)$	$(1 ; 2x)$

73 Démontrer que le cercle de centre O et de rayon 1 passe par le point A de coordonnées $\left(\dfrac{1}{2} ; \dfrac{\sqrt{3}}{2}\right)$.

74 Dans chaque cas, calculer la valeur exacte de la distance MN.

	1er cas	2e cas	3e cas
M	$\left(\dfrac{1}{3} ; -\dfrac{1}{4}\right)$	$(\sqrt{7} ; 0)$	$(3\sqrt{3} ; \sqrt{2})$
N	$\left(\dfrac{2}{3} ; -\dfrac{3}{4}\right)$	$(3\sqrt{7} ; -1)$	$(\sqrt{2} ; -\sqrt{3})$

75 Soit les points $A(3 ; -3)$ et $B(x ; 1)$.
1. a. On suppose que $AB = 5$.
Trouver x graphiquement, puis par un calcul.
b. Préciser le nombre de solutions.
2. Parmi les points d'abscisse -2, lequel ou lesquels sont à la distance 5 de A ?

76 Calculer la valeur exacte :
a. de l'ordonnée de A ;
b. des coordonnées de B ;
c. de la distance AB.

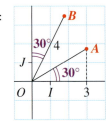

77 Soit les points :
$R(2 ; 7)$; $S(5 ; 6)$; $T(11 ; 4)$.
a. Montrer que $RT = RS + ST = 3\sqrt{10}$.
b. En déduire que les points R, S et T sont ... .

78 Soit $M(x ; 2)$ et $N(1 ; 3)$. Calculer x de façon que le triangle MON soit rectangle en O.

CONSOLIDER ET APPROFONDIR

Résolution de problèmes

79 **1. a.** Soit les points :
$A\left(x+3\,;\,\dfrac{1}{3}\right)$; $B(-2\,;\,y-3)$ et $C(2\,;\,3)$.

Dans chaque cas, trouver x et y.
1er cas : C est le milieu du segment $[AB]$.
2e cas : B est l'image de A par la translation qui applique C sur O.

80 Soit $E(-3\,;\,2)$; $F(-3\,;\,-4)$ et $G(1\,;\,-4)$.
a. Calculer les distances EF, FG et EG.
b. Soit $M(-3\,;\,-2)$. La parallèle à la droite (FG) passant par le point M coupe la droite (EG) en N. Calculer la valeur exacte de EN et MN.

81 Soit $A(-3\,;\,-2)$; $B(-1\,;\,4)$ et $C(3\,;\,2)$.
1. Calculer les coordonnées des points E, F et G tels que :
• E soit l'image du point C par la translation qui applique A sur B ;
• F soit l'image du point A par la translation qui applique B sur C ;
• G soit l'image du point B par la translation qui applique C sur A.
2. Démontrer que les triangles ABC et EFG ont le même centre de gravité.

82 **a. 1.** Placer les points :
$A(1\,;\,1{,}5)$; $B(5{,}5\,;\,7{,}5)$; $C(5\,;\,-1{,}5)$.
2. Calculer la valeur exacte de la longueur BC.
3. On donne $AB = 7{,}5$ et $AC = 5$.
Montrer que le triangle ABC est rectangle.
4. Calculer l'aire du triangle ABC.
b. Soit le triangle ABC obtenu au point *a*.
1. Sur la figure, placer le point K du segment $[AC]$ tel que $CK = 2$ et tracer la perpendiculaire à la droite (AC) passant par K. Cette droite coupe la droite (BC) en L.
2. Montrer que les droites (AB) et (KL) sont parallèles.
3. Calculer la longueur KL.
c. On considère un point T du segment $[AK]$.
On note $KT = x$ (x est un nombre compris entre 0 et 3).
1. Exprimer l'aire du triangle LTC en fonction de x.
2. Montrer que l'aire du quadrilatère $ABLT$ est :
$$15{,}75 - 1{,}5x\,.$$
3. L'aire du quadrilatère $ABLT$ peut-elle être égale à celle du triangle LTC ? Pourquoi ?

83 **1.** Placer les points :
$A(3\,;\,3)$; $B(8\,;\,1)$; $C(-4\,;\,5)$ et $D(-1\,;\,-2)$.
2. a. Calculer les coordonnées des points R, S, T et U, milieux respectifs des segments $[AB]$, $[BC]$, $[CD]$ et $[AD]$.
b. Calculer les coordonnées de l'image du point S par la translation qui applique R sur U. Que peut-on en conclure ?
3. Démontrer le résultat obtenu au **2. b.**, sans utiliser de coordonnées.

84 Soit $L\left(-\dfrac{2}{3}\,;\,1\right)$; $M\left(\dfrac{5}{3}\,;\,0\right)$; $N(-2\,;\,3)$.
Soit les points R, S et T, milieux respectifs des segments $[LM]$, $[LN]$ et $[MN]$.
1. a. Calculer les coordonnées de R, S et T.
b. Calculer les valeurs exactes des longueurs des trois médianes du triangle LMN.
2. Soit G le centre de gravité du triangle LMN. Calculer les valeurs exactes de GL, GM et GN.

85 Soit les points :
$A(1\,;\,4)$; $B(-1\,;\,8)$; $D(9\,;\,8)$.
1. Calculer les distances exactes AB, AD et BD.
2. Prouver que le triangle ABD est rectangle en A.
3. Calculer les coordonnées du centre U du cercle circonscrit au triangle ABD ainsi que le périmètre de ce cercle.
4. a. Construire le point C tel que U est le milieu de $[AC]$. Quelles sont les coordonnées du point C.
b. Montrer que $ABCD$ est un rectangle.

86 **1. a.** Placer les points :
$A(-1\,;\,3)$; $B(-2\,;\,2)$; $C(4\,;\,-2)$; $D(-2\,;\,-2)$.
b. Quelle est la nature du triangle ABC ? Justifier.
c. Démontrer que les quatre points A, B, C et D sont sur un même cercle $\mathscr{C}$; on précisera le centre de ce cercle et la valeur exacte de son rayon.
2. Calculer l'arrondi, au dixième de degré, de la mesure des angles $\widehat{BCD}$ et $\widehat{BCA}$.
3. Calculer les coordonnées du point M, sachant que : $M \in \mathscr{C}$; $x_M = x_A$; $M \neq A$.
4. Calculer les coordonnées des points du cercle $\mathscr{C}$:
a. d'abscisse 0 (soit R et S les deux points) ;
b. d'ordonnée 0 (soit T et U les deux points).

CONSOLIDER ET APPROFONDIR

Pour débattre en classe

87 Répondre par VRAI ou FAUX à chacune des affirmations suivantes et justifier la réponse.

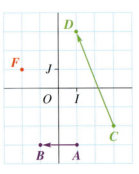

a L'image de C par la translation qui applique D sur F n'a pas d'abscisse.

b L'image de F par la translation qui applique B sur A est sur l'axe des ordonnées.

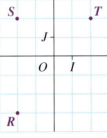

c $RS = y_S - y_R$.

d $TS = x_S - x_T$.

e $RT = (x_T - x_R) + (y_T - y_R)$.

f $RT = \sqrt{3,25}$.

g Soit $K(-2\,;-1)$ et $L(1\,;2)$. La médiatrice du segment $[KL]$ passe par l'origine du repère.

h Les deux systèmes ont la même solution :
$$\begin{cases} x - y = 3 \\ y = -2 \end{cases} ; \quad \begin{cases} x - 1 = 0 \\ 4x - 3y = 10 \end{cases}.$$

i Pour résoudre graphiquement le système :
$$\begin{cases} x - y = 5 \\ 8x + 2y = 6 \end{cases}$$
on doit tracer les deux droites d'équations :
$$d_1 : y = x - 5 \quad \text{et} \quad d_2 : y = 4x + 3.$$

j Un rectangle a pour périmètre 500 m. La largeur mesure 50 m de moins que la longueur. Les dimensions x et y du rectangle vérifient donc le système suivant :
$$\begin{cases} x - y = 50 \\ x + y = 500 \end{cases}.$$

k Toute droite est la représentation d'une fonction affine.

l Une droite d'équation $y = mx + p$ coupe toujours l'axe des abscisses.

m La droite d'équation $x = 3$ coupe l'axe des ordonnées en 3.

n La droite d'équation $y = \dfrac{-5 + 2x}{3}$ a pour ordonnée à l'origine -5.

---

88 Pour chacune des droites, lire le coefficient directeur et donner l'équation réduite :

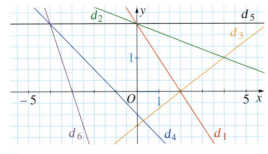

89 Vérifier si les points A, B et C sont alignés dans chacun des cas :

a. $A(1\,;3)$, $B(5\,;-1)$ et $C(7\,;-3)$;

b. $A(-3\,;7)$, $B(0\,;3)$ et $C\left(5\,;-\dfrac{11}{5}\right)$;

c. $A\left(\dfrac{1}{3}\,;\dfrac{8}{15}\right)$, $B\left(\dfrac{10}{9}\,;1\right)$ et $C\left(5\,;-\dfrac{8}{3}\right)$;

90 Déterminer l'équation réduite de chacune des droites. Attention aux unités !

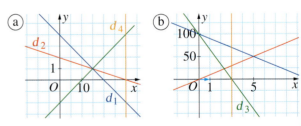

91 Dans chaque cas, déterminer une équation de la droite (AB) :

a. $A(1\,;77)$ et $B(2560\,;128\,027)$;
b. $A(-0,2\,;0,72)$ et $B(12,3\,;-0,53)$;
c. $A(0,01\,;575)$ et $B(120\,;180\,560)$;
d. $A(-18\,257\,;54\,776)$ et $B(689\,732\,;-2\,069\,191)$.

CONSOLIDER ET APPROFONDIR

92 On se donne une droite d d'équation $2x - 3y + 4 = 0$. Déterminer :
a. une équation d'une droite d_1 parallèle à la droite d ;
b. une équation d'une droite d_2 perpendiculaire à la droite d.

93 Soit trois points :
$$A(2\,;\,3)\,;\quad B(-3\,;\,3)\,;\quad \text{et}\quad C(-1\,;\,7)\,.$$
a. Déterminer une équation de la médiane du triangle ABC issue du point C.
b. Déterminer une équation de la médiatrice de $[AB]$.
c. Déterminer une équation de la hauteur du triangle ABC issue du point C.

94 Soit trois points :
$$A(1\,;\,5)\,;\quad B(-2\,;\,-1)\,;\quad \text{et}\quad C\left(-6\,;\,\tfrac{1}{2}\right).$$
a. Déterminer une équation de la droite d_1 passant par A et perpendiculaire à la droite d'équation $y = \tfrac{1}{2}x - 3$.
b. Déterminer une équation de la droite d_2 passant par C et perpendiculaire à la droite (AB).
c. Déterminer une équation de la droite d_3 passant par B et perpendiculaire à la droite d'équation $y = \dfrac{1-3x}{2}$.

95 La droite (AB) comprend les points C, D et E.
Dans chaque cas, déterminer les coordonnées de ces points.

a. $A(2\,;\,9)$	$B(0\,;\,5)$	$C(1\,;\,...)$	$D(...\,;\,0)$	$E(...\,;\,1)$
b. $A\left(1\,;\,\tfrac{1}{4}\right)$	$B\left(-4\,;\,\tfrac{7}{2}\right)$	$C\left(\tfrac{1}{3}\,;\,...\right)$	$D(...\,;\,4)$	$E\left(...\,;\,\tfrac{1}{2}\right)$

96 Déterminer une équation réduite de chacune des droites.
a. $A(-2\,;\,-3)$ et $B(1\,;\,3)$, droite (AB).
b. $C(4\,;\,-1)$, droite (AC) et droite (BC).
c. $D(-1\,;\,3)$ et $E(5\,;\,-5)$, droite (DB) et droite (DE).

97 Même exercice pour les droites (AB), (AC) et (BC), avec :
$$A\left(\tfrac{1}{3}\,;\,-1\right)\,;\quad B\left(-\tfrac{1}{2}\,;\,4\right)\quad \text{et}\quad C\left(-1\,;\,\tfrac{1}{5}\right).$$

98 Soit trois points :
$$A(-1\,;\,3)\,;\quad B(5\,;\,5)\,;\quad \text{et}\quad C(0\,;\,-3)\,.$$
a. Déterminer une équation de la droite d_1 passant par A et parallèle à la droite d'équation $y = -\tfrac{3}{5}x + 1$.
b. Déterminer une équation de la droite d_2 passant par C et parallèle à la droite (AB).
c. Déterminer une équation de la droite d_3 passant par B et parallèle à la droite d'équation $y = \dfrac{3x-4}{2}$.

99 Dans chacun des trois repères, à reproduire, tracer les droites d_1 et d_2 d'équations :
$$y = 2x - 3\,;\quad \text{et}\quad y = -\tfrac{3}{2}x + 2\,.$$

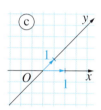

100 Dans un repère, on considère les points :
$$A(4\,;\,2)\,;\quad B(-4\,;\,6)\,;\quad \text{et}\quad C(-2\,;\,-2)\,.$$
a. Placer ces points, tracer les milieux des segments $[AB]$, $[BC]$ et $[AC]$, puis tracer les médianes du triangle ABC.
b. Déterminer une équation de chacune des médianes du triangle ABC.
c. Déterminer les coordonnées du centre de gravité.

101 Dans un repère orthonormé, on place les points $A(3\,;\,-2)$; $B(9\,;\,7)$; et $C(0\,;\,7)$.
Faire une figure.
1. Déterminer une équation de la perpendiculaire en A à la droite (BC). Soit Δ cette droite.
2. Soit les points $E(4\,;\,6)$ et $F(7\,;\,4)$.
a. Calculer EF^2, FB^2 et EB^2.
En déduire la nature du triangle EFB.
b. Calculer le coefficient de direction de la droite (EF).
c. Soit d la parallèle à (EF) passant par C. Que représente cette droite pour le triangle ABC ?
Déterminer une équation de d.
3. Soit H le point d'intersection des droites Δ et d.
a. Que représente ce point pour le triangle ABC ?
b. Déterminer ses coordonnées.

CONSOLIDER ET APPROFONDIR

Mise en systèmes d'équations

102 **Recherche d'entiers**
1. Résoudre le système suivant :
$$\begin{cases} x + y = 99 \\ x - 4y = 9 \end{cases}$$

2. Déterminer deux entiers sachant que leur somme est 99 et que, si on divise le plus grand par le plus petit, le quotient entier est 4 et le reste 9.

103 **Recherche d'une fraction**
1. Résoudre le système suivant :
$$\begin{cases} n + 8 = 2d \\ d - 3 = n \end{cases}$$

2. Si on ajoute 8 au numérateur d'une fraction, on obtient 2. Si, maintenant, on retranche 3 au dénominateur, on obtient 1.
Quelle est cette fraction ?

104 **Recherche de prix**
Diane dépense 4,30 € pour quatre croissants et deux pains au chocolat. Elle dépenserait 0,10 € de plus si elle achetait deux croissants et quatre pains au chocolat.
Quel est le prix d'un croissant ? d'un pain au chocolat ?

105 **Cadeau d'anniversaire**
Plusieurs amis veulent offrir à Théo un jeu vidéo pour son anniversaire.
Si chacun verse 10 €, il manquera 4 €.
Si chacun verse 12 €, il y a 6 € en trop.
Calculer le nombre d'amis de Théo et le prix du jeu.

106 **Recherche d'économies**
1. Résoudre le système suivant :
$$\begin{cases} x + y = 130 \\ 5x - 8y = 0 \end{cases}$$

2. Marina et Joris comparent leurs économies.
Ils constatent qu'en les regroupant, ils possèdent exactement 130 €.
De plus, ils s'aperçoivent que 25 % des économies de Marina représentent la même somme que 40 % des économies de Joris.
Combien chacun possède-t-il ?

107 **Recherche d'âges**
Un père a le triple de l'âge de son fils. Dans quinze ans, l'âge du père sera le double de l'âge de son fils. Quels sont les âges respectifs du père et du fils ?

© F1 on line/Photothèque WAL

108 Une fermière vend trois canards et quatre poulets pour 70,30 €.
Un canard et un poulet valent ensemble 20,70 €.
Déterminer le prix d'un poulet et celui d'un canard.

109 1. Un objet affiché en vitrine à x euros bénéficie d'une remise de 20 %.
Exprimer son prix soldé en fonction de x.
2. Un objet coûtant y euros est augmenté de 5 %.
Exprimer son nouveau prix en fonction de y.
3. Pour l'achat d'un livre et d'un CD, Léa dépense 43 €. Si le prix du livre diminue de 20 % et celui du CD augmente de 5 %, elle paiera 40,4 €.
Quel est le prix du livre avant diminution ?
Quel est celui du CD avant augmentation ?

110 Soit deux nombres x et y tels que $x > y$.
Leur somme est égale à 7 et la différence de leurs carrés est égale à 140.
Calculer ces deux nombres.

111 Retrouver les nombres cachés sachant que le couple $(-1,5\,;-3)$ est la solution du système suivant :
$$\begin{cases} \blacklozenge x - 4y = 7,5 \\ 2x = \blacklozenge y + 12 \end{cases}$$

112 Un artiste doit réaliser 26 statuettes de deux types avec de la glaise.
Le petit modèle nécessite 1 h 30 de travail et 4 kg de glaise.
Le grand modèle nécessite 2 h 15 et 6 kg de glaise.
Elle dispose de 45 h et doit utiliser son stock de 120 kg de glaise.
Combien de statuettes de chaque modèle doit-elle réaliser ?
La petite statuette est vendue 15 € et la grande 25 €.
Calculer le chiffre d'affaires total des statuettes si toutes sont vendues.

CONSOLIDER ET APPROFONDIR

Lire, comprendre, justifier

113 **Quel système ?**

1. Donner approximativement la solution du système dont l'interprétation graphique est représentée ci-contre.

2. Après avoir retrouvé les deux équations du système, donner la solution exacte par une méthode de calcul.

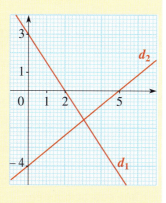

114 **Le bon système**

Polo dit à Célia : « *Si je te donnais cinq de mes CD, tu en aurais autant que moi et si tu m'en donnais cinq, j'en aurais le triple de ce qui te resterait.*»

1. Parmi les quatre systèmes d'équations ci-dessous, quel est celui qui traduit les paroles de Polo (x et y désignant les nombres de CD respectifs de Polo et de Célia) ?

① $\begin{cases} x+5 = y+5 \\ x-5 = 3(y-5) \end{cases}$ ② $\begin{cases} x-5 = y+5 \\ 3(x+5) = y-5 \end{cases}$

③ $\begin{cases} x-5 = y+5 \\ x+5 = 3(y-5) \end{cases}$ ④ $\begin{cases} x+5 = y-5 \\ x-5 = 3(y+5) \end{cases}$

2. Trouver les nombres de CD de Polo et de Célia.

115 **Recherche d'erreur**

Marie raconte : « *À la braderie, une personne devant moi a acheté trois draps et quatre taies d'oreiller. Elle a payé seulement 20 € ; alors, j'ai pris les cinq draps qui restaient et les six dernières taies d'oreiller. Je pense qu'il y a une erreur, car j'ai payé 34 €.*»

1. Traduire l'histoire de Marie par un système d'équations, puis résoudre ce système.

2. Marie a-t-elle raison de penser qu'il y a une erreur ?

116 **Difficulté**

Lydie rencontre une difficulté en voulant résoudre graphiquement le système suivant : $\begin{cases} -x+y = 2 \\ 2x-2y = 1 \end{cases}$.

1. Quelle est cette difficulté ?

2. Existe-t-il une solution du système ?

Systèmes d'équations et géométrie

117 **1.** Résoudre le système : $\begin{cases} x+y = 8 \\ x+2y = 11 \end{cases}$.

2. Le périmètre d'un rectangle est 16 cm.
Si l'on ajoute 3 cm à la longueur et si on double la largeur, le périmètre devient 28 cm.
Quelles sont les dimensions initiales du rectangle ?

118 **1.** Résoudre le système : $\begin{cases} 1,1x+y = 10,6 \\ x+0,9y = 9,6 \end{cases}$.

2. Si la longueur d'un rectangle augmente de 10 %, son demi-périmètre est alors de 10,6 cm.
Si la largeur de ce même rectangle diminue de 10 %, son demi-périmètre est alors de 9,6 cm.
Quelles sont les dimensions initiales du rectangle ?

119 **1.** Résoudre le système : $\begin{cases} \dfrac{x}{y} = 0,6 \\ x+y = 32 \end{cases}$.

2. ABC est un triangle rectangle en A. Le quadrilatère $ADEC$ est un trapèze d'aire 320 mm².
$AB = 50$ mm et $AD = 20$ mm.

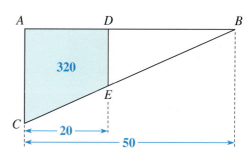

a. Montrer que $\dfrac{DE}{AC} = 0,6$.

b. Retrouver les longueurs des bases de ce trapèze.
(*Conseil* : poser $DE = x$ et $AC = y$.)

120 **L'histoire de deux carrés**

1. Deux entiers naturels m et p sont tels que :
$m^2 - p^2 = 384$ et $m - p = 8$.

a. Calculer $m + p$.

b. Calculer m et p.

2. Calculer les côtés respectifs de chacun des carrés, sachant que leurs périmètres diffèrent de 32 m et que l'aire coloriée est égale à 384 m².

MATHS-MAGAZINE

1. *René Descartes (1596-1650).*

POINTS DE REPÈRE

René Descartes (doc. 1), philosophe et savant français, connu pour son célèbre « cogito, ergo sum » (« je pense, donc je suis »), révolutionna les mathématiques en créant ce système de repérage qui nous semble si simple et si pratique aujourd'hui.

De Descartes, on a tiré l'adjectif « **cartésien** ». Ainsi, ce chapitre 12, s'adressant à des **esprits cartésiens**, c'est-à-dire méthodiques et rigoureux, aurait pu s'intituler « Avec des coordonnées cartésiennes ».

Grâce aux coordonnées cartésiennes, on peut traduire et traiter une situation géométrique avec des nombres, des lettres et des équations, dont certaines sont qualifiées de ... cartésiennes : celles-ci indiquent à quelle condition un point M de coordonnées $(x\,;\,y)$ est situé sur une courbe donnée.

Deux des solides de Képler

Après les cinq polyèdres réguliers convexes déjà rencontrés au 1er degré, voici deux polyèdres réguliers non convexes.

Grand dodécaèdre étoilé

Petit dodécaèdre étoilé

Par exemple, on a représenté dans le **repère cartésien** (O, I, J), une ellipse **d'équation cartésienne** (doc. 2).
$$\frac{x^2}{a^2} + \frac{y^2}{b^2} = 1.$$

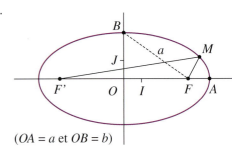

($OA = a$ et $OB = b$)

2. *Les points F et F' sont appelés foyers de l'ellipse.*

Descartes était convaincu, suivant en cela Copernic et Galilée, que la Terre tournait sur elle-même et autour du Soleil.

C'est **Johannes Kepler** (1571-1630), astronome allemand, qui a établi en 1604 que la Terre (de même que les autres planètes du système solaire) décrit une ellipse dont le Soleil est un foyer (doc. 3).

3. *Vue artistique du système solaire.*

AIDE-MÉMOIRE

GÉOMÉTRIE

Droites

Parallélisme et perpendicularité

- Si deux droites sont perpendiculaires à une même troisième droite, alors elles sont parallèles.
- Si deux droites sont parallèles, alors toute droite perpendiculaire à l'une est perpendiculaire à l'autre.

Parallélisme

- Par un point donné, il passe une seule droite parallèle à une droite donnée.
- Si deux droites sont parallèles à une même troisième droite, alors elles sont parallèles.

Pour démontrer que trois points A, B et C sont alignés, il suffit de démontrer que les droites (AB) et (AC) sont parallèles.

Perpendicularité

- Par un point donné, il passe une seule droite perpendiculaire à une droite donnée.

Pour démontrer que trois points A, B et C sont alignés, il suffit de démontrer que les droites (AB) et (BC) sont perpendiculaires à une même droite.

Angles

Généralités

- La mesure d'un angle saillant (respectivement rentrant) est comprise entre 0° et 180° (respectivement 180° et 360°).
- Pour démontrer que trois points A, B et C sont alignés dans cet ordre, il suffit de montrer que l'angle $\widehat{ABC}$ est plat (180°).
- Deux angles complémentaires (respectivement supplémentaires) sont deux angles dont la somme est égale à 90° (respectivement 180°).

Angles opposés par le sommet, angles alternes-internes et correspondants

- Deux angles opposés par le sommet sont égaux (①).
- Si deux droites parallèles sont coupées par une sécante, alors :
– deux angles alternes-internes sont égaux (②),
– deux angles correspondants (③) sont égaux.

Réciproquement, si deux droites sont coupées par une sécante en formant deux angles alternes-internes (ou correspondants) égaux, alors elles sont parallèles.

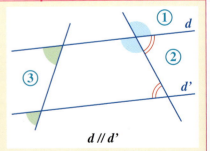

$d // d'$

Triangle

Somme des angles

La somme des mesures des angles de tout triangle est égale à 180°.

AIDE-MÉMOIRE

Distance

Inégalité triangulaire

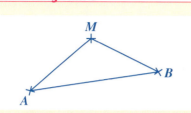

Quels que soient les points A, B et M :
$$AB \leq AM + MB.$$
(Si M appartient au segment $[AB]$:
$$AB = AM + MB.)$$

Distance d'un point à une droite

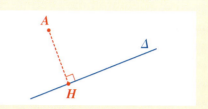

Soit une droite Δ et un point A. Soit H le pied de la perpendiculaire menée de A à Δ.
AH s'appelle la distance du point A à la droite Δ.

Tangente à un cercle

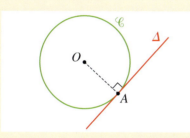

Soit un cercle de centre O et A un point du cercle. La droite passant par le point A et perpendiculaire à (OA) s'appelle la tangente en A au cercle.

Cercles tangents

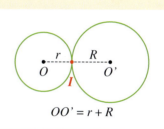

$$OO' = r + R$$

Si $OO' = r + R$, le cercle de centre O et de rayon r et le cercle de centre O' et de rayon R ont un seul point commun : le point I.
On dit que ces deux cercles sont tangents en I.

Médiatrice d'un segment

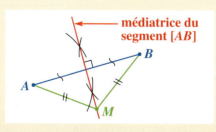

- Si un point appartient à la médiatrice d'un segment, alors il est équidistant des extrémités de ce segment.
- *Réciproquement*, si un point est équidistant des extrémités d'un segment, il appartient à la médiatrice de ce segment.

Bissectrice d'un angle

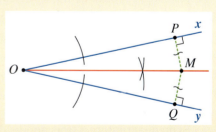

- Si un point appartient à la bissectrice d'un angle, alors il est équidistant des côtés de l'angle.
- *Réciproquement*, si un point est équidistant des côtés d'un angle, alors il appartient à la bissectrice de cet angle.

AIDE-MÉMOIRE

Parallélogramme

Parallélogramme : définition, propriétés

- Un parallélogramme est un quadrilatère dont les côtés opposés sont parallèles.
- Un parallélogramme a un centre de symétrie qui est le point d'intersection des diagonales.
- Dans un parallélogramme :
– les diagonales se coupent en leur milieu ;
– les côtés opposés ont la même longueur ;
– les angles opposés sont égaux ;
– deux angles consécutifs sont supplémentaires.

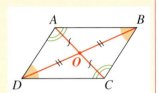

Parallélogramme : reconnaissance

- Si les côtés opposés d'un quadrilatère sont parallèles, alors ce quadrilatère est un parallélogramme.
- Si les diagonales d'un quadrilatère ont le même milieu, alors ce quadrilatère est un parallélogramme.
- Si les côtés opposés d'un quadrilatère *non croisé* sont parallèles, alors ce quadrilatère est un parallélogramme.
- Si les côtés opposés d'un quadrilatère *non croisé* ont la même longueur, alors ce quadrilatère est un parallélogramme.

Rectangle

Rectangle : définition, propriétés

- Un rectangle est un quadrilatère qui a quatre angles droits.
- Dans un rectangle :
– les côtés opposés sont parallèles et ont la même longueur ;
– les diagonales ont le même milieu et la même longueur.
- Un rectangle a *deux axes de symétrie* perpendiculaires : les *médiatrices* des côtés.

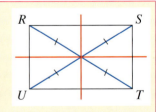

Rectangle : reconnaissance

- Si un quadrilatère a trois angles droits, alors ce quadrilatère est un rectangle.
- Si un parallélogramme a un angle droit, alors ce quadrilatère est un rectangle.
- Si les diagonales d'un quadrilatère ont le même milieu et la même longueur, alors ce quadrilatère est un rectangle.
- Si les diagonales d'un parallélogramme ont la même longueur, alors ce quadrilatère est un rectangle.

AIDE-MÉMOIRE

Losange

Losange : définition, propriétés

Un losange est un quadrilatère dont les quatre côtés ont la même longueur.

• Dans un losange :
– les côtés opposés sont parallèles ;
– les diagonales sont *perpendiculaires* et ont le *même milieu*.

• Un losange a deux axes de symétrie *perpendiculaires* : ses *diagonales*.

Losange : reconnaissance

• Si un quadrilatère a ses quatre côtés de même longueur, alors ce quadrilatère est un losange.

• Si un parallélogramme a deux côtés consécutifs de même longueur, alors ce quadrilatère est un losange.

• Si les diagonales d'un quadrilatère sont perpendiculaires et ont le même milieu, alors ce quadrilatère est un losange.

• Si les diagonales d'un parallélogramme sont perpendiculaires, alors ce quadrilatère est un losange.

Carré

Carré : définition, propriété

• Un carré est un quadrilatère qui est *à la fois* un rectangle et un losange.

• N'importe quel carré possède donc *toutes* les propriétés d'un rectangle et celles d'un losange.

• Un carré a *quatre axes de symétrie* : les *médiatrices des côtés* (comme tous les rectangles) et les *diagonales* (comme tous les losanges).

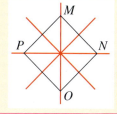

Carré : reconnaissance

Pour démontrer qu'un quadrilatère est un carré, on doit prouver qu'il est, *à la fois*, un rectangle et un losange.

Triangles particuliers

Triangle isocèle

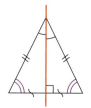

• Un triangle isocèle est un triangle qui a deux côtés de même longueur.

• Dans un triangle isocèle, les angles à la base sont égaux.

• Dans un triangle isocèle, la médiatrice de la base, la hauteur et la médiane issues du sommet principal, ainsi que la bissectrice de l'angle principal sont confondues (c'est l'axe de symétrie du triangle.)

Triangle équilatéral

• Un triangle équilatéral est un triangle dont les trois côtés ont la même longueur.

• Un triangle équilatéral a trois axes de symétrie. Ses angles mesurent 60°.

• Si un triangle isocèle a un angle de 60°, alors il est équilatéral.

• Si un triangle a deux angles de 60°, alors il est équilatéral.

Boîte à outils

Pour démontrer que	il suffit de démontrer que
deux droites sont parallèles	• ces droites sont parallèles à une même droite.
	• ces droites sont perpendiculaires à une même droite.
	• l'une comprend les milieux de deux côtés d'un triangle et que l'autre contient le troisième côté de ce triangle.
	• ces droites sont les côtés opposés d'un parallélogramme.
	• ces droites sont parallèles en utilisant la réciproque du théorème de Thalès.
	• ces droites déterminent avec une sécante deux angles alternes-internes (ou correspondants) de même amplitude.
	• l'une est l'image de l'autre par une translation.
	• l'une est l'image de l'autre par une symétrie centrale.
	• ces droites sont les images par une isométrie de deux droites parallèles.
	• ces droites ont le même coefficient de direction.
deux droites sont perpendiculaires	• ces droites sont respectivement parallèles à deux droites perpendiculaires.
	• ces droites sont les diagonales d'un losange.
	• ces droites sont les médianes d'un rectangle.
	• l'une est la médiatrice d'un segment déterminé sur l'autre.
	• l'une comprend un sommet d'un triangle et l'orthocentre de ce triangle et que l'autre contient le côté du triangle opposé à ce sommet.
	• l'une est tangente en un point d'un cercle et que l'autre est un diamètre de ce cercle comprenant ce point.
	• ces droites sont les images par une isométrie de deux droites perpendiculaires.
	• le coefficient de direction de l'une est l'opposé de l'inverse du coefficient de direction de l'autre.
deux angles ont même amplitude	• ces angles sont opposés par le sommet.
	• ces angles sont des angles correspondants (ou alternes-internes) définis par deux parallèles et une sécante.
	• ces angles sont les angles à la base d'un triangle isocèle.
	• ces angles sont les angles opposés d'un parallélogramme.
	• ces angles sont des angles inscrits interceptant le même arc de cercle.
	• ces angles ont le même angle complémentaire.
	• ces angles ont le même angle supplémentaire.
	• l'un est l'image de l'autre par une isométrie.
	• ces angles sont les angles homologues de deux triangles isométriques.
	• ces angles sont les angles homologues de deux triangles semblables.
deux segments ont même longueur	• ces segments sont les côtés opposés d'un parallélogramme.
	• ces segments sont des diamètres d'un même cercle.
	• ces segments sont les côtés homologues de deux triangles isométriques.
	• l'un est l'image de l'autre par une isométrie.

Boîte à outils

deux segments $[AB]$ et $[AC]$ ont même longueur	• le triangle ABC est un triangle ABC de base $[BC]$. • le point A appartient à la médiatrice du segment $[BC]$. • le point A appartient à la bissectrice de l'angle ??? où B et C sont les projections orthogonales de A sur les côtés de l'angle. • ces segments sont des rayons d'un cercle de centre A.
M est le milieu du segment $[AB]$	• $AM = BM$. • dans un triangle ABC, E est le milieu de $[AC]$ et M est le point d'intersection de $[AC]$ et de la parallèle à BC comprenant E. • M est le point d'intersection des diagonales $[AB]$ et $[CD]$ d'un parallélogramme $ACBD$.
trois points A, B et C sont alignés	• les droites AB et AC sont parallèles • ces trois points déterminent un angle dont l'amplitude est égale à 180° ou à 0°. • A est le milieu du segments d'extrémités B et C. • A est un sommet d'un triangle, B le milieu du côté opposé au sommet A et C le centre de gravité de ce triangle. • A est un sommet d'un triangle, B le pied de la hauteur issue de ce sommet et C l'orthocentre de ce triangle. • ces trois points sont images par une isométrie de trois points alignés.
trois droites sont concourantes	• ces droites sont les médianes d'un triangle. • ces droites sont les médiatrices d'un triangle. • ces droites sont les hauteurs d'un triangle. • ces droites sont les bissectrices intérieures d'un triangle. • le point d'intersection de deux de ces droites appartient à la troisième. • ces droites sont les images par une isométrie de trois droites concourantes.
quatre points A, B, C et D sont cocycliques	• ces points sont à égale distance d'un point O. • ABC et BCD sont deux triangles rectangles d'hypoténuse $[BC]$.
le triangle ABC est rectangle en A	• $BC^2 = AB^2 + AC^2$. • Le triangle ABC est inscrit dans un cercle de diamètre $[BC]$. • $AM = \frac{1}{2} BC$ où M est le milieu de $[BC]$.

« Mini Dico »

adj.	adjectif.
c.-à-d.	c'est-à-dire
cf. (latin *confer*)	se reporter à
etc. (latin *et cœtera*)	et tous les autres
ex.	exemple
Géom.	géométrie
H.T.	hors taxes
n.f.	nom féminin
n.m.	nom masculin
§	paragraphe
Q.C.M.	questionnaire à choix multiple
T.T.C.	toutes taxes comprises
T.V.A.	taxe à la valeur ajoutée
v. intr.	verbe intransitif
v. tr.	verbe transitif

Adjacent *adj.* (du latin *adjacare*, « être situé auprès »)
◆ Contigu, voisin. *Ex* : des rues adjacentes.
◆ Angles adjacents à un côté ; angles adjacents .
◆ Dans un triangle *ABC*, rectangle en *A*, on dit que le côté adjacent à l'angle $\hat{B}$ est le côté de l'angle $\hat{B}$ qui n'est pas l'hypoténuse.

Admettre (une propriété) *v. tr.* Accepter cette propriété comme vraie, sans l'avoir démontrée.

Circonférence *n. f.* (du latin *circumferre*, « faire le tour »). Désignait, autrefois, la longueur d'un cercle.

Circulaire *adj.* En forme de cercle.

Cocyclique *adj.* Situé sur un même cercle. *Points cocycliques.*

Comparer *v. tr.* ◆ Comparer deux nombres, c'est chercher s'ils sont égaux, sinon lequel est le plus petit (ou le plus grand). (On compare aussi deux longueurs, deux aires, deux volumes, ...)
◆ Peut signifier aussi : *trouver une relation entre les deux nombres* (« est la moitié de », « est le triple de » , « est le quart de » , etc...).

Concentrique *adj. Ex.* Deux cercles concentriques sont deux cercles qui ont le *même centre.*

Concourant *adj. Ex.* Des droites concourantes sont des droites qui passent par un même point. Le point commun à ces droites est appelé leur *point de concours.*

Condition *n.f.* Dans les expressions *« Tracer un triangle vérifiant les conditions suivantes ... »* ; ou *« satisfaisant aux conditions suivantes ... »*, les données qui suivent doivent être absolument respectées.

Confondu *Ex.* On dit que deux droites *d* et *d'* sont confondues si *d* = *d'*.

Conjecture *n.f.* En géométrie, l'utilisation des instruments permet seulement de se faire une idée, plus ou moins juste, de certaines propriétés d'une figure. Dans ces cas-là, on dit *« il semble que ... »*, *« on a l'impression que ... »* : cela s'appelle *faire une conjecture.* (On peut aussi émettre des conjectures en algèbre.)

Consécutifs *adj.* (du latin *consequi*, « suivre »). Qui se suivent.

Considérer *v. tr.* ◆ La phrase *« On considère un triangle ABC isocèle en A »* signifie *« On s'intéresse à un triangle ABC isocèle en A. »*
Il est sous-entendu qu'il faut tracer un tel triangle.
◆ Je *considère* (j'estime) que tu as tort.
◆ *Considérer* (apprécier) le pour et le contre.

Contre-exemple *n.m.*
Ex. L'affirmation suivante est fausse : *« N'importe quel entier multiple de 3 est aussi un multiple de 6. »*
Voici un *contre-exemple* qui en apporte la preuve : *9 est un multiple de 3, mais 9 n'est pas un multiple de 6.*

Contrôler *v. tr.* On peut contrôler, par exemple :
◆ un résultat donné par la machine en calculant, « de tête », un ordre de grandeur (si la machine, elle, ne se trompe pas, on peut se tromper de touche, etc.) ;
◆ un calcul de longueur, d'angle, ou le parallélisme de deux droites en utilisant des instruments, du papier-calque, etc.
Attention ! Un contrôle ne constitue pas une preuve, mais permet de se dire , dans certains cas, si on a « sûrement faux » ou « plutôt juste ».

Corde *n.f.* Segment joignant deux points d'un cercle.

Couronne (circulaire) Une couronne circulaire est la surface comprise entre deux cercles concentriques.

Déduire *v. tr.* (du latin *deducere*, « faire descendre »).
◆ 1 – Enlever, soustraire, retrancher.
En déduisant 13 de 24, il reste 11.
◆ 2 – L' expression *« En déduire que... »* a un sens très précis : elle signifie, en fait, *« Prouver, grâce à ce qui a été vu auparavant, que ... »*.

Défaut (par) Une valeur approchée par défaut d'un nombre est une valeur approchée *inférieure* à la valeur réelle du nombre. (*Ex.* Une troncature est toujours une valeur approchée par défaut.)

Démarche *n.f.* *« Quelle a été ta démarche pour résoudre ce problème ? »* signifie *« Comment t'y es-tu pris, comment as-tu fait pour résoudre le problème ? »*.

Déterminer *v.tr.* Quand on demande de déterminer des nombres, des longueurs, des points, etc., il convient de les indiquer avec précision en justifiant les calculs ou les raisonnements.

Diamétralement (opposés) Se dit de deux extrémités d'un diamètre d'un cercle ou d'une sphère.

Direction *n.f.* Deux droites ont la même *direction* si elles sont parallèles.

Données (d'un problème) *n.f. (pluriel)*
Ce qui est donné dans l'énoncé d'un problème, ce sur quoi on doit s'appuyer pour résoudre le problème.

Écart *n.m.* Différence entre deux valeurs ou deux grandeurs.

« Mini Dico »

Engendré *Ex.* Un cône de révolution est engendré par un triangle rectangle tournant autour d'un des côtés de l'angle droit.

Équidistant *adj.* À égale distance.

Excès (par) Une valeur approchée *par excès* d'un nombre est une valeur approchée *supérieure* à la valeur réelle du nombre. (Un arrondi est une valeur approchée tantôt par excès, tantôt par défaut.)

Exploiter *v.t.* Chercher à tirer parti d'une règle, d'une propriété, pour parvenir à un résultat qui n'était pas forcément prévu au départ.

Fonction (en fonction de) *Ex.* Exprimons le périmètre *P* d'un carré *en fonction du côté x* :
$P = 4 \times x$ ou $P = 4x$.

Généraliser *v.t. Ex* : Prouver qu'une propriété vérifiée dans quelques cas particuliers est toujours vraie.
Attention ! Une propriété peut être vraie dans des cas particuliers et être fausse si on essaie de l'appliquer dans tous les cas.

Grandeur *n.f.* Les principales grandeurs étudiées en Sixième sont les *longueurs*, les *aires*, les *volumes* et les *angles*.

Homologue *adj.* Si A' est l'image de A par la translation de vecteur $\vec{u}$, on dit que A et A' sont homologues par cette translation.

Hors de *Ex.* Un point A est hors d'une droite Δ si le point A n'appartient pas à la droite.

Interpréter *v. tr.* Interpréter un résultat, un graphique : donner un sens, une signification à ce résultat, à ce graphique.

Issu (de) *adj.* Qui provient de.
Ex. Hauteur *issue* d'un sommet d'un triangle.

Judicieux *adj.* Qui témoigne d'une bonne idée, permettant d'arriver plus facilement au bon résultat. *Ex.* Dans une somme algébrique, il est habile de faire des regroupements de termes judicieux.

Main levée (dessin à) *loc.* Dessin fait *sans instrument*. (Souvent utile pour résoudre certains problèmes de construction géométrique.)

Mener (une perpendiculaire, une parallèle) *v.t.* Synonyme de tracer (une perpendiculaire, …).

Multiple *n.m. Ex.* L'entier naturel 30 est un multiple de l'entier naturel 6, car $30 = 6 \times 5$. (*Remarque* : 30 est divisible par 6 ; 6 est un diviseur de 30.)

Périmètre (d'une figure) *n.m.* Longueur de la ligne qui délimite le contour d'une figure plane.

Pied *n.m. Ex.* Pied d'une hauteur (dans un triangle) ; pied de la perpendiculaire menée d'un point à une droite.

Polygone *n.m. Ex.* Un quadrilatère est un polygone à quatre côtés.

Programme (du grec *programma*, « ce qui est écrit à l'avance »).
◆ De construction d'une figure.
Liste de consignes – d'instructions – à exécuter dans l'ordre indiqué et qui permettront d'obtenir la figure.
◆ De calcul.
Liste d'opérations à exécuter dans l'ordre indiqué et qui permettront d'obtenir un nombre.

Proportion *n.f.* Égalité de rapport. *Ex* : Quatre nombres non nuls a, b, c et d pris dans cet ordre forment une proportion si $\dfrac{a}{b} = \dfrac{c}{d}$.

Quelconque *adj.* N'importe lequel, quel qu'il soit.

Rapport *n.m.* Quotient de deux grandeurs de même espèce (rapport de longueurs, rapport d'aires, etc.).

Relatif à *adj.* Se rapportant à ; concernant.
Ex. Hauteur relative à l'hypoténuse d'un triangle rectangle.

Relation *n.f. Ex.* Dans un triangle ABC, rectangle en A, on a la *relation* de Pythagore :
$BC^2 = AB^2 + AC^2$.

Respectif *adj.* La phrase « *Jim, Marie et Hakim ont pour âges respectifs 8 ans, 13 ans et 10 ans* » signifie que « *Jim a 8 ans, Marie 13 ans et Hakim 10 ans* ». (Au premier enfant correspond le premier âge, etc.)
On peut dire aussi :« *Jim, Marie et Hakim ont respectivement 8 ans, 13 ans et 10 ans .* »

Soit (mot invariable, *subjonctif* du verbe « être »).
◆ « *Soit un triangle ABC …* » est synonyme de « *On considère un triangle ABC …* ».
◆ Synonyme de « ou », « autrement dit », « d'où ».
Ex. On obtient $x = 12 : 2$, soit $x = 6$.

Suffire *v. intr.* (du latin *sufficere*, « supporter, résister »).
Ex. Dans la phrase « *Pour être sûr qu'un quadrilatère ABCD est un losange , il suffit de savoir que ses diagonales [AC] et [BD] sont perpendiculaires et ont le même milieu* », l'expression « *il suffit* » signifie qu'on n'a besoin d'aucun autre renseignement pour pouvoir affirmer que *ABCD* est un losange.

Tétraèdre *n.m.* Pyramide à quatre faces triangulaires.

Tout *adj.* N'importe quel.

Trigonométrie *n.m.* Branche des mathématiques utilisant les *lignes trigonométriques* : cosinus, sinus, tangente, … .

Variable *n.f. Ex.* Un cône de hauteur variable.
Il s'agit d'un cône dont la hauteur peut varier et changer en prenant n'importe quelle valeur.

Vérifier *v. tr.* (du latin *verificare*, de *verus*, « vrai », et *facere*).
◆ Parfois utilisé au sens de « *contrôler* ».
◆ Dans une consigne du type « *Vérifier que le périmètre de la figure est égal à* 6π », il faut faire un raisonnement, un calcul bref pour prouver que le périmètre est bien égal à 6π.

INDEX

Les numéros renvoient, pour la plupart, aux pages RETENIR

A-B

Angles à côtés parallèles – 72
Angle au centre – 72
Angle inscrit – 72
Angle tangentiel – 72
Angles à côtés perpendiculaires – 72
Bissectrice – 68

C-D

Cas d'isométrie des triangles – 94
Centre de gravité d'un triangle – 70
Cercle circonscrit à un triangle – 68
Cercle inscrit à un triangle – 68
Coordonnées du milieu d'un segment – 138
Cosinus d'un angle – 116
Distance de deux points – 138

E-F

Équation générale d'une droite – 140
Équation réduite d'une droite – 140
Équations de droites parallèles – 140
Équations de droites perpendiculaires – 140
Extrêmes (dans une proportion) – 36
Figures isométriques – 94
Figures semblables – 96
Fonction polynôme – 13
Fraction rationnelle – 20

H-I

Hauteur d'un triangle – 68
Homologues (côtés, angles, sommets) – 94
Isométrie – 92

M-O

Médiane d'un triangle – 70
Médiatrice – 68
Monôme – 12
Monômes semblables – 12
Moyens (dans une proportion) – 36
Orthocentre d'un triangle – 68

P-Q

Parallélogramme de Varignon – 54
Polynôme – 12
Proportion – 36
Quatrième proportionnelle – 36

R

Racine d'une fonction polynôme – 13
Rapport de similitude – 96
Relations métriques dans un triangle – 99
Repère orthonormé – 138
Rotation – 90

S

Sinus d'un angle – 116
Symétrie axiale – 90
Symétrie centrale – 90
Système de deux équations à deux inconnues – 142

T

Tangente d'un angle – 116
Théorème de Thalès
    Configuration triangulaire – 40
    Réciproque – 42
    Cas général – 44
Théorème des milieux – 38
Translation – 90
Triangles isométriques – 94
Triangles semblables – 96